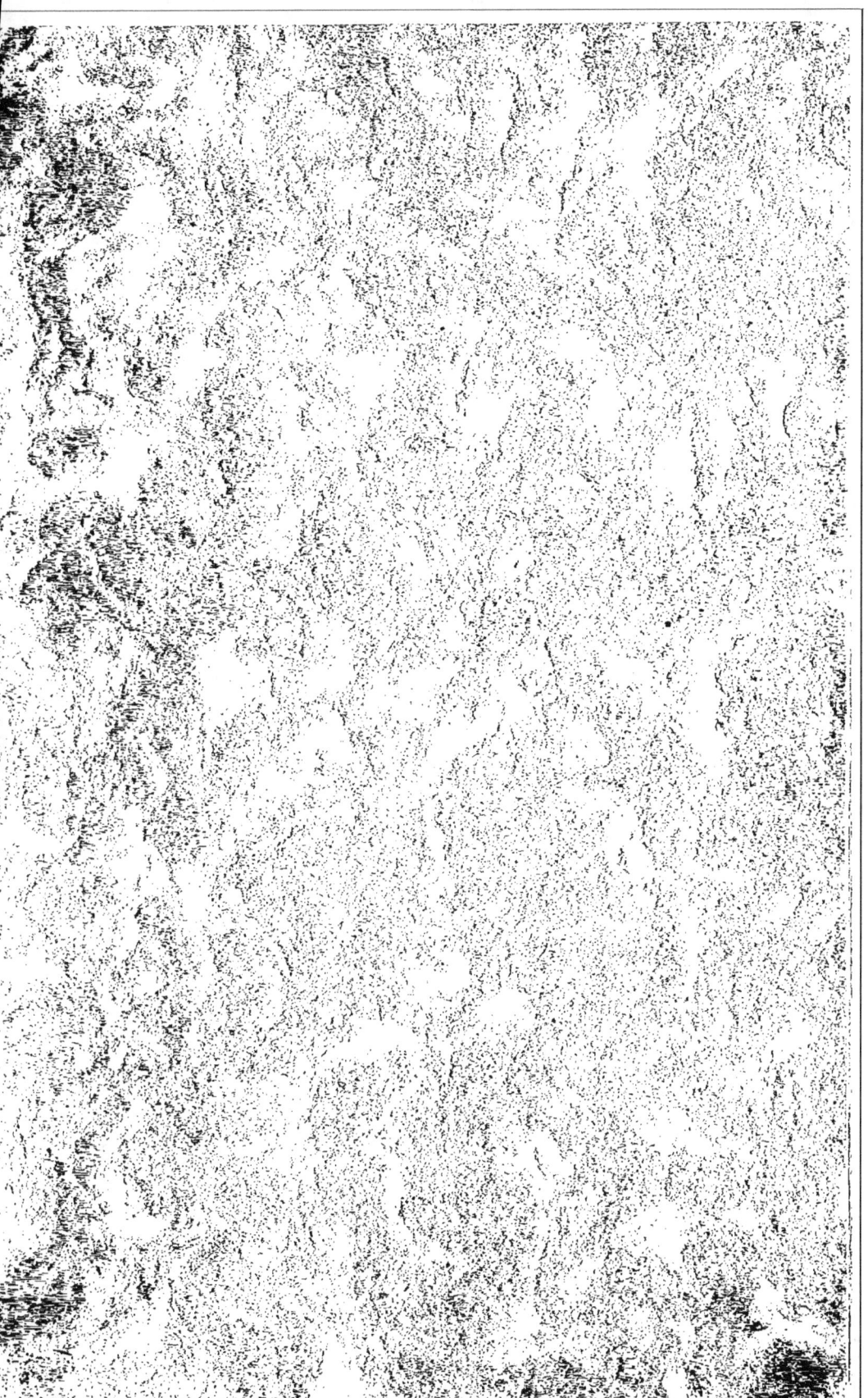

KNODERER 1976

PROMENADES

PITTORESQUES

A HYÈRES.

Toulon. — Imprimerie de A. Baume,
fils aîné, rue Royale 50.

PROMENADES
PITTORESQUES

A HYÈRES,

OU

NOTICE HISTORIQUE
et Statistique

Sur cette Ville, ses environs et les Iles,

PAR

M. ALPH. DENIS,

Chevalier de la Légion d'Honneur,

Maire de la ville d'Hyères et Député du Var.

A TOULON
Chez BELLUE, Libraire-Editeur.

A HYÈRES, Chez JOUQUET, libraire.

A PARIS,
Chez GAYET et LEBRUN.

A BREST,
Chez LEFOURNIER, Libraire.

—

1841.

AVANT-PROPOS.

Une préface n'étant en général que l'exposé succinct du plan qu'un auteur a prétendu suivre, j'ai cru de mon devoir de présenter ici quelques explications nécessaires, sur les difficultés d'exécution d'un livre tel que le mien et sur la marche que j'ai dû adopter pour les aplanir ou les vaincre.

Ce qui rend d'ordinaire si fastidieuse l'histoire d'une province ou celle d'une ville dont le nom a été sans grand retentissement dans la vie des peuples, c'est l'importance que les annalistes attachent à certains faits qu'ils rapportent les premiers, ou bien encore c'est que le plus souvent, ne trouvant pas matière à intéresser le lecteur dans les documents qu'ils ont recueillis, la plupart d'entre eux, pour ne pas sortir de la gravité historique, se jettent dans le domaine de l'histoire générale et ne racontent guères que des événements bien connus et déjà plus dignement retracés.

Pour moi, livré par goût et par besoin d'occupation à des études analogues aux leurs; moi, plein de respect et surtout de commisération pour mes devanciers, dont il m'est arrivé souvent de rencontrer les bons, vieux, mais indigestes ouvrages, enfouis, non encore coupés, dans la poussière des bibliothèques ou des librairies anciennes ; moi, qui leur ai fait le rare honneur de les exhumer, de les secouer, de les faire relier avec soin, de les placer avec amour sur les rayons de mon cabinet d'études; moi, qui ai plus fait encore; moi, qui les ai lus attentivement; moi, leur modeste imitateur, j'ai cru avoir deviné l'écueil contre lequel tant d'hommes de savoir étaient venus se briser et se perdre, et j'ai cherché à l'éviter.

Il se présentait, selon moi, deux choses à considérer en traitant la partie historique de mon livre : d'un côté, les événements pauvres, tristes, décolorés ; de l'autre, l'esprit des mœurs et des institutions communales et provinciales aux différentes phases de la civilisation du moyen-âge.

AVANT-PROPOS. 7

A ces mœurs viennent se rattacher les préjugés, les superstitions, les croyances, les haines ou les sympathies populaires pour ou contre tel ordre de choses dès long-temps établi, telle forme de gouvernement, telle secte religieuse.

C'est alors que le récit s'anime, qu'il se brillante, qu'il se pare de lui-même ; c'est alors que l'auteur s'échauffe et s'exalte. Il sent que son œuvre a pris un caractère particulier d'utilité, de vraie science et même de poésie ; que si les superstitions et les croyances vraies sont les élémens poétiques de la vie de ces populations, les traditions et les légendes en sont l'expression plus ou moins heureuse. On conçoit que, considérant mon livre sous ce point de vue, j'ai dû me servir des élémens que d'autres avaient négligés, et entremêler de couleurs brillantes le monument historique, gris et terne, que pendant dix années je m'étais complu à édifier avec peine et labeur.

Cependant, un inconvénient semblera peut-être résulter de cette nouvelle manière d'envisager la tâche que j'avais à remplir, et je ne me le dissimule pas, car j'ai ma réponse toute prête.

Donc la seule objection possible, c'est qu'agir ainsi, c'est traiter tout à la fois l'art et la science bien cavalièrement; c'est que l'ouvrage en dernier résultat, paraîtra sans liaison et sans suite. Mais est-ce ma faute si l'une et l'autre manquaient dans les événemens; si à peine, durant l'espace de deux siècles, se dessinent quelques-uns de ces caractères hors de ligne qui ébranlent, agitent ou poussent en avant les populations contemporaines? Ces faibles populations, d'ailleurs, semblables à l'homme fatigué d'une œuvre laborieuse, ne prennent-elles pas elles-mêmes des momens de repos, après ces pertubations politiques et religieuses, espèces de crises, qui leur redonnent vie, lustre et accroissement, ou qui les écrasent. L'histoire d'un grand peuple, ne saurait offrir de ces temps d'arrêts, de ces stagnations, de ces lacunes inattendues, par cette même raison que dans une nombreuse famille on voit toujours quelques uns de ses membres malades ou convalescens, des frères heureux ou qui font de grandes fortunes, et d'autres qui perdent ou gaspillent la leur. Seulement, un trône renversé ébranle le monde, tandis qu'un fatouil jeté à terre n'ébranle même pas les vitres de la maison.

J'en ai assez dit, je crois, pour qu'on me pardonne ce qu'on remarquera d'incomplet et de décousu dans le style; tel sera aussi le résultat d'un second inconvénient duquel je suis loin de me plaindre, puisqu'il ne nuit qu'à celui qui s'est chargé du travail des recherches et de la rédaction, et qu'il est tout à l'avantage de nos lecteurs; c'est qu'à mesure que le bruit de la prochaine publication de cet ouvrage s'est répandu dans le département, où j'ai trouvé un accueil si hospitalier et si honorable, c'est que, dis-je, de nouvelles notes et de nouveaux matériaux m'arrivent de tous côtés. J'accepte avec reconnaissance ces documens souvent précieux; je sollicite de la bienveillance universelle de nouveaux envois de ce genre. Je parcours, je lis, j'extrais, j'intercale, je rejette. *Quoique mon siége soit presque fait*, je ne prétends pas suivre l'exemple de M. de Vertot: un abbé de cour pouvait se permettre ces licences, un humble maire de campagne, qui a la prétention de se donner pour écrivain consciencieux, se résigne à ce surcroît de travail et de veilles; heureux de penser que sa récompense sera dans le succès de son livre.

1ʳᵉ PARTIE.

HISTOIRE. — LÉGENDES. — TRADITIONS.

De Toulon à Hyères, la route est belle et bien entretenue ; la terre fertile et cultivée avec soin. A peu près à moitié chemin, sur la gauche, s'ouvre la riche vallée qui sépare la zone calcaire de la contrée schisteuse et granitique ; d'un côté la montagne escarpée de Coudon, de l'autre celle de Fenouillet, forment comme les deux montans de cette vaste ouverture qui n'a pas moins d'une lieu et demie d'étendue. Sur la droite, c'est-à-dire vers le sud, l'aspect de la mer est caché par un rideau de collines verdoyantes, parmi lesquelles se distingue *la Colle noire*, qu'on reconnaît aisément à sa forme pyramidale et à sa base hors de proportion. Son élévation est d'à peu près douze cents pieds au-dessus du niveau de la mer. On verra dans l'appendice, quelle est sa structure géognosique, ainsi que celle des différens terrains qui constituent le terroir d'Hyères, l'un des plus curieux qu'on puisse étudier en France.

On avance, et à un quart de lieue de la ville, on est tout à coup surpris du changement de température et de l'aspect plus riant de la contrée. A l'horizon, la mer et les îles ; au second plan, des prairies entrecoupées de bosquets, des pâturages fermés par des haies, des champs d'oliviers et des vignobles qui s'étendent à perte de vue ; puis ces jardins si vantés en France et qui, sans mériter la réputation dont ils jouissent, occupent agréablement les regards et l'esprit. La verdure des orangers est éternelle ; mais pour acclimater ces arbres exotiques, pour les mettre en valeur, pour en expédier les produits, que de peines et de travaux!

Enfin le voyageur est à Hyères.

Quand une ville prétend à une origine grecque, belle et noble origine sans doute, il faut cependant qu'elle en fournisse des preuves et ces preuves doivent être tout autres que de simples assertions ou de spécieux raisonnemens

A défaut de ruines grandioses, elle devrait donc, au moins, offrir à l'antiquaire des statues, des médailles, des tombeaux, des inscriptions, monumens moins importans sans doute, mais irrécusables, et devant lesquels se taisent les esprits les plus enclins au scepticisme.

On peut affirmer seulement une chose, relativement à Hyères : c'est que sa position topographique, la richesse de son sol et l'état habituel de sa température, avaient dû appeler sur elle l'attention d'un peuple agriculteur, à une époque déjà même assez reculée. Il est certain qu'au temps du Bas-Empire, l'emplacement de la ville actuelle était occupé par des colons romains. Mais que ce lieu privilégié soit l'antique *Olbia* (1), c'est ce que je n'accorderai pas facilement à ceux qui, d'après quelques géographes ou quelques historiens mal instruits, voudraient, on ne sait dans quel but, donner une certaine consistance à des hypothèses insoutenables pour quiconque a étudié les lieux.

Il faut, avant tout, se répéter qu'Olbia, classée par *Strabon*, *Diodore*, *Ptolémée* et *Pomponius Mela*, au nombre des colonies marseillaises, était peuplée de Phocéens; qu'elle était assez importante, puisqu'elle est citée quelquefois dans l'histoire, et que de même que Nicœa, Antipolis et Massilia,

---

(1) Schymnus de Chio, qui écrivait probablement d'après Scylax, se borne à dire que Marseille est une colonie phocéenne, il indique ensuite Taurocentum et auprès la ville d'Olbia, puis Antipolis, la dernière de toutes ces colonies.

(Voyez la Collection des petits Géographes grecs.)

elle est dans la nécessité de présenter ses titres. Voudra-t-on reconnaître, comme pièces suffisantes, une vingtaine de médailles trouvées à longs intervalles sur toute l'étendue d'un territoire vaste et fertile, et par conséquent cultivé dès long-temps.

Pour renverser d'un mot le fragile édifice de quelques savants qui fondent Olbia aux lieux où est assise Hyères, et pour ne plus revenir sur un sujet de médiocre intérêt, je dirai, ou qu'Olbia était située sur la montagne qui domine la ville actuelle, ou qu'elle s'appuyait à son flanc, ou encore qu'elle occupait sa base en s'étendant dans la plaine. Eh bien! cette montagne, sillonnée par les eaux pluviales, ne laisse apercevoir sur son sommet que le roc vif, ou les fondemens d'une forteresse qui pouvait être de quelque importance au huitième ou au neuvième siècle au plus, nulle part l'œil ne découvre ensuite de vestiges plus anciens. Des fouilles pratiquéés au haut de la colline ont quelquefois mis à nu de vieilles murailles dont le ciment attestait l'origine romaine ; des pierres votives ou tumulaires, d'un caractère employé dans le Bas-Empire, se sont rencontrées çà et là ; des tombes offrant des insignes qu'on aurait pu juger appartenir à des Chrétiens sectaires du premier temps, des médailles, des briques dans la campagne et même au loin, des mosaïques bien conservées, quelques figurines en bronze ; voilà des traces d'une origine qui n'est point celle qu'on voudrait assigner à cette ville, et encore suis-je loin d'affirmer que là était une cité romaine.

Il serait peut-être plus convenable de croire qu'auprès de Pomponiana, ville maritime, s'étaient élevées de grandes villa ou de nombreuses métairies, on le sait, les Romains en couvraient la campagne. Je donne cette opinion comme probable, sans toutefois y attacher plus d'importance qu'elle ne mérite ; j'aime mieux marcher et m'avancer dans le domaine de l'histoire positive. Ici tout vient à notre aide ; constructions encore debout, chartres, titres, chroniques, poésie, tout a une voix qui répond à la nôtre et la grandit. Les ruines du vieux château et des murs d'enceinte de l'ancienne ville sont le premier objet qui attire les regards du voyageur, et il ne manque guères de s'enquérir de la date de leur construction ou des faits qui s'y rattachent.

La forme quadrangulaire des tours, l'épaisseur des murs, la pose des pierres en arêtes de poissons, tout ici a le cachet du huitième siècle. Cependant, pour l'acquit de notre conscience, nous devons déclarer aux antiquaires que les premiers monumens écrits qui font connaître l'existence de cette ville, datent du 10e. Elle était déjà, à cette époque, considérée comme une place très-forte, et on lui donnait le nom remarquable de *nobile castrum Arœarum*.

C'est vers l'année 970 que Marseille et

d'autres villes qui en dépendaient, soit comme colonies, conquêtes ou terres adjacentes, furent données en toute souveraineté à Pons par Bozon 1er (1) son frère, comte de Provence et roi d'Arles. C'est là l'opinion la plus généralement reçue. D'autres prétendent que ce fief immense, car il s'étendait sur le littoral depuis *Fos* jusqu'à Hyères, échut en héritage du fait de son père, à ce même Pons, dont les enfans prirent le surnom de Fos ou Fossis. Quoiqu'il en soit de ces deux opinions, il est positif que, tout en relevant du souverain, le nouveau vicomte s'intitulait tel, par la *grâce de Dieu*.

L'histoire se tait, ou les documens qu'elle fournit sont de peu d'importance jusqu'à l'année 1192. Que résulte-t-il de nos investigations pour éclaircir cette longue période ?

---

(1) D'autres historiens, et entre autres Antoine Ruffi, dont l'opinion est à mes yeux d'un grand poids, l'appellent Guillaume.

qu'un Amiel de Foz avait suivi en Terre-
Sainte le comte de Saint-Giles, traînant à
sa suite quelques gentilshommes et quatre
compagnies levées dans le territoire d'Hyères;
qu'un Guillaume de Foz, par acte du 12
avril 1204, a fait acte de souveraineté en
donnant permission au nommé Bertin, citoyen de Marseille, de naviguer aux îles
d'Hyères; qu'en 1144, Hyères, suivant l'impulsion donnée par Marseille, tenta quelques
efforts, bientôt comprimés, pour se constituer en communauté libre, sous le patronage de la ville puissante qui, plus tard,
en 1217, acheta les seigneuries et châteaux
d'Hyères, pour la somme de vingt-trois mille
sols royaux. Ces nobles efforts, cette lutte
de quelques années en faveur de la liberté,
pourraient offrir un récit piquant et animé,
comme ces pages où l'on raconte les révo-
lutions de Vezelay, de Noyon ou de Laon.
Mais cette période n'a pas encore d'historiens, et ne nous présente même ni chroni-

ques, ni cartulaires. Enfin, tout ce qu'on sait de plus certain, c'est que les descendants de la maison de Foz ont *gardé seigneurie* en paix l'espace de 134 ans.

Mais, soit vieille rancune de famille, provenant de l'appui jadis prêté aux princes de Baux par ceux de Foz, lors de la grande querelle de la succession au trône, soit esprit de conquête; il arriva que dans le cours de l'année 1192, Ildefons Ier, comte de Provence et de Forcalquier, envoya ses troupes pour s'emparer à l'improviste du château d'Hyères. En effet, sous le prétexte d'alliance et d'amitié, elles prirent d'abord logement en ville et s'emparèrent de la forteresse; de quoi les habitans d'Hyères furent bien surpris, ajoute naïvement l'historien chez lequel nous puisons ce fait. Toutefois, ils se hâtèrent de dépêcher un exprès à Marseille, pour en avertir leur seigneur Amelin de Foz, appelé communément *le grand Marquis*. A cette nouvelle, celui-ci partit sur le champ de Marseille, où il séjournait d'habitude, et, suivi de quelques troupes levées en hâte sur ses terres ou dans celles des vicomtes ses parens, se porta rapidement, accompagné de ses deux enfans, Roger d'Hyères et Bertrand de Foz, vers la ville envahie, dont les habitans lui étaient dévoués et avaient pris les armes en sa faveur. Il eut peu de peine à y rentrer, les gens du comte de Provence ayant été forcés de se réfugier dans la citadelle.

Leur position devint désespérée, car Amelin poussait le siége avec célérité et vigueur. Ildefons, averti, rassembla des troupes et vint présenter la bataille à son faible mais courageux adversaire. Amelin, fort de son bon droit et du dévouement de ses vassaux, accepta le combat, sortit de la ville et défit les troupes du prince catalan, forcé lui-même de prendre la fuite, devant un de ses sujets. La garnison, pressée plus vivement et sans espoir d'être secourue, ne tarda point à rendre la place, heureuse que le vainqueur consentit à ne point user du droit que lui donnait la victoire ; car durant ces interminables guerres suscitées par l'orgueil, les prétentions peut-être justes, et surtout par la turbulence des princes de Baux, une fois l'épée tirée hors du fourreau, les partis en venaient rarement à composition. Plusieurs villes et forteresses de Provence, prises et rasées, les garnisons passées au fil de l'épée, les populations pillées ou égorgées ; tels étaient les sinistres antécédens qui s'offraient aux hommes d'armes d'Ildephons et qui accélérèrent la reddition du château. Le comte de Toulouse ou d'autres ennemis puissants arrêtèrent probablement la reprise des hostilités ; car l'histoire rapporte qu'Amelin de Foz, et après lui ses enfants, jouirent paisiblement de leurs droits et de leurs possessions jusqu'en 1257, époque où ils se virent arracher les uns et les autres par un prince plus puissant et surtout plus tenace que le prince catalan. Je veux parler de Charles d'Anjou.

Le grand marquis (Amelin de Foz portait ce titre qui ne semble pas lui avoir été contesté) mourut en 1205 (1) ou 1206, et il fut enterré dans le tombeau qui était à main droite de la porte principale de l'église des Cordeliers à Hyères ; là, au dire de Louvet, on pouvait lire encore son épitaphe en 1676. A main gauche reposait Adélasie de Laidet, sa femme. Aujourd'hui on peut distinguer encore, à la place indiquée, les traces de ces deux monumens : le vandalisme révolutionnaire n'a pas même épargné l'inscription. Avant de retracer de nouveaux combats, une nouvelle lutte du fort contre le faible, que le lecteur me suive et qu'il assiste à la fondation de l'un de ces nombreux couvens de moines ou de religieuses

---

(1) Il existe un acte signé de lui et qui porte la date de 1204.

qui, à cette époque, surgissaient du sol, au sein de la Provence et qui ne furent pas toujours d'inviolables asiles pour la vertu ou la science. Celui d'Almanare ou d'Almanara, comme l'appellent les plus anciens historiens, offre un remarquable exemple que la sévérité de ce jugement n'est qu'impartiale justice.

En suivant la pointe orientale des collines boisées situées au sud de la ville et qui courent vers l'ouest, le voyageur arrive à l'isthme de Giens, longue plage sablonneuse couverte de débris de coquillages et jonchée d'algues et de fucus, qui tapissent le fond de ces parages. Devant lui se déroule la presqu'île de Giens. A sa droite, les flots souvent agités du golfe viennent battre et ronger la base des montagnes qui s'étendent vers Toulon et vont, en se cintrant, former l'entrée étroite de sa rade.

Là s'élevait, au temps du Bas-Empire, une ville romaine, et cette ville s'appelait

Pomponiana, ce ne sont plus des conjectures, des rêveries d'archæologues, des traditions populaires, des hypothèses de géographes, s'appuyant sur des similitudes de lettres ou de noms; mais partout des vestiges irrécusables, des arceaux enfouis, des murs encore debout, des restes d'aqueducs, des fragmens de mosaïque, un quai renversé et recouvert par la mer, des débris d'urnes et de lacrymatoires; tout indique l'immense tombeau d'une cité antique. Au premier abord le voyageur errant parmi ces vieilles ruines, ne peut en croire ses yeux. Et c'est quand son pied a foulé long-temps des tuiles romaines, des poteries brisées, que son œil lui a permis d'apercevoir (quoique le fait soit rare, il s'est présenté), une médaille fruste ou bien conservée, de Gordien, d'Hadrien de Faustine, qu'alors il ressuscite la cité romaine et ne veut plus quitter les lieux sans en emporter quelques pauvres, mais frappans souvenirs.

Pomponiana est cité dans l'itinéraire maritime d'Antonin comme lieu de station pour les galères romaines.

La situation de Pomponiana avait été longtemps cherchée, et débattue par Cluverius, Danville, Bouche, Sanson, et autres chorographes. Tous avaient indiqué des positions qui, strictement parlant, ne pouvaient convenir à la ville maritime dont l'itinéraire se borne à rappeler le nom. L'auteur de l'*Atlanticis Majoribus* s'était presque approché de la vérité par le simple calcul des distances; mais n'ayant point visité la localité, il était resté à un demi-mille près de la véritable position. Pline avait causé l'erreur des uns, la métamorphose du sol dérouta les autres. Tout porte à croire, après mûr examen, que là, comme à Fréjus, comme à Aigues-mortes, la mer a éprouvé un retrait considérable, et a formé ainsi, à l'aide des siècles, l'étang du Pesquier et les deux isthmes qui le circonscrivent. Cette opinion pourra acquérir encore plus de consistance quand on saura qu'il est arrivé dans de fortes tempêtes, que la plage sablonneuse qui conduit directement à Giens, s'est trouvée par fois submergée, et que l'étang et la mer paraissaient ainsi confondus.

Le lecteur jugera par ces détails du peu de largeur de l'isthme et ne pourra plus douter qu'au temps d'Antonin la presqu'île de Giens n'ait été une île, et que comme telle on ne l'aie comptée parmi les Stœchades (1). En admettant cette supposition basée sur une connaissance parfaite du terrain, la distance d'Alconis à Pomponiana se trouve être d'une exactitude extrême. On doit la découverte de ce fait géographique assez important, à M. Victor Estalle (2), qui, en 1824 ou

---

(1) Strabon et Ptolémée en désignent cinq.
(2) Je dois dire, cependant que dans le *Galliæ veteris typus*, d'Hondius, exécuté à Amsterdam, une ville que le géographe appelle Pompeiani, semble occuper la place où l'on a trouvé les ruides de Pomponiana.

1825, fit part de ses conjectures à l'un des auteurs de la statistique des Bouches-du-Rhône, le savant Thoulouzan, dont je m'honore d'avoir été l'ami, vint avec moi vérifier les lieux et les étudier, et peu de temps après lut à l'Institut, une notice fort intéressante sur Pomponiana. Mais quoique j'eusse encore beaucoup à dire sur cette cité dont les ruines occupent un espace de plus de seize à dix-huit mille toises carrées, les bornes et le plan que je me suis assignés, me forcent de nouveau à quitter l'antiquité pour le moyen âge.

Au milieu de ces immenses décombres, et probablement au moyen des nombreux matériaux gissants sur le sol, s'éleva rapidement, en 1188, un monastère occupé peu après par des religieux portant l'habit de Saint-Benoît. Mais à l'habit seul se bornait leur vocation religieuse; car la vie menée au couvent de Saint-Pierre d'Almanara devint si scandaleuse, que le pape Honorius III, donna mission à Conrad, évêque de Porto, légat du Saint-Siége en Provence, de censurer ces moines dissolus et de les séculariser. Le 13 mars de l'année 1220, l'ordre fut exécuté de point en point. Aux bruyantes orgies succéda le silence; les chants profanes et sacriléges furent remplacés par l'hymne monotone mais sans fin, poussé vers le ciel par les flots du rivage. Quelques années après, le couvent, ainsi que tous les biens qui en dépendaient avaient été donnés à des religieuses qui suivaient la règle de Saint-Bernard. On les avait tirées assez mal à propos de Saint-Pons de Gémenos, pour les confiner sur cette côte déserte qui conduit à Carqueiranne, fief seigneurial qui appartint à la maison de Ripert.

Les saintes filles y furent long-temps exposées aux déprédations des Sarrasins qui infestaient les côtes, et pourtant ce ne fut que trois siècles après leur installation dans ces dangereux parages, qu'un effroyable événement les força de chercher et de se construire un asile au milieu même de la ville d'Hyères. Voici le fait en peu de lignes, et je le rapporte tel que l'a enfanté la tradition populaire, (1) que ne dément pas trop l'histoire. Une jolie abbesse, appartenant à une des plus illustres maisons de Provence, rieuse et légère qu'elle était, ne s'avisa-t-elle pas, par une triste nuit d'hiver, de mettre à l'épreuve le courage et la bonne volonté des habitants de la ville, en faisant sonner sans sujet la cloche d'alarme de son couvent. Ceux-ci, croyant la côte menacée, se hâtèrent de s'y porter en armes, disposés à protéger les innocentes épouses du Seigneur ; tout était calme et tranquille sur le rivage. Cruellement mystifiés, ils se bornèrent à une vengeance toute passive, mais dont les suites furent déplorables. Appelés

---

(1) Voyez l'ouvrage intitulé : *Chroniques provençales*, in-8°, chez Olivault, à Toulon.

à l'aide un jour de véritable danger, les habitans de la cité, garantis par leurs remparts des coups de main que se permettaient parfois les Sarrasins, à cette époque où la Provence était agitée de troubles intérieurs, ne répondirent point à la voix de leurs consuls, et laissèrent incendier le monastère. On assure que sept religieuses seulement de l'abbaye royale de Saint-Pierre d'Almanare (1) échappèrent à la brutalité des Maures, et il est certain que vers la fin du 14e siècle elles vinrent fonder, à Hyères, le couvent

---

(1) Le nom d'Almanare ou Almanara, comme on peut le lire dans les anciens historiens, m'avait toujours paru d'origine arabe. Je dois à M. Reynaud, membre de l'Institut, qui est venu visiter, il y a quelques années, ces ruines, la véritable signification de ce mot, qui veut dire *Phare*, point de reconnaissance. En effet, il est probable que cette côte, assez souvent orageuse, était habituellement éclairée au moyen de feux allumés par l'humanité des religieuses, ou les lumières qui brillaient aux croisées de chaque cellule.

appelé aujourd'hui Saint-Bernard (2), couvent que la révolution rendit désert, et que démolissent chaque jour les hommes et le temps.

Mais remontons les siècles, et retrouvons cette noble famille de Foz, encore forcée de défendre ses droits et sa seigneurie contre les empiétements et la politique guerrière de Charles d'Anjou, frère de Saint-Louis, devenu comte de Provence par le fait de son mariage avec Béatrix. Seule et unique héritière des princes de Barcelonne, cette

---

(2) C'est en 1406 que fut achevé le nouveau monastère. On dut sa construction aux libéralités de Sanche Marie, petite-fille de Robert le Bon et sœur de Jeanne, reine de Naples et de Sicile. Il paraît que l'affliction et le malheur qui venaient de s'appesantir d'une manière si éclatante sur les religieuses d'Almanare, leur valut la protection du pape Jean XXII et surtout d'Innocent VII. Il existe quelque part un bref de ce dernier, qui les recommande spécialement à la bienveillance d'Elzéar de Sabran, évêque de Toulon.

femme pour le moins aussi avide de puissance et de richesse que le conquérant de la Sicile, exigea de son mari l'abaissement de tous les grands feudataires de sa comté. Après avoir réduit à l'obéissance, les seigneurs de Sault et de Grignan, forcé les villes libres de Marseille, Arles et Avignon à le reconnaître pour souverain, et s'être fait prêter hommage par les princes de Baux, Charles d'Anjou marcha sur Hyères.

Nostradamus, celui des historiens de Provence qui nous fournit le plus grand nombre de documens sur la défense et la reddition de cette place, de l'importance de laquelle on pourra juger, en jetant les yeux sur les clauses du traité qui la remet entre les mains des comtes de Provence; Nostradamus rapporte avec une grande partialité, on ne sait trop pourquoi, le récit de cet évènement : là où nous voyons abus et violences, il n'aperçoit, lui, que justes représailles, bon droit et magnanimité.

Les descendans d'Amelin, Roger d'Hyères, Bertrand de Foz, et Mabille leur sœur, cette dame d'Hyères, citée tant de fois comme faisant partie des cours d'amour qui se tenaient à Signe et à Pierrefeu, occupaient alors Hyères, son château et ses îles. Le comte de Provence, dit Nostradamus, leur avait déjà mandé par ambassadeur *de les vuider et lui quitter promptement tant le château fort, que la ville avec tout ce quils tenaient induement.* Les Seigneurs et la dame d'Hyères lui répondirent par un refus formel, lui portant plainte en même temps de la conduite de ses officiers et sénéchaux qui, à différentes reprises, « s'étaient permis des « vexations de mainte espèce sur leurs hom- « mes vassaux et sujets, et qui avaient « essayé d'entraver des bans et autres droits « à eux appartenant tant de Bormette, que « des autres lieux du terroir d'Hyères. »

Non seulement leur pétition de justice resta sans réponse, mais encore Charles d'Anjou rappelant les prétentions des comtes de Barcelonne ses prédécesseurs déclara hautement, que les lieux et places cités plus haut, tenaient immédiatement de sa comté, et qu'ainsi personne autre que lui ne pouvait prétendre à leur légitime possession et jouissance. Dénaturant les faits, il racontait à sa manière l'entreprise peu loyale d'Ildephons, contraint autrefois, disait-il, d'assembler le ban et l'arrière-ban de ses gentilshommes, chevaliers et gens de guerre pour venger l'injure reçue de la part de son sujet, et venir au secours des siens assiégés; et, selon l'historien dont j'emprunte quelquefois les naïves paroles : « Contre quelles
« forces Roger de Foz et Jrats avaient dé-
« fendu fort et ferme, l'entrée du château
« à Ildephons, le dépouillant par telle fé-
« lonie et rébellion de la possession que lui
« et ses prédécesseurs avaient joüi..... Par

« quoi ceux de la part de Charles assuraient
« et maintenaient la ville et le château d'Hyè-
« res, les îles, le terroir, leurs droits, et
« appartenances lui devoir être restitués en
« pleine propriété et juridiction absolue ;
« puisque tant ces choses, que tout ce qu'ils
« possédaient en Provence étaient tombées,
« suivant ce qu'ils prétendaient, en commis
« et caducité, confisquées et unies à son
« domaine par crime de leze-majesté, par
« eux encourus sous les rébellions, défen-
« ses, violences et félonies qu'ils avaient té-
« mérairement perpétrées contre Ildephons,
« ainsi qu'ils feront apparoir par bonnes et
« irréprochables preuves, et par témoins
« sur ce ouïs. » C'était joindre pour ainsi
dire, une amère raillerie au langage précis
de la force. Les enfans du grand marquis
s'apercevant qu'ils n'avaient rien à gagner avec
de pareils négociateurs, si ce n'était honte
et repentir, résolurent de fermer leurs portes au suzerain envahisseur, et de suivre

l'exemple que leur avait légué leur père. Mais en 1192, Amelin ne s'était point trouvé réduit à ses seules ressources ; de puissantes diversions avaient eu lieu, l'armée d'Ildephons n'était point comme celle de Charles d'Anjou, unie et dévouée, et cependant ce ne fut qu'au bout de cinq mois et après quelques alternatives de glorieux revers ou de funestes succès, que réduits aux plus dures extrémités, Roger et Bertrand, d'abord à l'insu de leur sœur, trop fière pour se soumettre, prêtèrent l'oreille à des propositions d'accommodement. Tous les historiens, tous les généalogistes, même qui ont parlé des seigneurs d'Hyères, de la maison de Foz s'accordent à dire, qu'ils tinrent bon dans leur fort jusqu'au dernier moment, et que ce fut par l'entremise des évêques de Fréjus et de Nice, ainsi que par les bons offices d'Arnaud de Villeneuve, de Rostang d'Agout et de Robert de l'Avena que la transaction pacifique, dont nous parlerons tout à l'heure, fut acceptée et loyalement exécutée. Le seul Nostradamus raconte, qu'enfin convaincus qu'il fallait obéir à l'autorité, aux armes et au droit de Charles, les enfans d'Amelin de Foz vinrent trouver ce prince à Tarascon où, *avec très humbles soumissions, ils le supplièrent de leur vouloir donner des juges non suspects ni portés de passion, tant pour les ouïr en leurs droits que pour procéder à leur affaire avec justice et raison.* Mais quand on se rappelle qu'en échange de la forteresse d'Hyères et de ses dépendances, le comte de Provence consentit à céder vingt-deux villes ou villages, on est bien tenté de croire que Roger et Bertrand, auxquels plusieurs historiens ajoutent Hugues et Geoffroy Irats, en qualité de coseigneurs, n'en étaient point encore réduits à implorer la clémence d'un homme qui ne pardonnait guères, et qui ne signa jamais un traité de paix sans le tacher de sang. Toutefois, il est certain qu'un grand nom—

bre de gentilshommes et barons de la cour de Charles, ayant pour la plupart des alliances avec la maison de Foz, s'employèrent activement dans cette affaire si délicate, et qu'ils surent même la terminer à l'avantage réel, c'est-à-dire à l'avantage pécuniaire des seigneurs récalcitrans. A ceux-ci, ils remontrèrent que les vicomtes de Marseille, les aînés de la famille, leur avaient donné l'exemple de la soumission, et que dépossédés d'un état aussi considérable, réduits à peu de vassaux, ils ne devaient point attendre de secours de ce côté; que d'autre part, une lutte aussi longue, en irritant le maître, détruirait tout espoir d'un accommodement avantageux, et que le mieux était de tirer parti de leurs glorieux efforts, en consentant à un échange de territoire qu'ils ne pouvaient empêcher. Au comte de Provence, fatigué d'une opération militaire dont il ne devait pas tirer grand honneur, puisque ses forces étaient hors de proportion avec celles de ses humbles adversaires, ils représentèrent adroitement que le siége pourrait traîner en longueur ; que ses plus braves hommes d'armes étaient atteints chaque jour par le fer où les maladies ; qu'en traitant les ennemis avec clémence et générosité il s'en faisait des amis dévoués. Ces bons et nobles avis furent tellement goûtés par le haut suzerain et les grands vassaux que le 15 octobre de l'année 1257, la paix fut annoncée selon l'usage de ce temps-là, à son de trompes et cors, dans la ville et dans le camp des assiégeans.

Les termes de la capitulation et du traité de cession réciproque nous ont été conservés, et ils sont assez curieux pour que nous les relations en entier. Il fut donc décidé « que le château d'Hyères, *nobile castrum* « *Arœarum*, le donjon et le fort, la ville, « les îles, ses droits et appartenances tant « en mer qu'en terre pour les deux parts « que Roger, Bertrand et Mabille y tenaient

« et possédaient, tout cela serait rendu et
« délivré à Charles pour les jouir et possé-
« der, et les siens perpétuellement à l'ave-
« nir en plein fief.

« Qu'avant que Charles pût jouir de la
« ville, château, îles et autres droits spé-
« cifiés, il serait tenu bailler en récompense
« à Roger, Bertrand et Mabille, autant de
« terres et juridictions, en Provence, qu'elle
« peut valoir en revenu annuel, la somme
« de dix mille sols provençaux qu'ils tien-
« draient sur la foi et hommage des com-
« tes.

« Que Roger d'Hyères, Bertrand et Ma-
« bille seraient tenus aux cavalcades et autres
« services tant en paix qu'en guerre par
« le comte et ses successeurs en la comté.

« Que Charles remettrait toute offense aux
« hommes qui auraient suivi le parti de Ro-
« ger, Bertrand et Mabille, et si, leur en
« ferait expédier lettres de grace en forme
« authentique, en vertu desquelles serait une

« bonne, ferme et fidèle pacification entre
« les parties. »

Suivant donc cette convention, le château et la villes d'Hyères firent irrévocablement partie du domaine des comtes de Provence, et les anciens possesseurs reçurent en fief et à titre d'indemnité Pierrefeu, la Môle, Collobrières, Laverne, Cavalaire, le Canet, Curban, etc.

Quelques mois après, Roger, Bertrand et Mabille se rendirent dans la ville archiépiscopale d'Aix, où ils trouvèrent Charles qui les y attendait, et qui leur fit don de tout ce que l'Eglise d'Aix et Hugues, récemment élu archevêque de la cité des Tours (1), possédaient à Bormes et dans son terroir. Le total était estimé à cinquante livres de revenu annuel, somme assez considérable pour l'époque.

---

(1) C'était aussi à cette époque l'un des noms sous lesquels était connue la ville d'Aix.

Ainsi prit fin le mince état d'Hyères, qui datait de l'année 1140. De tous les actes de souveraineté attribués aux seigneurs de la maison de Foz, le plus important et celui qui prouve le mieux la considération dont jouissaient les enfans d'Amelin et d'Adélasie de Laidet, c'est une trève signée par le roi Pierre d'Aragon et Roger d'Hyères, par laquelle ils rétablissent réciproquement le commerce entre leurs sujets respectifs. Le traité original existait encore, à l'époque de la révolution de 1793, dans les archives de Montpellier.

On doit penser cependant que les seigneurs de Foz ne furent pas sensibles à la perte de Hyères et de leur souveraineté autant qu'on pourrait le croire; car on les vit se dévouer tout-à-fait à la cause de leur nouveau maître. Roger, accompagné de ses deux enfans, Guillaume de Foz et Philippe de Lavena, suivit Charles à la conquête de la Sicile, et celui-ci les investit de tant de confiance, qu'il nomma Philippe grand sénéchal et gouverneur de Provence. Plus tard, et lors du fameux combat qui devait avoir lieu à Bordeaux, entre lui et le roi d'Aragon, il choisit encore Philippe et le plaça parmi les cent gentilshommes qui devaient l'assister dans cette entreprise chevaleresque. Puis, si l'on veut suivre cette noble maison d'Hyères dans sa période de décroissance, on la voit s'allier, se fondre, s'étendre, et enfin disparaître parmi les plus illustres de la comté.

Mais le récit des faits n'établit pas seul l'existence historique d'une ville ou d'une contrée, les travaux de la paix sont bons aussi à consulter : ce sont, en général, les meilleurs témoignages de l'état de prospérité ou de civilisation où ont pu parvenir nos anciennes cités déchues de leur puissance. Nos vieux ports, aujourd'hui comblés ou déserts, d'innombrables églises édifiées, tant de collégiales, de couvens, d'hôpitaux, des léproseries, les dotations qui les enrichissaient, sont des jalons certains qui nous guident encore à travers les ténèbres du moyen âge, et nous permettent de reconstituer la vie industrielle et artistique des populations qui s'agitaient en ces temps-là, sur une terre incessamment ébranlée de commotions intestines.

A défaut de monumens paléographiques, qui sont rares en Provence, jetons les yeux sur les ruines qui sont encore debout. Que pouvait être Hyères dans le douzième siècle? Une ville presque maritime ; car nous verrons un peu plus tard, dans les Mémoires du bon Joinville, que Saint-Louis *arriva au port d'Hyères devant le chastel*. Sa population devait être assez considérable ; car à cette époque, je suppose qu'existait la seconde enceinte de ses murailles, et j'ai relevé scrupuleusement les noms de plus de vingt familles de noble origine, dont elle était alors le séjour et qui y vivaient sous le haut patronage de la famille de Foz, dont les descendans avaient conservé le titre de co-seigneurs, dédommagement laissé à leur amour propre par la bienveillance des Comtes de Provence. Son commerce était assez étendu. On sera convaincu que cette assertion n'est pas dénuée de fondemens, si l'on veut bien se rappeler la trève et le traité de commerce avec le roi d'Aragon, mentionné quelques pages plus haut ; les départs pour la Terre-Sainte, le retour des pèlerins qui, après une longue et dangereuse traversée, saluaient avec amour ce ciel, cette terre de Provence, dont l'aspect et la végétation, pour ainsi dire orientales, leur rappelaient des souvenirs touchans ou aventureux ; et puis les Templiers, riches et hautains, avaient ici leur demeure. Raymond Beranger III, leur avait concédé la délicieuse vallée de Sauvebonne, et là, ils avaient su trouver le luxe et le laisser aller de la vie d'Orient. Les Templiers ! princes de l'église militante, tombés si bas ; joyeux convives, dont les vastes réfectoires (1) furent changés en étables grandes et commodes, comme le leur prophétisait un pauvre Cordelier à la parole puissante et inspirée. Puis il y avait encore, à deux lieues de la ville, un asile où se glissaient, inaperçus, les hommes atteints

---

(1) Outre les terres de Sauvebonne, où les Templiers avaient élevé de somptueuses constructions, dont j'ai vu et reconnu les débris dans une fouille entreprise, il y a quelques années, par le propriétaire actuel d'une partie de cette vallée, ces chevaliers avaient construit une église qui porte encore leur nom. « On remarque dans cette ville (dit Expilly « dans son Dictionnaire des Gaules, en parlant « d'Hyères), une ancienne tour qu'on dit avoir « appartenu aux Templiers, au bas de laquelle « est une chapelle voûtée, et au dessus une « longue et magnifique terrasse où l'on monte « par un escalier pratiqué dans l'épaisseur des « murs, qui sont d'une structure si admirable « qu'ils semblent n'être faits que d'une seule « pierre. »
Cette église sert aujourd'hui d'hôtel-de-ville. L'escalier subsiste encore, au moins en partie; mais la terrasse a été détruite.

des maladies de l'Orient. C'était une léproserie, presqu'attenante au château des Bormettes ; elle était séparée de la ville par de grands bois et des marécages. Triste séjour, que respectaient les Sarrasins eux-mêmes, quand ils débarquaient sur la côte !

Du milieu de cette triste retraite s'échappaient des cris de souffrances et des pleurs ; dans la ville se faisait sentir l'influence poétique et littéraire de la gaie science, cultivée et protégée par la dame Mabille. C'était le siècle des cours d'amour, des jongleurs et des chanteurs. Deux troubadours célèbres, qui florissaient à peu près vers cette époque, avaient pris naissance à Hyères, et l'habitaient ou y revenaient à de courts intervalles : c'était Guillaume et Rambaud, qui laissèrent de nombreux imitateurs. Il reste d'eux quelques fragmens cités, je crois, dans Millot et dans l'ouvrage Raynouard.

J'avais oublié de parler des disputes théologiques, et des discussions suscitées par des intérêts purement matériels qui s'élevèrent au sein d'un couvent d'Augustin, à Porquerolles, entre ces religieux et les moines de l'île de Lerins. Je dirai en peu de mots le sujet de cette querelle, parce qu'elle établit d'une manière certaine, un fait historique : la continuation des excursions maritimes des Mahométans sur les côtes de Provence. En 1198, les Maures d'Afrique, ayant effectué une descente dans l'île Porquerolles, emmenèrent en esclavage tous les habitans sans distinction, et entr'autres des moines de Lerins qui avaient là une succursale de leur couvent, datant aussi d'une haute antiquité, puisque Théodore, deuxième évêque de Fréjus, était abbé des îles d'Hyères, en 426. Le couvent n'offrait plus que ruines et solitude, quand des religieux réguliers, de l'ordre de Saint-Augustin, songèrent à l'habiter, ce qu'ils firent avec l'agrément du pape Innocent III, qui n'avait pas vu grand inconvénient à cette occupation d'un monastère abandonné. Mais au bout de quelques années, les moines de Lerins en jugèrent autrement, réclamèrent contre un acte qu'ils regardaient comme une usurpation flagrante, et appuyèrent leurs réclamations de manifestes, auxquels répondirent vivement les religieux de Saint-Augustin. Les esprits s'aigrirent et se divisèrent dans la contrée, pour ou contre les derniers occupans; et les choses en arrivèrent à ce point, que le Saint-Père donna mission aux évêques de Marseille et d'Agde, d'informer sur cette affaire et de régler la querelle. Les prélats le firent à l'avantage des anciens possesseurs, qui rentrèrent dans leur propriété, mais pour en être arrachés quelque temps après, à la suite d'une nouvelle apparition des Maures sur la côte.

Avant cette fatale contestation élevée, comme on le voit, au sujet de quelques vieilles murailles appartenant à des gens d'église, une propriété plus importante était devenue l'objet d'un litige bien autrement difficile à terminer. Il s'agissait des salines de la ville d'Hyères, source inépuisable de richesses pour leurs propriétaires. Elles avaient été aliénées, dans le temps, du domaine de la couronne, par les princes catalans. Pendant leur séjour à Brignoles, Charles et Béatrix les revendiquèrent. Après de longs et inutiles débats, les concessionnaires se virent forcés de faire hommage de leur propriété au comte de Provence, et de lui livrer annuellement trente mille olles ou pots de sel à titre de redevance.

En récapitulant ce qu'on vient de lire, en se rappelant les tableaux d'intérieur que je viens de présenter. Qu'on le dise : ne voilà-t-il pas bien des élémens d'agitation, de vitalité et de mouvement pour tout un siècle, dans une faible localité? Pauvres scènes d'un drame de famille, aussi intéressantes aux yeux de ceux qui y jouaient un rôle, que ce grand évènement qui avait jeté l'Europe sur l'Asie, ce bouleversement et heurt des hommes et des choses qui, dans l'ordre éternel, devaient préparer une nouvelle ère de civilisation. Aussi les contes populaires qui datent de cette époque, se ressentent-ils déjà du contact avec les Arabes. On trouve dans ces grossières ébauches, comme un reflet des couleurs de l'Orient. L'histoire du *Jardin de la Croix de fer*, est certainement une des traditions où domine le plus l'imagination asiatique. Or, je m'en vais la dire comme on la raconte à Hyères, où elle passe de bouche en bouche, probablement depuis des siècles.

La fille d'un duc d'Afrique, belle et fraîche surtout comme une hourri de l'Occident, avait eu le bonheur d'être confiée à une nourrice chrétienne qui l'avait baptisée en secret. Grand bien lui en advint, car elle inspira une vive passion au génie ou au démon des tempêtes et des vents, comme on voudra l'appeler. Pour plaire à la princesse, cet amant d'une espèce nouvelle, s'y prit de vingt manières différentes. L'une des formes les plus heureuses, selon nous, sous lesquelles il lui apparaissait pour la séduire, était celle du Zéphir d'Orient ; pendant les ardeurs du soleil d'été, tout embaumé du parfum des roses et des jasmins, il se glissait auprès d'elle sous les épais feuillages du sycomore et du platane et la rafraîchissait mollement, en se jouant amoureux et timide dans sa longue chevelure ; d'autres fois plus impétueux, indiscret, plein d'audace, il excitait chez sa belle maîtresse les folles joies et les rires, auxquels passé quinze ans, la jeune fille devenue réservée sans motif et grave sans réflexion craignait déjà de s'abandonner ; d'autres fois encore, vibrant des sons harmonieux de quelques sérénades castillanes, porté sur les ailes des vents du Nord, il charmait son oreille et commençait sur ses sens endormis un système de séduction d'autant plus difficile à combattre, que l'ennemi était invisible. Puis enfin tout chargé des soupirs amoureux des Abencerages de Grenade, les plus tendres et les plus discrets des chevaliers maures, il berçait son ame de voluptés indicibles et de molles langueurs. S'il la réveillait, c'était au bruit adouci du tambourin et des fifres joyeux de Provence, ou à celui des castagnettes catalanes ramassées sur les côtes occidentales de la Méditerranée, et apportées tout exprès pour la provoquer, à son insu, aux plaisirs si vifs de la danse et des courses légères. Aussi, par une belle nuit d'Afrique, c'est-à-dire quand l'atmosphère avait déposé sur les fleurs et les gazons ses abondantes rosées, quand la lune flottait pure et radieuse dans l'immensité des cieux, à l'heure où le rossignol chantait, à l'heure où les bruits divers s'éveillent pour remplacer le silence du jour, à l'heure enfin, où l'on vit en Afrique, la jeune et belle Mauresque, tantôt rêveuse et languissante, mollement reposée sur des coussins soyeux, tantôt bondissant avec ses compagnes dans les immenses jardins de son père, s'abandonnait sans réserve aux impressions variées auxquelles son ame était devenue si accessible, tantôt elle versait des larmes solitaires; tantôt elle s'enlaçait, innocente mais enflammée, au col de sa gazelle favorite, qu'elle couvrait de baisers. Si aujourd'hui elle affectait de graves pensers, demain elle demandait avec instance ces plaisirs bruyans qui trompent les vagues douleurs de l'ame. Seulement les obsessions et les inquiétudes cessaient dès que machinalement et comme au hasard, ses doigts avaient tracé sur le sable ou seulement indiqué sur elle-même le signe de la croix de notre Sauveur. Le calme rentré dans son esprit, plus d'une fois elle s'était prise à avoir honte de ses innocens égaremens. Le duc d'Afrique qui ignorait totalement cette circonstance, la seule qui eût pu l'éclairer sur l'état véritable d'une fille qu'il adorait, le duc d'Afrique, excellent observateur comme sont tous les pères de ce pays là, jugea que quelque douleur qu'il pût lui en coûter, il devait songer à chercher un époux pour la princesse qui commençait à perdre sa fraîcheur ; elle venait d'atteindre sa quinzième année, et tout le monde sait qu'en pays mauresque, cet âge-là n'est déjà plus le bel âge de l'innocence et de la candeur. Quoiqu'il en soit, son choix se fixa promptement sur un prince, son voisin, dont les états s'étendaient par delà les déserts limitrophes de ceux du prêtre Jean. Les accords furent bientôt faits. Les ambassadeurs échangèrent des présens et le père accompagna sa fille jusque vers une oasis située au milieu d'un océan de sable de plusieurs centaines de lieues d'étendue, pays verdoyant qui avait été désigné comme l'endroit le plus propice à la réunion des deux monarques et le plus rapproché de leurs états respectifs. Personne n'avait songé à l'intervention de l'amant jaloux dont nous avons d'abord entretenu nos lecteurs. Cependant ce noir génie du mal suivait, depuis plusieurs jours, la caravane sous la forme d'un immense nuage ; lourd et accablant, de son ombre immense il couvrait tout le désert et lui donnait un aspect plus effrayant que de coutume, bientôt l'eau vint à manquer et le météore ne semblait point recéler dans ses flancs la pluie bienfaisante et désirée de tous. Des langues de feu paraissaient s'en échapper par intervalles, et elles calcinaient le sol sous les pas des voyageurs. Les chameaux tourmentés d'une soif inaccoutumée, se laissaient tomber sur le sable et périssaient sous les coups de leurs conducteurs, auxquels le désespoir semblait redonner quelqu'énergie. Les chevaliers africains, qui accompagnaient leur duc, succombaient sous le poids de leur armure ; les chevaux, qui s'abattaient par intervalles, léchaient pour se désaltérer une grève brûlante et mouraient en s'épuisant dans une longue et violente agonie. Les capidji, les bachi, les ichoglans, et toute l'escorte obligée d'un prince de l'Orient, restaient en arrière, et à courts intervalles jonchaient la terre de morts et de mourans. Occupé uniquement de la conservation de sa fille et oubliant ses propres souffrances, le vieux duc marchait à la portière du palanquin, essayant de soutenir son courage, quand enfin se déchaîna la tempête : un vent sec et violent, chaud comme l'air embrasé qui sort d'une fournaise, accourut du fond de l'horizon, soulevant sur son passage d'énormes vagues de sable ; le ciel s'obscurcit, l'atmosphère devint épaisse et solide comme quelque chose qu'on pouvait saisir mais non repousser, quelque chose d'insolite semblable à un lourd manteau dont on ne pourrait se débarrasser, quelque chose de mortel comme une muraille qui vivant vous serrerait peu à peu de toutes parts, et vous engloutirait succombant par degrés au poids et aux angoisses.

Chacun se jeta à terre, selon l'usage et surtout l'instinct de la nature, cachant sa tête pour garantir ses yeux et se ménager la faculté de respirer encore quelques minutes ; avec tout cela ce n'était point comme un orage sur mer, où les cris se confondent, où les flots mugissent, où les cordages sifflent, où les planches craquent, où tout vous indique que vous n'êtes point seul livré à la colère des élémens ; mais un silence terrible, un long et lourd silence.

Le palanquin est renversé. La jeune fille, lancée loin de son père, est emportée, sans toucher le sol, par un immense tourbillon. Pendant trois jours et trois nuits, elle tournoya au-dessus des terres et des mers, la trombe immense, aspirant tour à tour les sables et les flots. Enfin, au milieu de mille tortures, dans ce moment où, sur le point de nous échapper, notre ame se replie avec tant de vitesse sur la vie passée, la pauvre païenne oubliant ses fausses croyances, se rappela le signe sacré que la nourrice chrétienne avait enseigné à ses jeunes mains, et elle retrouva assez de force, la malheureuse enfant, pour faire le signe de croix. Tout à coup, comme par enchantement, le tourbillon se dissipe ; un corps, de forme charmante, mais meurtri, souillé d'une vase impure, est déposé sur le sol d'une riante et belle prairie, sur un gazon doux comme un lit de velours.

C'était à Hyères, à la fin du 12me siècle, époque à laquelle les jardins d'orangers n'étaient point encore plantés, que se passait cet étrange évènement. Mais, quelque longue qu'elle soit, l'histoire n'est pas finie ; et je ne prétends nullement faire grâce de sa partie la plus piquante et surtout la plus véridique : or, le père de la princesse avait été sauvé, par je ne sais quel miracle, de la mort certaine qui le menaçait ; de retour dans sa capitale, il avait dépêché des exprès dans toutes les contrées du monde connu, pour avoir des nouvelles de sa fille. Il avait fait publier la perte qu'il déplorait, promettant de grandes récompenses à qui saurait lui dire ce que sa belle fiancée était devenue ; et faisant vœu, en outre, si on la retrouvait dans une terre chrétienne, de faire fondre une croix d'argent de la taille de la princesse, et d'une grosseur proportionnée.

Or, quand il sut que la dépouille de son enfant bien aimé avait été recueillie sur les côtes de Provence, et qu'elle y avait reçu une honorable sépulture, il vint à Hyères pour y accomplir son vœu; mais les habitans lui représentèrent avec prudhomie, dit la légende traditionnelle, qu'une croix d'un métal aussi précieux que l'argent leur attirerait probablement de nombreuses visites de la part des pirates qui infestaient leurs mers, et que s'il voulait absolument élever le monument projeté, il fallait qu'il leur laissât aussi une armée pour le garder. Alors le duc trouvant la raison bonne, consentit à substituer une croix de fer à la croix d'argent, faisant don des sommes qu'elle eût coûtées, aux églises et aux couvens. Il est vrai de dire que, quelque persévérance que nous ayons pu mettre dans nos recherches, nous n'avons point trouvé encore les actes de donation.

Les bonnes gens du pays attestent avoir vu cette croix monumentale posée, disent-ils, sur une large pierre artistement travaillée, et sur laquelle quelques caractères inconnus étaient gravés. L'un et l'autre ont disparu ; je ne sais trop si l'on n'accuse pas aussi la pauvre révolution du méfait. Personne n'avait pu déchiffrer les caractères tracés sur la pierre ; mais quant à la croix, tout le monde assure qu'elle était haute de six pieds. Ce qui prouverait au besoin que la princesse était d'une taille fort remarquable.

Je ne ferai donc ni de plus longs ni de plus graves commentaires sur ce conte digne de la collection des contes bleus ; et je suis persuadé que le lecteur saura préférer à ce récit, celui si simple et si naïf de Joinville rapportant en termes fidèles le retour du roi Saint-Louis ; car nous sommes arrivés, en prenant nos aises et nous promenant tour à tour de l'histoire à la fable et de la fable à l'histoire, au 12 juillet de l'année 1254 ; époque mémorable où l'on vit apparaître dans nos eaux une pauvre flotte bien mal traitée, qui venait de mettre deux mois et demi à parcourir une espace qu'on traverse aujourd'hui en moins de cinq jours. L'une de ces nefs portait la fortune de la France : le roi Louis IX la montait avec sa femme et ses trois enfans ; et de quatorze navires qui composaient la flotte, c'était celui qui offrait la plus triste apparence. Le saint roi n'avait pas voulu en descendre, quelques représentations qui lui eussent été faites ;

il n'avait pu se résoudre à abandonner, à Chypre, tous ceux qui l'accompagnaient, et aux pressantes sollicitations qu'on lui adressait, voici quelle fut la fin de sa réponse : « Pourtant vous dy, que j'aime mieux « mettre moi, la reine et mes enfans en « dangers et en la main de Dieu, que de « faire tel dommage à si grand peuple comme « il y a céans. »

Au bout de six semaines, continue le bon sénéchal, qui a recueilli et relaté ces belles paroles et ce trait si peu connu : « Au bout « de six semaines que nous eumes été en « mer à nager, arrivasmes au port d'Hyères, « devant le chastel qui était au comte de « Provence qui fut depuis roi de Sicile. » Si l'on veut bien se rappeler que la transaction passée entre les enfans d'Amelin de Foz, date de 1257, on ne pourra s'empêcher de relever ici une légère erreur de Joinville : c'est que Hyères, à cette époque, appartenait encore à ses princes particuliers. Il est vrai de dire que la réception si noble et si courtoise de Bertrand et de Roger, put donner le change au roi de France et lui laisser croire qu'il avait débarqué sur les terres de son frère. On rapporte qu'un bâteau pêcheur, qui levait ses filets non loin du lieu où la flotille avait jeté l'ancre, ayant raisonné quelques uns des bâtimens qui se trouvaient les plus proches, et voyant les préparatifs du débarquement, se hâta de retourner en ville pour prévenir les habitans des projets du roi.

A cette nouvelle inattendue, la bannière de France fut déployée sur le donjon du château, et le peuple se porta en foule sur les remparts pour saluer à son passage le frère du comte de Provence. « Eh ! sire, « véez-vous pas le pavillon de France qu'on « a hissé sur le donjon du castel. » Ces témoignages d'honneur et de bon accueil achevèrent peut-être de décider le roi à quitter sa nef ; car jusques-là il n'avait pas paru bien disposé à se rendre aux vœux de la reine et de son conseil, qui le pressaient de mettre pied à terre, fatigués qu'ils étaient d'être ballotés par les flots depuis si long-temps.

« Mais le roi dit qu'il ne descendrait pas,
« tant qu'il fut en Aigues-Mortes qui estait
« sa terre ; et sur ce différend, ajoute le
« bon sénéchal de Champagne, nous tint
« le roi, le mercredi et le jeudi, sans
« que nul le put faire accorder à soy des-
« cendre ; et le vendredi comme le roi était
« assis sur ung des bancs de la nef, il me
« appela et me demanda conseil, s'il de-
« vait descendre ou non ; et je lui dis :
« Sire, il me semble que vous devez des-
« cendre ; et que une fois madame de Bour-
« bon étant à cest même port ne se voulut
« descendre, ains se remit sur mer pour
« aller en Aigues-Mortes, mais elle de-
« moura bien sept semaines et plus sur mer.

« Et adonc le roi, à mon conseil, s'accorda
« de descendre à Yères, dont la royne et
« la compagnie furent très joyeux. » Le
lecteur me permettra sans peine de laisser
toujours parler le bon Joinville, et je compte
même qu'il me saura gré d'avoir conservé
son langage, sans l'altérer en rien dans le
récit suivant :

« Au chatel d'Yères sejourna donc le
« roy, la royne et leurs enfants, et nous
« tous, tandis qu'on pourchassoit des che-
« vaulx pour s'en venir en France, l'abbé
« de Cluny, qui fut depuis évêque de l'O-
« live, envoya au roy deux palafroys, l'un
« pour lui, l'autre pour la royne, et di-
« sait on alors qu'ils valoient bien chacun
« cinq cents livres, et quant le roy eut
« prins ces deux chevaulx, l'abbé lui requist
« qu'il peust parler avecques lui le lende-
« main touschant ses affaires, et le roy le
« lui octroya. Et quant vint au lendemain,
« l'abbé parla au roy qui l'escouta longue-

« ment et à grant plaisir. Et quant celui
« abbé s'en fut parti, je demanday au roy,
« savoir si je lui demandoie quelque chose
« a reconnaître, s'il le feroit, et il me dis
« que ouy voulentiers. Adonc je lui deman-
« dai, sire, n'est-il pas vrai que vous avez
« escouté l'abbé de Cluny aussi longuement
« pour le don de ses deux chevaulx? Et le
« roy me respondit que certes ouy. Et je
« lui dis que je lui avais fais telle demande
« afin qu'il defendit aux jens de son conseil
« juré, que quant ils arriveroient en France
« qu'ils ne pransissent rien de ceulx qui au-
« raient a besogner par devant lui. Car soyez
« certain fis-je, que s'ils prennent, ils en
« écouteront plus diligemment et longuement
« ainsi que vous avez fait de l'abbé Cluny.
« Lors le roy appela tout son conseil et
« leur conta en riant la demande que je
« lui avois faite et la raison de ma demande.
« Toutefois lui disrent les jens de son con-

« seil, que je lui avois donné très bon
« advis »

Il paraît que le roi de France, pendant son court séjour à Hyères, était destiné à entendre la vérité sous toutes ses formes ; riante et dorée sortant de la bouche d'un courtisan ; rude et forte, jetée à ses oreilles par un pauvre Cordelier, alors de passage en cette ville où il venait sans doute visiter quelques religieux de son ordre qui depuis peu de temps y étaient établis, s'ils ne le furent plus tard (1), comme quel-

---

(1) L'ordre des Cordeliers, fondé, comme chacun sait, par Saint François d'Assise, ne date que de l'année 1206 ou 1209 ; c'est à peu près l'époque de la mort d'Amelin de Foz, surnommé le grand Marquis. Or s'il fut enterré, comme le rapportent les historiens, et comme en faisait foi l'inscription placée sur son tombeau, dans l'église des Cordeliers d'Hyères ; il faudrait supposer que ce beau monument était antérieur à la fondation de l'ordre religieux auquel il fut donné. Papon lui assigne seulement la date de 1290 ; ce qui est improbable par tous ses caractères,

ques-uns le croient. Avant toutefois de rapporter l'allocution de Hugues de Dignes au roi Louis IX, je serais tenté, d'après Moréri et quelques autres, d'entrer dans quelques détails sur la réception brillante faite à ce prince par les habitans d'Hyères, de raconter comme quoi la population se précipita en foule au-devant de ses pas ; comme quoi le clergé, en riches chasu-

---

l'architecture de cette Église remonte certainement à la fin du XII siècle. Cette architecture indique le passage du plein cintre à l'ogive ; c'est la lutte de la forme romane contre le prétendu gothique qui, venu du Midi vers le Nord, remontait de nouveau vers l'Orient, où il avait pris naissance. En effet, cette architecture, toute à jour, dentelée, découpée, palmée, surexhaussée, aérienne, devait sortir originairement des contrées où l'atmosphère flotte tiède et brillante, où le culte réclame souvent le plein air, où un peuple nombreux se tient à l'ombre des portiques et des colonnades pour respirer plus à l'aise. Qu'on jette les yeux sur les anciens monumens de l'Inde, de la Perse et de l'Arabie ; et l'on se rangera à notre avis.

bles et robes de prix, crut devoir marcher à sa rencontre, lui offrant place sous le dais; comme quoi le saint monarque refusa, disant : *Pareils honneurs s'adressent au seul Dieu en cet univers* (1).

Un seul historien, l'abbé de Choisy, si mes notes prises depuis long-temps ne me trompent point, rapporte qu'un des premiers actes du saint roi, fut de recevoir la communion dans l'église des Cordeliers. Ce qu'il y a de certain, c'est que Louis IX se plût et se reposa à Hyères pendant plusieurs jours; que les habitans exercèrent la plus généreuse hospitalité envers les chevaliers de sa suite, que plusieurs d'entre eux, malades ou blessés, y séjournèrent beau-

---

(1) Il est vrai de dire que les historiens qui rapportent ce fait, n'indiquent point les sources où ils l'ont puisé; néanmoins il est tellement d'accord avec le caractère de pieuse humilité, que l'on reconnaît à Saint Louis, que l'on a dû accepter la tradition.

coup plus long-temps ; entre autres Hugon Fabri (1), brave gentilhomme d'origine toscane, cruellement maltraité par les armes sarrasines et incapable d'entreprendre un long voyage. Saint Louis, en partant, lui laissa Dudon, son médecin, en le recommandant à l'humanité de ceux d'entre les

---

(1) Hugues Fabri se maria, à Hyères, en 1254, avec une proche parente des seigneurs de cette ville, nommée Marie de Soliers, fille d'Aicard, seigneur en partie de Soliers. De ce mariage sortirent Aicard et Bertrand Fabri. Ce dernier eut pour fils Guillaume Fabri, lequel, en l'année 1304, fonda un hôpital à Hyères, destiné à recevoir les pélerins qui s'y embarquaient pour aller à la Terre-Sainte, et il en laissa le patronnage à ceux de sa famille, dit l'auteur anonyme de l'*Etat de la Provence dans sa noblesse*. Selon lui, Aicard Fabri descendait de celui-ci. Ayant eu le soin d'élever des fortifications à la ville, premier asile de ses pères, il fit construire entre autres choses une porte qui avait retenu son nom. Ce monument de la reconnaissance des Fabri, n'existe plus, et la famille elle-même s'est tout-à-fait éteinte aujourd'hui au moins dans sa branche directe.

habitans qui lui avaient offert un asile. Guéri de ses blessures, ce Fabri épousa une demoiselle du pays, et s'y fixa. Après cette digression, nécessaire pour rétablir quelques faits altérés ou tronqués par la vanité locale, je reprends le récit de Joinville au point où je l'ai laissé.

« A Yères, dans ce moment, y avoit
« nouvelles d'un très vaillant homme Cor-
« delier qui alloit prêchant parmi les pays,
« et se appeloit frère Hugues, lequel le
« roy voulut volentiers véoir et ouïr par-
« ler. Et le jour qu'il arriva à Yères nous
« allasmes au devant son chemin et vismes
« que très grant compagnie de hommes et
« de femmes le alloient suivant à pied. Quant
« il fut arrivé le roy le fit prêcher, et le
« premier sermon qu'il fit ce fut sur les
« jens de religion, qu'il commença à blâ-
« mer, parce que en la compaignie du roy
« y en avoit grant foison, et disoit qu'ils
« n'étoient point en état d'eux sauver ou

« que les saintes escritures mentoient ; ce
« qui n'étoit vrai ; car les saintes escritu-
« res disent que ung religieux ne peut vi-
« vre hors de son cloaistre sans chéoir en
« plusieurs péchés mortels ; nemplus que le
« poisson ne saurait vivre hors de l'eau sans
« mourir, et la raison était. Car les reli-
« gieux qui suivent la cour du roy boivent
« et mangeussent plusieurs fois divers vins
« et viandes. qu'ils ne feroient pas s'ils
« étoient en leurs cloaistres, par quoi l'aise
« qu'ils y prennent les admoneste a péchier
« plus que s'ils menoient austérité de vie ;
« au roy après commença-t-il a parler et
« lui donna enseignement à tenir, que s'il
« voulait longuement vivre en paix et au
« gré de son peuple, qu'il fut droicturier.
« Et disait qu'il avait leu la bible et les
« autres livres de l'escriture sainte : mais
« que jamais il n'avoit trouvé fust entre les
« princes et hommes chrétiens, ou entre les
« mescréants que nulle terre ne seigneurie,

« n'eust été transférée ne muée par force
« d'un seigneur à autre, *fors que par faute*
« *de faire justice et droicture.* Pour ce ; fit
« le Cordelier, se garde je bien le roi qu'il
« fasse bien administrer son royaume de
« France afin qu'il puisse jusques à ses der-
« niers jours vivre en bonne paix et tran-
« quillité, et que Dieu ne lui tolle le royaume
« de France à son déshonneur et dommage.
« Le roy par plusieurs fois lui fit prier qu'il
« demousrat avec lui, tandis qu'il séjour-
« nerait en Provence, mais il répondit tou-
« siours qu'il ne demourerait point en la
« compaignie du roy. Cettui Cordelier ne
« fut que ung jour avec nous et le lende-
« main s'en alla contremont, et ay depuis
« oy dire qu'il gist à Marseille là où fait
« moust de beaux miracles. Après ces chou-
« ses le roy se partit d'Hyères et s'en vint
« en la cité d'Aix en Provence pour l'hon-
« neur de la benoîte Magdelaine qui gis-
« sait à une petite journée près. »

Ici se termine le récit du sire de Joinville relatif au séjour de Louis IX à Hyères. Il est fâcheux que Geoffroy de Beaulieu et Guillaume de Chartres, l'un confesseur et l'autre chapelain du saint roi, qui tous deux aussi, on écrit sa vie dans un ouvrage (1) que j'ai sous les yeux, n'aient point ajouté de documens à ceux laissés par le sénéchal de Champagne.

Excepté une charte de 1273, qui se trouve dans les archives de Naples, et où il est fait mention de l'établissement d'une colonie provençale dans la Pouille, établissement composé d'habitans de plusieurs villes du comté de Provence, dont les noms sont cités, et où l'on peut lire celui d'Hyères (1),

---

(1) Sancti Ludovici Francorum regis, vita, conversatio et miracula.

(2) Nos ergò Isnardo de Ponteves et Thoando militibus, de eligendis et mittendis triginta focularibus in baliva Draguignani..... et Arœarum.....

le règne de Charles d'Anjou n'offrant plus rien qui ait un rapport direct avec cette ville, nous passerons aux actes de celui qui lui succéda sur le trône de Provence. Charles II, dit le Boîteux, était décoré du vain titre de prince de Salerne, et subissait une pénible captivité, quand la mort de son père lui donna outre la couronne, la liberté qui ne lui fut rendue qu'à des conditions plus pénibles encore que la prison, toutefois il y souscrivit et laissa en ôtage plus de cinquante gentilshommes provençaux des plus qualifiés, parmi lesquels on comptait un des co-seigneurs d'Hyères. Depuis 1273 jusqu'en 1307, l'histoire ne mentionne donc plus cette ville (1), sa noblesse ou ses vilains,

---

(1) Cependant on trouve dans Nostradamus, que pour satisfaire aux pieuses intentions de la dame Sybille qui avait fait don à Charles Ier de la ville de Toulon qu'elle tenait en héritage de Jauffred, son père, seigneur de cette ville, on trouve dis-je que dans une lettre patente

mais alors arriva l'évènement le plus remarquable pour la chrétienté, évènement que préparait la cour de France pendant la dernière année de la vie de Charles, et où Robert, son fils, fut appelé à jouer un des plus nobles rôles. Je veux parler du procès fameux qu'on instruisait contre les Templiers, ordre célèbre où les Provençaux dominèrent par le nombre et l'illustration.

On n'a point oublié que ces chevaliers possédaient de grands biens à Hyères ; lorsque la fatale et injuste ordonnance qui les frappait dans leur fortune ainsi que dans leur honneur fut connue, le 24 janvier 1307 les trouva, au nombre de huit, dans la ville qu'ils avaient embellie de monumens

---

de Charles II ce prince ordonne que quelques sommes soient payées aux frères mineurs d'Hyères : « pour être employé à l'achept des livres
« requis au service de Dieu et aux heures ca-
« noniales présentes de l'église ce qui fut de
« point en point exécuté. »

pieux et qu'ils vivifiaient grâce à leur généreuse libéralité.

Heureusement qu'en 1308 Robert eut moins à cœur de plaire à Philippe-le-Bel que Charles, son père, qui lui était lié par la reconnaissance et par le sang. Les Templiers furent, en Provence comme partout ailleurs, dépouillés de leurs richesses ; mais délivrés d'une étroite prison par les ordres de Robert, ils ne furent ni poursuivis ni maltraités ; on peut même rendre cette justice au prince, qu'il mit leur vie sous sa protection. Il leur fut donc permis d'achever paisiblement une existence (1) qui n'était plus enviée, ni menaçante au milieu des autres habitans des villes et bourgs de Pro-

---

(1) On a conservé les noms de trois de ces chevaliers religieux sécularisés qui vinrent à Hyères. Ce sont les frères Arnaud, Pierre-Jean de Montmeillan et Raymond de Angulus.

(Voyez Honoré Bouche.)

vence, dont ils percevaient naguères la plus grande partie des revenus.

Il existe encore ici une longue lacune historique ; et, si ce n'est quelque concession de terrain, quelque inféodation ou aliénation de certaines parties du domaine de la couronne, il n'y a rien de remarquable à dire sur la communauté.

Ainsi la reine Jeanne cède à Guillaume Roger, père de Raymond de Turenne, sujet rebelle et turbulent, selon les historiens, le château d'Hyères, qu'elle reprend peu de temps après. Il existe un immense domaine qui s'étend vers le nord et le nord-est de la ville, connu de temps immémorial sous le nom de *Forêt des Maures*, elle le démembre en faveur des habitans de la contrée. Ceux d'Hyères jouissent des parties les plus rapprochées ; ceux de Pierrefeu sont investis de quelques droits de pâturage et glandage, sources éternelles de procès entre les deux communautés. Moyennant une redevance de quinze ducats d'or, la comtesse souveraine de Provence, célèbre par ses désordres et sa prodigalité, se dépouille du droit de récolter le vermillon sur les bois de chênes, dit *Kermès*, arbres qui bordent le littoral et qui recèlent une précieuse couleur. Puis enfin, elle bat monnaie, en abandonnant, pour une misérable somme de cent florins, le droit de pêche sur l'étang long d'Hyères, aujourd'hui desséché et livré à la culture.

Il y a sans doute dans tout cela quelques biens matériels pour la communauté, mais nul intérêt pour le lecteur. Cependant, s'il veut suivre à peu près le fil des évènemens, il est nécessaire qu'il sache que le château revint par capitulation à ses légitimes possesseurs; et que, par un revirement de fortune qui n'était pas rare dans ce temps-là, la milice d'Hyères fut appelée à se réunir à celle de Toulon, d'Ollioules et autres lieux d'alentour pour marcher contre le château des Baux, où venait de s'enfermer Raymond de Turenne, dont la tête était mise à prix.

C'est à cette même époque de brigandages et de rapines, que se rapporte un acte de 1395, par lequel les propriétaires des salins d'Hyères (1) firent un présent de cent soixante mille pots de sel au sénéchal de Marle, pour le rachat du château de Bréganson, qu'occupait alors Balbe Spinola: *afin qu'ils n'eussent empêchement et destorbier*

---

(1) Cet établissement remonte à une assez haute antiquité, puisqu'en 1290, on voit que Charles II, comte de Provence et de Forcalquier, permet à quelques habitans d'Hyères d'aller fabriquer du sel dans le même emplacement où sont aujourd'hui les salins, sous la condition d'une rétribution qui avait été fixée à la moitié du produit, et encore de transporter cette moitié à Hyères.

(Archives de la préfecture des Bouches-du-Rhône, registre 3.)

à la récolte de leur sel. Voilà bien, si je ne me trompe, le moment de couper un récit aride et fatigant, en traçant en quelques mots l'histoire des vicissitudes de cette forteresse qui suivit presque toujours la fortune de la ville d'Hyères.

A trois heures de marche environ, vers l'est sud-est en suivant le littoral, se détachent, sur l'horison bleu de la mer, les blanches murailles du fort de Bréganson. Cette remarquable construction jetée sur un îlot, énorme rocher qui touche presqu'au continent, était connue de temps immémorial sous le nom de *Pergantium*, d'où vinrent les dénominations naturelles et successives de Perganson, Briganson, Bréganson.

On assigne à ce lieu une antique origine, ou plutôt on suppose qu'une ville romaine gissait quelque part sur le continent, en face du fort actuel. Elle aurait été appelée *Pergantium*, ainsi que je l'ai déjà dit. C'est encore une erreur qu'il importe de relever.

Il n'y a jamais eu là, une habitation assez considérable pour mériter le titre de ville; c'est ce que je pourrais prouver au besoin. La côte était parsemée de métairies : les terres de la Londe, de Léoube et autres, offrent des vestiges nombreux de l'occupation de quelques colons romains. Beaucoup de géographes, et d'historiens qui avaient dû s'occuper de géographie ancienne, trompés par des rapports où l'importance des découvertes archæologiques faites en ces lieux était fort exagérée, avaient désigné cette plage comme le lieu où avait été bâtie Olbia. Mais je le demande pour la seconde fois : quel rapport peut-il y avoir entre une ville fondée par une colonie grecque, et des restes de la civilisation romaine?

Ce qui existe de plus certain sur Pergantium, c'est qu'il est fait mention, au commencement du dixième siècle, de la forteresse qui porte ce nom, et que sa position est bien déterminée.

Protectrice ou menaçante, selon qu'elle était bien ou mal occupée, elle fut regardée comme d'une haute importance par tous les hommes de guerre qui jouèrent un rôle dans l'interminable histoire des troubles de Provence. Tout porte à croire que c'est peut-être de Bréganson qu'entendaient parler Nostradamus et d'autres historiens, qui racontent que dans le courant de l'année 1198 « il ad-
« vint que Simon Camille, gentilhomme
« gênois, capitaine de quelques galleres de
« la Seigneurie, courant aux côtes de Pro-
« vence, démolit et raza une certaine petite
« forteresse plantée vis-à-vis des îles Stæ-
« chades ou d'Or (que le vulgaire de ce pays
« appelle d'Hyères. » Il paraît que le but du capitaine gênois avait été la délivrance de quelques uns de ses compatriotes qu'Ildephons II tenait enfermés dans ce fort. Si le comte de Provence ne tira point une prompte vengeance de cette déclaration de guerre, c'est probablement que la saison s'y opposait, ou

bien encore qu'il voulait rendre cette vengeance plus sûre et plus complète. Ce qu'il y a de certain, c'est que l'été suivant il envoya en mer Pierre de Médicis, gentilhomme de Toulon, et Montolieu, de Marseille, à la tête de quelques galères et de quatre gros vaisseaux *ronds, bien armés et munis de toutes les machines que l'usage de ce temps requérait ;* avec l'ordre formel d'attaquer les Génois partout où ils pourraient les rencontrer.

Ces deux capitaines, très expérimentés, comme les qualifie le chroniqueur, rentrèrent bientôt à Marseille, après avoir châtié sévèrement les ennemis de leur maître, et traînant à la remorque, outre un grand nombre de prisonniers qu'ils avaient fait passer sur leurs propres navires, *une pesante et lourde masse de nef appelée Bocca Negra* (nom de terreur et d'effroi, ajoute le bon historien), *et deux autres navires chargés de marchandises de grand prix et d'armes de toute espèce.* Quelques personnes prétendent cependant, et peut-être avec quelque raison aussi, que ce fut la prise du château Benat, situé sur la côte, mais plus près du village de Bormes, qui servit d'occasion à cette brillante victoire, et que le combat naval eut lieu dans ces parages.

L'un des plus terribles et des plus constans agitateurs de la Provence, avait bien compris l'importance de Bréganson, aussi ce fut une des premières places dont s'empara Raymond de Turenne, et Dieu sait quelle garnison il y plaça ! « Lui, suivi « d'ordinaire, dit Nostradamus, de tous les « forussits, criminels et bannis du pays, etc. » Cependant cette place ne resta pas long-temps aux mains de ses hommes d'armes, si singulièrement recrutés ; car, ainsi que nous l'avons vu, les possesseurs des salins d'Hyères l'acquirent de Balbe Spinola, ou plutôt aidèrent à son rachat. Peu satisfaits d'un voisinage dont ils n'avaient guère éprouvé que des torts et des dommages infinis, ceux-ci s'arrangèrent sans doute avec les différens intendans du domaine pour le laisser sans réparation. Toujours est-il vrai que vers la fin du seizième siècle, le fort de Bréganson n'offrait plus qu'une triste mais pittoresque ruine, quand un vieux capitaine, venu de la Haute-Provence le choisit pour asile.

Cet homme, qui appartenait à la maison des Gasq, famille noble de Manosque, avait eu de puissans motifs, sans doute, pour s'expatrier et chercher la solitude. L'on assurait que ce n'étaient point des mains pures d'un sang ami qui réédifiaient ces vieilles murailles et reconstruisaient à la longue et avec tant de peine, une enceinte autrefois formidable. Pourtant il paraît que son crime n'était point irrémissible aux yeux de Dieu, puisque sa conscience retrouva la paix qui semblait l'avoir abandonné, et qu'après avoir long-temps appréhendé la présence des hommes, on le vit les rechercher de nouveau. Sa bienveillance généreuse s'étendit sur tout ce qui l'entourait, et plus d'un bâtiment, forcé de relâcher dans ces parages déserts, soit pour échapper à des actes d'une audacieuse piraterie, soit pour se mettre à l'abri des tempêtes, ou pour faire des vivres, ne réclamèrent jamais vainement sa protection. Tant qu'il vécut, le patronage du vieux Gasq fut prisé, et l'on sait qu'il mourut riche, puissant et honoré. Au reste, je reviendrai plus tard sur ce point important de la côte, auquel le fil des évènemens historiques m'a forcé de donner en ce moment quelque attention. Après tout, cette digression n'était point un hors-d'œuvre, Bréganson et Léoube, qui ne font plus partie aujourd'hui du territoire d'Hyères, ayant été jadis des fiefs et arrière-fiefs dépendans de cette seigneurie. Ainsi je suis arrivé, sans matériaux bien importans, au règne agité de Louis II (1),

---

(1) Sur la fin du règne de Louis II et des dernières commotions occasionnées par Ladislas,

auquel vont bientôt succéder Louis III, Réné et Charles, le dernier comte de la maison d'Anjou.

Raymond de Turenne et Charles de Duras, il n'est plus guères fait mention d'Hyères ; cependant je ne dois pas taire que, dans le cours de l'année 1410, le comte de Provence étant parti pour Naples, une portion de la noblesse qui lui était fidèle fut bientôt forcée de s'assembler à Toulon, et de prendre de promptes et énergiques mesures pour s'opposer à une descente sur les côtes, que méditaient les Génois, alliés du prétendant. Ces dispositions furent sans résultat, parce que la flotte ennemie éprouva, dans la rade d'Hyères, une tempête si violente, « qu'une nef périt, et s'enfondra, s'étant échouée « sur la plage, et que les autres, jetées et dis- « persées au loin, ne purent arriver à leur des- « sein. »

Le règne de Louis III ne nous offrant aucune particularité relative à Hyères ; jusqu'au règne de Réné, les documens viennent encore à manquer, quoiqu'il dut en être autrement, s'il fallait en croire ces paroles textuelles d'un des plus vieux historiens de la Provence : « Il n'y « avait maison noble en ce pays, qui n'eût un « régistre en forme de roman, contenant les

Mais revenons avec quelques détails sur cette rapide esquisse, et examinons d'abord quelle fut la cause des troubles qui agitèrent l'état, pendant les trois ou quatre règnes, que je viens de mentionner plus haut.

Cette cause a été jusqu'à présent si singulièrement appréciée par les historiens provençaux, toutes les fois qu'ils ont eu occasion d'entamer le récit de longs et sanglans démêlés, suscités, ajoutent-ils généralement, par l'ambition, l'avidité et la félonie de Raymond de Turenne, qu'il n'est peut-être pas mal que nous en fassions l'objet d'une scrupuleuse investigation.

C'est contre mon habitude et contre la résolution que je me suis imposée, de ne

---

« hauts faits et les nobles services de ses an-
« cêtres, rendus à nos comtes, aux conques-
« tes de Naples, de Jérusalem, de Sicile, d'Ar-
« les, de Nice, des vicomtés de Marseille, d'Hyé-
« res, de Vintimille, de Tende, contre Char-
« les de Duras, le vicomte de Turenne et tels
« autres occupateurs de leurs états. »

point me jeter dans le vaste champ de l'histoire générale de la province, que j'entreprends l'excursion dans laquelle je prie le lecteur de me suivre ; cependant, comme cette digression a ses bornes, et qu'elle peut servir à jeter un nouveau jour sur les scènes d'atrocités inouïes et de mauvaise foi réciproque, qui caractérisent tout-à-fait cette époque malheureuse ; je n'hésite point à l'introduire. D'ailleurs un grand nombre de villes ou bourgs, dont j'aurai à faire mention dans le courant de cet ouvrage, ont joué un rôle plus ou moins important durant cette période, je veux qu'on sache bien à quoi s'en tenir sur la série des faits antérieurs à la lutte du sujet contre le prince, et sur les prétentions affichées par les deux partis. Quant à moi, je commence par déclarer que les réclamations faites par Raymond de Turenne me paraissent justes et bien fondées ; mais comme cette opinion attaque le témoignage à peu près unanime des historiens du pays (1), et qu'on ne manquera pas de l'appeler paradoxale, voici les pièces du procès dépouillées de toutes les exagérations des factums et des manifestes de cour : que chacun se fasse juge.

La reine Jeanne, mue par le puissant intérêt qui l'engageait à se ménager les bonnes grâces du pape Clément VI, avait cru devoir céder au comte Roger de Beaufort, parent du souverain pontife et père de Raymond de Turenne, des biens forts considérables. Leur valeur avait cependant été à peu près payée, soit en bons offices auprès du saint père, soit en argent, et la reine en avait solennellement interdit toute revendication de la part des agens de son domaine. Malgré cette déclaration, en opposition directe, il est vrai, avec un autre acte, bien postérieur, émané aussi de la cour d'Avi-

---

(1) Gaufredy seul m'a semblé rapporter les faits d'une manière impartiale.

gnon, qui déclarait le domaine comtal inaliénable, à la réserve de cette dernière ville, qu'elle regardait, dis-je, comme bien et dûment acquise ; malgré cette déclaration, la foi jurée, et le besoin de maintenir la paix, Louis Ier, fils adoptif de Jeanne, prit possession à main armée des terres et châteaux du pays de Provence qui, par droit de succession, venaient d'écheoir à Raymond, vicomte de Turenne.

Ce seigneur, hors d'état, pour le moment, de maintenir son droit et de résister à Louis d'Anjou, se tut, ou ne se plaignit pas trop vivement de la conduite du prince à son égard. Mais à sa mort, voyant jour à se faire restituer ses biens, il les réclama avec instance, de Louis II et de Marie de Blois, sa mère.

La régente, de son côté, jalouse de maintenir dans son intégrité l'héritage de son fils, hésitait à prendre une décision bien précise sur les demandes réitérées de Raymond, et ne savait opposer à leur vivacité, qu'une lenteur toute machiavélique. C'est alors que le fier vicomte, perdant patience et se croyant joué, se jeta dans le parti des ennemis de la reine ; qu'il leva une armée payée uniquement par le produit du pillage et de la dévastation, et qu'il parcourut la Provence mettant tout à feu et à sang. Des troupes furent envoyées à sa poursuite, il y eut quelques rencontres : la conflagration devint générale.

Raymond, que la nature avait fait homme de guerre par dessus tout, était d'une activité prodigieuse, se multipliant, pour ainsi dire ; et se trouvant sur chaque point menacé, il surprenait et occupait alternativement les places les plus fortes et les mieux gardées, négociait avec habileté des trèves qui lui permettaient de reprendre haleine et de recommencer, sur nouveaux frais, le cours de ses vengeances et de ses déprédations. Raymond de Turenne est, avec Arnaud de Servolles, le captal de Buch et quelques autres, le type de ces fameux partisans ou routiers qui, du nord au midi de la France, de la Guyenne jusqu'à la Bretagne, désolèrent les trois générations d'hommes qui se succédèrent dans le cours du quatorzième siècle.

D'ordinaire, on aime à chercher sur les traits de ces personnages à vie aventureuse, une sorte de révélation de leur étrange destinée. On veut qu'il existe dans leur regard, sur le front, dans toutes les habitudes de leur physionomie et de leur geste, une corrélation intime avec les passions vives ou profondes qui ont agité leur existence ; et quand le portrait véritable vous est montré, que l'homme y pose ainsi que vous vous l'êtes représenté, l'esprit éprouve cette satisfaction que l'on ressent toujours lorsque la curiosité est arrivée à son but. D'ailleurs un autre sentiment caresse l'amour-propre, quand notre sagacité ne s'est point trouvée en défaut.

Je suis donc certain que le lecteur se figure déjà Raymond de Turenne à peu près tel que Nostradamus le retrace, d'après le portrait original qui lui fut montré par le seigneur de Baulx, « dont le cabinet, dit-
« il, n'avait son pareil en toute la province,
« en beaux et riches volumes et en belles
« et très exquises peintures. »

Ainsi Raymond aurait été « de taille pleine
« et quarrée, plutôt grand que petit; avait
« les membres forts et robustes, la tête grosse
« et ronde, le visage plein et gras, le teint
« de couleur de miel et tirant sur le basané;
« avait le poil crespé et noir, les yeux de
« même; à l'entre-deux des sourcils, ayant
« la chair surenflée, ce qui causait deux
« plis qu'il faisait en se refrognant; avait
« le nez tirant sur l'aquilin, les lèvres gros-
« ses et rouges, avec un peu de mousta-

7

« che noire et ravalée sur les deux gonds
« ou bouts de l'arc de la bouche, le reste
« du visage et le menton sans poil : au de-
« meurant, ayant l'aspect assez fier et agréa-
« ble tout ensemble, ressentant son homme
« de bonne et haute maison et qui facile-
« ment ne supportait une injure. »

Hyères, à ce qu'il paraît, prit une part active aux évènemens de cette guerre. Comme communauté, elle fut représentée aux états qui se tinrent, à Aix, en 1391, par Jean Jassaud, l'un de ses consuls. Ce fut en cette première assemblée que fut conclue unanimement, dit un vieil auteur, « la confédé-
« ration et union des communes ; ainsi que
« des barons, prélats et gentilshommes avec
« juremens d'amitié durable et perpétuelle
« à l'honneur de Louis II, consolation des
« affligés, défense du pays, extirpation des
« rebelles, réduction des fourvoyés et con-
« servation de l'état. »

En 1393, les gentilshommes des vigueries d'Hyères, de Toulon et d'Ollioules se portèrent au devant du fort des Baux « pour « l'assiéger et le prendre, » ainsi que le portait l'ordonnance de la reine Marie de Blois, mandée et criée à son de trompe dans toutes les villes de la comté de Provence.

Aux seconds états-généraux, convoqués à Tarascon, en 1397, on voit encore paraître un André Costa, comme député de la ville d'Hyères; et tout porte à croire cependant, qu'à cette époque remarquable où fut mise à prix (1), par cette assemblée, la tête de l'homme qu'on appelait le fléau de

---

(1) « En l'anado seguent 1397, lou rey et lou
« siou conseil estans al castel de Tarascoun,
« embé la reyne sa maïre, feroun publicar un'or-
« donnanço per toutto la Prouvenso à son de
« trompo davant les viellas et castels tengus par
« Raymond de Thouraine, afin que fossa de ca-
« dun entendut qué touta persouue que porrio
« prenré et arrapar en corps lou dich Raymond
« mort ou viout, l'agues a boutar entré las mans
« de S. M. ou ben deis sious officiers de Proven-

la Provence, le château d'Hyères était entre ses mains.

Nous trouvons la preuve de ce fait dans une piquante conversation entre Reynaud de Lestarie (1), gentilhomme dévoué au vicomte de Turenne, et le seigneur de Montjoie, maréchal du pays ; conversation longuement racontée par Nostradamus. Un manuscrit de la bibliothèque d'Aix, rapporte,

---

« so, et qué tout incontinent li fous delivra dex
« mille francs. »

(Bibliothèque d'Aix, manuscrit du temps.)

(1) « Lestarie répondit franchement que le vi-
« comte ne ferait jamais ces choses (se placer
« sous les ailes de Sa Sainteté et rendre le châ-
« teau des Baulx); tant s'en faut que à grand peine
« prendrait-il à bon un tel advis ; et supposé
« qu'il fut content d'ainsi le faire, ses amis pour-
« tant ne lui pourraient conseiller de se jeter à
« tel hazard, joint que le sénéchal du Marle avait
« beaucoup d'affaires *au quartier d'Hyères*, pour
« la réduction des places que tenaient les bandes
« de son maître, et la conquête de Nice cet an là. »

(Nostradamus, page 526.)

de son côté, quelques-uns des termes de la capitulation du château d'Hyères, que l'auteur assure avoir été passée en 1396 ; ainsi ce point historique n'est point encore éclairci. Enfin, trois ans après, par la puissante intervention du maréchal de Boucicaud, une espèce de paix fut signée solennellement à Marseille, en présence d'un grand nombre de témoins et de députés des communes, au nombre desquels se lit le nom de Monet Portanier, gentilhomme d'Hyères.

C'est peut-être ici le moment de raconter quel rang occupaient, durant les délibérations des états, les députés de la ville et communauté d'Hyères. Il est probable que la tenue de ces grandes assemblées délibérantes, qui n'étaient point périodiques, mais qu'on renouvelait assez fréquemment, pour nous permettre de penser qu'elles étaient inhérentes aux constitutions locales, remonte, en Provence, à une époque assez reculée. On n'a guères, à cet égard, des documens bien certains avant le mois de février 1146, où la convocation eut lieu à Tarascon. On y voit figurer le député de la ville d'Hyères, assis (1) *à la quatrième place*; ce privilège n'était le partage que d'un petit nombre de villes, et encore des plus importantes de la contrée. Il semblerait indiquer que cette cité était municipe et non simple commune; or, on sait qu'à ce titre était attaché le droit d'élire ses magistrats, et de traiter dans son conseil, de tout ce qui avait rapport à la guerre, à la paix, à la police locale, et souvent à la justice.

Les villes municipales, possédées même par de hauts seigneurs qui y fesaient valoir quelquefois des privilèges particuliers, tel que celui de nommer les consuls et de s'immiscer dans les affaires publiques, avaient

---

(1) On ne comptait que six députés qui eussent la faculté de s'asseoir durant la tenue de ces assemblées; tous les autres étaient debout.

pourtant le droit, ainsi qu'on vient de le voir, de s'administrer elles-mêmes. Un sénat municipal, dont chaque membre était nommé par le peuple, veillait à ses intérêts, dépensait les revenus et entretenait la milice, et cela sans presque contrôle de la part des gens du comte souverain. Hyères était donc une de ces villes importantes ayant un viguier et un vice-viguier ; tandis que Toulon se trouve n'être encore, en 1289, qu'un simple baillage (1).

Mais si dans la hiérarchie civile, Hyères l'emportait sur Toulon, il n'en était pas de

---

(1) C'est ce qu'il appert d'une pièce curieuse citée par Papon, et qui peut exister encore aux archives de Toulon :

« Fuit congregatum consilium infra scriptum,
« cum capitulis seu statutis in ipso consilio inter-
« clusis in publico parlamento, in palatio Toloni,
« per discretum virum dominum Jacob de Ves-
« calla judicem vicari Aræarum, qui lecto et ex-
« posito, etc. etc. etc. præcipiens Pelegrino Se-
« néquiero Bazulo Toloni, ibidem præsenti et
« audienti, ut præcipiat, etc. etc. »

même dans l'ordre de la juridiction ecclésiastique. Le siège épiscopal, de si vieille origine, que possédait cette dernière ville, lui donnait sur ce point une suprématie incontestable, et Hyères doit être loin de se plaindre de ce patronage tout bienfaisant, qui paraît dater d'assez loin; peut-être même pourrait-on préciser l'époque où les évêques acquirent des biens particuliers en cette ville.

J'avais différé jusqu'ici de parler d'une transaction fort remarquable, indiquée par Papon, et qui jette un certain jour sur les efforts tentés par les habitans d'Hyères, pour ressaisir sur les priviléges féodaux, quelques lambeaux de liberté. L'historien rapporte, comme un fait incontestable, que Raymond Bérenger s'est vu obligé, en 1232, de vendre à ces mêmes habitans, la portion de droits seigneuriaux qu'il possédait sur la ville. Et pourquoi cette aliénation? pour payer l'évêque de Toulon, qu'il avait employé à différentes ambassades. N'est-il pas probable que pour compléter la somme qu'il croyait devoir accorder à ce prélat, en retour de ses bons offices, ou que pour rendre le don plus digne de la munificence souveraine, il y joignit une vaste maison faisant partie de son domaine, et située à l'entrée du bourg neuf, hors des portes de la seconde enceinte? En effet cet établissement a toujours été connu sous le nom de l'Evêché, et il est devenu propriété communale, et a reçu la plus utile des destinations (1).

En 1330, Rossolin deuxième du nom, que les généalogistes appellent aussi Rossolinet, seigneur de Bormes, dota de fondations pieuses le couvent des Cordeliers d'Hyères, et confirma, par acte du 27 août 1331, le synode fondé par Guillaume de Foz, son bisaïeul. Ces assemblées ecclésiastiques, qui

---

(1) Ses grandes salles ont été transformées en école d'enseignement mutuel, école de dessin, justice de paix, etc.

avaient pour but de conserver l'unité et la sagesse des doctrines parmi tout le clergé d'un diocèse, n'avait point lieu sans quelques frais ; et nous voyons un Jacques, évêque de Toulon, accorder huit livres renforcées pour la tenue du synode à Hyères, le 9 mars 1330 ; un Gilles de Seystres, aussi évêque de Toulon, rebâtit, en 1509, presqu'entièrement à ses frais, l'église (1) de Saint-Paul d'Hyères, qui menaçait ruine.

Quelque protection qui semble avoir été accordée au clergé de cette ville ou aux différens couvens qu'elle renfermait, on ne compte guères d'hommes éminens par leur piété ou leur savoir, qui aient marqué dans le moyen âge ; il faut en excepter, toutefois, un pauvre prêtre, desservant la chapelle Notre-Dame, qui, au quatorzième siè-

---

(1) Le capiscol de cet église était un des quatre grands dignitaires du diocèse de Toulon.

cle, fut tiré de cet humble asile pour occuper un siége épiscopal.

Enfin, au dix-septième siècle, du couvent des Récollets, établi à Hyères, en 1621, et du collége de l'Oratoire, fondé en 1689, par un sieur d'Embrun, avocat, à Toulon, sortirent trois prédicateurs célèbres à des dégrés différents : Massillon, Raynaud et Guibaut (1). Aux noms de ces personnages,

---

(1) Le père Guibaut de l'Oratoire, né à Hyères, professa la rhétorique et la philosophie à Soissons ; il publia les ouvrages suivans, auxquels il ne mit point son nom :

1° L'*Explication des Psaumes*, à l'usage des colléges, des séminaires et des familles chrétiennes. 3 vol. in-8°. Avignon, chez Niel. 1791.

2° *Application du Nouveau Testament*, à l'usage des colléges. 5 vol. in-8°. Paris, chez Barbou. 1785.

3° *Dictionnaire historique portatif; contenant une idée abrégée de la vie et des ouvrages des Hommes illustres en tous genres, de tous temps et de tous pays.* 6 vol. in-8°. 1788.

4° *La Morale en action*, ou *élite des Faits mémorables*, etc. *instructive et propre à faire aimer*

qui ont acquis dans l'éloquence de la chaire une réputation si méritée, on peut joindre ceux de Bernard, Dominicain, vicaire général des missions de France dans les colonies; de Pument (Bastide-Dominique), d'Abrassevin, Jésuite; de Blanc Pascal (1); tous

---

la vertu et à former les jeunes gens dans l'art de la narration ; ouvrage utile à MM. les élèves des écoles militaires et des colléges. Lyon, chez les frères Périsse, et à Paris, chez Périsse jeune, 1787.

5° *Les gémissemens d'une âme pénitente*. Trois éditions de cet ouvrage se succédèrent en fort peu de temps, et il fut traduit en latin par Renée Filoleti, et dédié au marquis Charles-Frédéric Doria. Venise. 1791.

Le père Guibaut est venu mourir à Hyères, en...

(1) Le père Pascal Blanc, Minime, docteur en théologie, naquit à Hyères; il professa la philosophie fort jeune, et joignit à l'étude de la théologie celle du droit canon. En réponse aux détractions dirigées, dans le siècle dernier, contre ceux qui suivent la vie monastique, il publia un ouvrage intitulé : *Apologie de l'état religieux et Réfutation d'un mémoire sur les professions*

remarquables par leurs talens ou leur profond savoir. Voilà à quoi se réduit tout ce qu'il m'a été possible de recueillir sur l'histoire ecclésiastique d'Hyères ; il est à croire cependant, qu'à une époque de préjugés et de supertitions, le clergé de cette ville ne resta pas indifférent au drame tragique qui, dès le commencement du règne de Réné, vint émouvoir sa population. Voici donc le fait dans sa nudité tout à la fois comique et hideuse. La difficulté de raconter certains détails, me force à emprunter le langage naïf de Nostradamus. Notre langue, aujourd'hui plus pudibonde même que le lecteur, s'effaroucherait de la crudité de certaines expressions. Au temps du bon Amyot, de Brantôme, de Montaigne même, on disait tout autrement ce qu'on voulait dire, et cela sans ambages ni circonlocutions.

---

religieuses, en faveur de la raison contre les préjugés. 2 vol. in-12. 1772.

Le père Pascal est mort, à Marseille, en 1779.

« Deux sorcières sont donc appréhendées,
« à Hyères, dans le courant de l'année 1435;
« et pourquoi? Ces maudites Circées, pour
« certaine inimitié conçue contre deux jeu-
« nes mariés, les ensorcelèrent si puissam-
« ment, au moyen d'une certaine bourse
« qu'elles ouvroyent et fermoient avec quel-
« ques étranges paroles marmottées entre
« les dents, qu'elles arrêtèrent entièrement...
« Une telle impuissance les saisissoit, que
« leur amour se changeoit tout aussitôt en
« haine et en furieuse mélancholie, sans
« pouvoir toutefois imaginer l'occasion d'un
« tel défaut et inhabileté. Et parce que ces
« méchantes fées et vieilles mégeres furent
« tout aussitôt soupçonnées de malefice,
« car elles ne sont pas trop mal aisées à
« cognoistre à leurs grimaces hypocrites et
« leur façon de parler.

« Elles qui se doutèrent bien d'être ap-
« préhendées et saisies, gagnèrent le haut
« pays, s'entrefuirent secretement tout de

« nuit et s'allerent jeter dans Tarascon, où
« elles cuiderent être bien cachées, et en
« sauveté parmi la grande foule du peuple
« à l'affluence des jens qui là avoient abordé
« de toutes parts pour voir ces belles et tant
« excellentes créatures le jeune duc de Ca-
« labré et l'infante Marguerite, que la peste
« d'Aix y avoient fait retirer pour fuir la
« maladie.

« Les officiers de la ville d'Hyères qui
« cependant faisoient leurs diligences et cher-
« choient partout ces deux pestes; entre-
« rent dans leur cahuette, où après avoir
« fouillé tous les endroits et recoins enfu-
« més, ils ne trouvèrent qu'une vieille bourse
« de peau de chat toute velue, avec quel-
« ques méchantes attaches et longes : mais
« il ne se trouva aucun qui l'osa seulement
« toucher (pour l'opinion conçues de lon-
« gues mains parmi le vulgaire que ces mé-
« chantes femmes se muent volontiers en
« chats), de peur d'encourir quelque tris-

« tes ensorcellements et malheurs : au moyen
« de quoi ils s'advisèrent d'envoyer quérir
« un rabin de la ville, car la loi de Moïse
« leur défend particulièrement d'ajouter foi
« aux enchanteries, charmes et fascinations,
« auquel ils donnèrent charge et comman-
« dement de porter cette bourse avec le
« procès des deux sorcières aux seigneurs
« du conseil d'Aix.

« Ces honnetes dames cependant furent
« recognues à leur bonne mine, d'un mesme
« pas appréhendées à Tarascon, et de là
« prises et conduites à Aix avec bonnes et
« sures gardes par le rabin : ou sans plus
« long délai, le cas et maléfice confessés,
« la bourse avérée et recognue, avec infi-
« nies sorcelleries détestables, tant contre
« ces jeunes mariés que sur plusieurs autres
« personnes, elles furent condamnées par
« l'arrêt du conseil, *d'être arses et brûlées*
« *toutes vives et* leurs corps réduits en cen-
« dres. Si que de ce même pas elles furent

« renvoyées aux officiers et au lieutenant
« d'Hyères pour souffrir le supplice au lieu
« même où le crime avait été commis et
« perpétré. » Et, par une belle soirée de
juin, cet absurde jugement reçut son exécution ; et le clergé chanta ses hymnes, et le peuple battit des mains, seulement la chronique ne dit point si les plaignans furent délivrés de leurs peines. Mais, je le répète, ceci n'est point un conte drolatique : la place du Piot, aujourd'hui place Massillon, conserva long-temps le souvenir de cet effroyable auto-da-fé.

Cet événement se passait au temps où René, qui n'étant encore que duc de Lorraine et de Bar, et prisonnier en Bourgogne, venait de se voir appeler au trône de Provence et des Deux-Siciles, par la mort de Louis III et celle de la seconde Jeanne.

C'est une chose bien remarquable, que de ces deux grandes dynasties des princes de la maison de Barcelonne et de la maison d'Anjou; Réné soit le seul souverain dont le peuple ait gardé la mémoire. Le nom de la reine Jeanne lui est aussi familier ; mais, en général, et par un sentiment bien différent du souvenir qui se joint au nom de Réné, il attache à son règne des idées de longs malheurs et de dure captivité, confondant presque toujours les actes des deux princesses qui s'appelèrent Jeanne, mais qui vécurent à près d'un demi-siècle d'intervalle l'une de l'autre.

Hors de captivité, en 1407, Réné se préparait à courir les chances d'une nouvelle guerre contre Alphonse V, roi d'Aragon, qui lui disputait sa couronne de Naples. Il parcourut ses états de Provence, réclamant de la fidélité et du dévouement de ses habitans, des subsides ainsi que des secours sous forme d'emprunt. Quelques riches habitans d'Hyères crurent devoir se hâter de répondre à son appel, et lui offrirent une grande partie de cette somme énorme de cent mille florins qui lui était devenue nécessaire. Toutefois, et de lui-même, le prince ne prévoyant pas l'époque où il pourrait se trouver à même de rembourser ces dignes et loyaux sujets, leur engagea tous les domaines qu'il possédait dans le territoire de cette ville. Ainsi, Jean et Guillaume de Forbin obtinrent pour caution les salines, Louis de Bounaud ou Bournaud la plus grande partie de ce vaste terrain appelé *Bois des Maures*; d'autres reçurent quelques-unes des fertiles plaines que baigne, inonde et engraisse souvent la rivière de Gapeau. Par cet engagement, en date du 17 mai 1438, le roi Réné confirme aussi, à la communauté d'Hyères, la donation qui lui avait été faite, par la reine Jeanne, du lac ou étang long (1), transformé successivement

---

(1) Ce prince abandonna aussi aux habitans la propriété de l'étang actuel, dit *Etang des Pesquiers*, se réservant seulement *le sizain par tête*

par le temps, en un immense et insalubre marais, et par la main des hommes (1) en une magnifique et productive propriété.

Il paraît que la réception qu'on lui avait préparée à Hyères, toucha vivement le comte de Provence, car, à son retour de Naples, il vint y prendre l'hospitalité, non plus, comme la première fois, dans le château, il se rendit alors familièrement chez le sieur de Clapiers (2), seigneur de Vauvenargues,

---

de poissons royaux. C'est de ce droit tout féodal, que prétend jouir aujourd'hui l'administration des domaines.

(1) On doit ce desséchement aux sages prévisions, aux soins assidus et aux travaux coûteux de MM. Aurran (Louis) et d'Ivernois.

(2) Il paraît positif que le roi Réné, qui vint assez souvent pour visiter Hyères, prit gîte au moins trois fois chez ce même Clapiers, l'un des ancêtres du marquis de Vauvenargues, écrivain et militaire distingué, trop tôt enlevé à ses études sérieuses, et à son pays. On peut jeter les yeux sur l'extrait de cette lettre-patente, portant confirmation de la réception de chevalier en la

de Colonges et de Sambuc, sujet fidèle et distingué ; d'ailleurs ce gentilhomme ne fut pas le seul dans le pays qu'il sut apprécier

personne de noble Jean de Clapiers. L'interrogatoire suivant fait partie de cet acte.

D'où vient votre famille ? — Ne sache pas qu'elle vienne d'ailleurs que d'Hyères. — A-t-elle habité d'autres lieux ? — Ne sache pas qu'elle ait habité d'autres lieux, mais sais bien qu'elle a eu l'honneur de loger trois fois le roi Réné dans sa maison. — Par une autre lettre-patente du douze mai 1449, est donnée permission à noble Jean de Clapiers, fils de noble Jacques, seigneur de Touris, habitant la ville supérieure d'Hyères, « de pouvoir habiter la ville basse, nonobstant « les défenses du prince, et ce à cause des grands « biens de demoiselle Huguette d'Almaco, sa « femme, qui a maison en la dite ville basse « d'Hyères. »

J'ai cité cette pièce assez curieuse, parce qu'elle nous apprend la véritable cause de la longue habitation de la ville haute, aujourd'hui presque abandonnée; cause qui peut s'appliquer également à nombre de villes et de bourgs du Var, assis orgueilleusement sur la croupe des plus hautes collines, et dernier asile des populations pauvres de la contrée.

et qu'il voulût fixer auprès de sa personne. On compte encore un Marin Mane, fait maréchal du duc de Calabre; un Rodolphe de Limans, dit le Baron, conseiller et chambellan, capitaine du château d'Hyères, ou plutôt châtelain de cette ville; un Anthoine de la Tour; un Giraud ou Giraudi, souche des seigneurs de Piosin et de Montauban, etc.

Quant à la vie historique de la population en ce temps là, nous n'en savons rien, sinon que deux compagnies de milices furent levées à Hyères, et durent faire partie de l'armée destinée, sous le commandement de René, à marcher au secours de Charles VII, auquel les Anglais donnaient grande occupation dans le royaume de France. René mourut en 1480, et dans son testament, ce prince confirma et approuva tous les dons faits par lui, en 1475, à Jeanne de Laval, son épouse, parmi lesquels est comprise *la grande traite du sel d'Hyères, de Toulon et de toute la Provence.*

Charles d'Anjou, duc de Calabre, succéda à son oncle dont il avait été institué héritier, ou plutôt il ne fit, pour ainsi dire, que glisser jusqu'au trône pour disparaître en 1481. La Provence se donna alors à Louis XI, roi de France. Ce grand acte est sanctionné par lettre patente et par une convocation des états, auxquels assistèrent pour la noblesse d'Hyères, Rodolphe de Limant, et pour la communauté, les députés Jean de Cannet et Jean de Brignoles.

Ici je vais franchir trois règnes, importans pour l'histoire générale, mais qui ne nous présentent rien de particulier relativement à Hyères; et l'on a dû remarquer que ces bonds à travers les siècles, n'étaient pas rares dans le cours de ce récit. Je dirai cependant que sous Louis XII, les Maures apparurent de nouveau sur les côtes, et achevèrent de détruire le couvent de Saint Pierre d'Almanare, qui avait été abandonné par les religieuses, en 1406, et qui n'était plus gardé que par un concierge et un économe, chargés tous deux de veiller aux intérêts des religieuses, car elles possédaient encore de vastes propriétés foncières autour du monastère. Aujourd'hui, ainsi que je l'ai dit quelque part, les ruines de la chapelle chrétienne sont totalement confondues avec les restes profanes des temples et des divinités de l'antique Pomponiana. Le pêcheur et le pâtre, debout au milieu de ces vestiges, suivent du regard, avec une curiosité muette, l'antiquaire qui vient les interroger.

Hyères était à peu près oublié, quand, sous François Ier, un évènement qui ébranla toute la chrétienté, vint de nouveau fixer l'attention générale de l'Europe sur le faible point qui nous occupe.

De la place des Récollets, de la grande plateforme surtout où s'élève l'église Saint Paul, dont le portail d'architecture moderne jure singulièrement avec les longues fenétres à ogives et les arc-boutans massifs qui appartiennent à d'autres âges ; de celle plus haute encore sur laquelle était assis l'ancien donjon, l'œil parcourt, comme en un magnifique panorama, l'horizon semi-circulaire où se dessinent et se découpent, sur une mer moirée des mille reflets de la lumière, un groupe de petites îles. Les anciens les appelèrent Stæchades (1), à cause de leur

---

(1) Les Grecs marseillais furent les premiers habitans connus des Stæchades. Pline dit quelque part, *tres Stœchadés a vicinis Massiliensibus dictœ propter ordinem*. STOECHADES signifie rangé par file, par ordre, sur une même ligne. Strabon, ainsi que Ptolomée, en comptent cinq, trois grandes et deux petites. Pline, qui n'en reconnaît que trois, les désigne sous le nom de Protè, Mezè et Hypea. Il appelle la première *PROTÈ*, qui veut dire *la plus près*; c'est celle où l'on prétend reconnaître Porquerolles. Il nomme la seconde *MEZÈ*, c'est-à-dire *du milieu*; ce serait Portcros. La troisième serait indiquée par la dénomination d'Hypea *HYPEA*, qui signifie *inférieure*. A la suite de ces trois îles, Pline en ajoute cinq autres, qu'il désigne

position, et nos peuples modernes les nommèrent *îles d'Or*, sans doute à cause de l'éclat que jettent leurs rochers taillés à facettes, et leur sable pailleté de mica.

---

de la manière suivante : Sturium, Phænice, Phila, Lero et Lerina, *adversùm Antipolis*. On a toujours pensé que les trois premières étaient des rochers ou îlots sans importance ; et je crois que l'on est tombé dans une grave erreur. Voici mon opinion, qui, pour être nouvelle, ne me semble pas tout-à-fait à rejeter. Selon moi, le nom de Stæchades aurait été justement donné à toutes ces îles, qui, à partir de Marseille, sont situées sur une ligne parallèle au continent ; celles connues sous le nom de Proté, Mezè et Hypea, seraient Ratonneau, Pomègue et If : on ne contestera pas j'espère un certain air de parenté dans les dénominations. Les îles connues aujourd'hui sous le nom d'îles d'Hyères, recevraient donc naturellement les appellations suivantes : Sturium, Phænice, Phila. Deux enfin viennent après, Lero et Lerina, sur la désignation exacte desquelles on ne peut pas se tromper. Les auteurs de l'Encyclopédie font dériver l'étymologie du mot Stæchades du grec Sthœcas, qui est celui d'une espèce de lavande (*Stæchas purpurea*), qu'on trouve plus communément aux

Au temps de la domination romaine et des guerres civiles qui désolèrent ce grand empire, elles furent célèbres par la défaite et la mort de Valens. Aux premiers siècles du

îles d'Hyères que partout ailleurs. Cela prouverait tout au plus que pour mieux désigner la variété, on a donné à la plante le nom du lieu dont elle semble originaire. Les géographes modernes ne paraissent pas avoir connu ces îles beaucoup mieux que les anciens. J'en citerai quelques uns, pour que le lecteur juge par lui-même si j'ai tort de les accuser d'ignorance et d'erreur. Jetons d'abord les yeux sur la Cosmographie de Pierre Apian, corrigée et augmentée par Gemma Frison, Anvers, 1631, chez Jean Bellere, à l'Aigle d'or. Dans cet ouvrage, où les noms actuels sont étrangement défigurés, mais où j'ai puisé en partie l'opinion que je viens d'émettre, et qui a été embrassée par les auteurs du Dictionnaire de Trévoux, au hasard et sans esprit de critique, les îles de la mer Gallique sont *Agde*, Agatha, *l'Anguillade*, Blascon, Sthæcades, *îles d'Hyères*, à savoir Sturium, laquelle s'appelle *Ribaude*, Phænice, *Portecroix* Phila, *Bonhomme*, Lero et Lerina. Ouvrons le *Parallela Geographiæ veteris et novæ, auctore Brie io Abbavillæo Societatis Jesu sacerdote*

christianisme, elles le devinrent encore par les travaux et les écrits des pieux cénobites, qui y avaient fondé une succursale du monastère de Lerins : ainsi que je l'ai déjà dit,

---

page 347, on rencontre les lignes suivantes : Stæchades quinque Ptolomæo sed innominatæ. Tres sic Plinius nominat Prote, Porquerolles, Mezè seu Pomponiana, Portecroz, Hypæa seu Hypata, l'*île du Titan.*

Le *Dictionarium historicum, geographicum, poeticum, auctore Carolo. Genevæ, typis Jacobi Stoer,* 1638. s'exprime ainsi :

« Stæchades insulæ numero tres, Massilien-
« sium littoris vicinæ sic dictœ propter quò sitœ
« sunt (Plin.) Item Apollonius lib. IV. Galliæ
« Narbonensis insulæ. Camergas Paradinus vo-
« cat îles d'Hyerres vel d'Or ; existimat Ortel
« Stephanus et tres numerat cum Plinio lib. 4.
« cap. 5. quarum priman Proten, secundem
« Mesen, et Pomponianam, tertiam Hypæam
« vocat. Martianus primam Themistam nominat,
« Ptolemœus quinque dicit esse, sed eas singu-
« latim non nominat. Mela eas sparsat, scribit
« à ligurum orâ ad Massiliam usque, in quo
« spatio comprehenduntur etiam quæ Plinius
« addit Sturium, Phænice, Phila, Lero et Le-
« rina. A Strabone quinque numerantur tres

cette dernière île étant trop resserrée pour contenir les quatre ou cinq mille moines, accourus de toutes les parties de la Gaule et des contrées limitrophes, avec l'intention d'embrasser la vie claustrale et de suivre à jamais la règle imposée par Saint-Honorat. Le (1) tranquille asile, élevé à Porquerolles, fut plusieurs fois renversé par les Maures,

---

« memorabiles et duœ exiguæ. » On trouve dans les anciens titres et registres de Provence, que l'île du Levant ou du Titan, s'appelait aussi Cabaros. Enfin, en les donnant à André Doria, Charles-Quint leur imposa le nom d'îles d'Autriche, qu'elles ne gardèrent pas trois mois.

(1) Dans une vallée assez profonde et fort resserrée, dominée de tous côtés par des bois épais de pins et des chênes verts, on aperçoit encore les dernières ruines du couvent. On peut se faire difficilement l'idée de cette sombre Thébaïde au milieu de cette île riante et bien cultivée. Ce n'est pas trop s'avancer que d'assurer qu'elle renferme des sites enchanteurs, partout où l'œil découvre la grande mer à l'horizon, ou la rade dominée par son amphithéâtre de vertes montagnes.

puis rebâti et repeuplé de nouveaux martyrs, avec une constance vraiment admirable. Romée de Villeneuve y exila un troubadour (1) qui avait osé célébrer, dans ses vers passionnés, les beautés de la fille de son maître. Au treizième siècle, il était désert et abandonné, alors qu'un seul homme y parut, et lui donna un nouveau lustre.

Ce religieux, connu sous le nom de moine, ou en provençal du *monge* des îles d'Or, appartenait, dit la tradition d'accord sur ce point avec dom Hilaire des Martins, de Saint-Victor de Marseille, son premier biographe, à l'ancienne et noble famille de Cibo de Gênes. Destiné dès ses plus tendres années à em-

---

(1) Rambaud d'Orange, seigneur de Courtezon, vaillant de son épée, et fameux par ses *Maîtrises d'amour*, poésies provençales, qu'il avait adressées à Béatrix, fille de Raymond Beranger, fut relégué aux îles d'Hyères pour avoir manqué de respect envers cette princesse.

(*Magnier*, page 279.)

brasser la vie monocale ; il obtint d'être reçu au monastère de Saint Honorat, ou plutôt il fut sollicité d'y prendre l'habit, « tant pour la noblesse de son sang, que « pour la bonne renommée qu'il avait ac- « quise, dit Nostradamus dans sa Vie (1) « des Poëtes provençaux. Auquel monas- « tère, ajoute le vieil auteur, suivant ses « études, parvint fécond en la poésie, rhé- « torique, théologie et autres arts libé- « raux. » Ce qui lui fit proposer de prendre la surveillance de la librairie (on désignait ainsi les bibliothèques en ce temps.); celle de Lérins passait pour la plus renommée et la plus complète de toute l'Europe. En effet, les comtes de Provence et les rois de Naples et de Sicile s'étaient plu à l'enrichir des plus beaux et des plus rares ma-

(1) Ce livre n'est qu'un extrait de son grand ouvrage sur l'histoire de Provence, imprimé à part, avec d'autres caractères et sous un autre format, Lyon, par Barsilo Bouquet. 1575.

nuscrits. Quand nous traiterons des îles Sainte Marguerite et Saint Honorat, nous nous étendrons avec quelques détails sur les trésors qu'elle renfermait ; en attendant, je retourne à mon religieux, et répète, avec ceux qui ont écrit sa vie, « qu'il était singulier et parfait en toutes sciences et langages ; qu'il écrivait divinement bien de toutes façons de lettres, et qu'enfin, quant à la peinture et enluminure, il était souverain et exquis. »

Il paraîtrait, toutefois, que ce personnage mystérieux, homme de sainte vie, de bon exemple et de continuelle méditation, comme le reconnaît dom Hilaire, avait éprouvé, sous la robe de bure et de cilice, une passion vive et profonde pour Eliz de Baux, comtesse d'Avelin, à laquelle il avait dédié quelques sonnets amoureux en rimes provençales. On ne sait trop jusqu'où l'avait conduit cet amour ; mais il est certain qu'il lui avait laissé un goût prononcé pour la solitude et le recueillement. « Chaque an-

née, au printemps et à l'automne, accompagné d'un sien ami, religieux, amateur de la vertu, il se retirait à son petit hermitage, aux îles d'Hyères, où ledit monastère avait de long-temps une petite église dépendant d'icelui, qu'est la cause qu'il fut surnommé des îles d'Or. » Singulière cause vraiment. Là, dit l'un de ses biographes, il se plaisait au murmure (1) des ruisseaux et fontaines, au chant des oiseaux dont il contemplait la diversité des plumages, « Et en
« fit un beau recueil qu'on trouva après sa
« mort parmi ses livres, auquel il avait dé-
« peint en beaux paysages, tout le quar-
« tier de la plaige de la mer et des villa-
« ges qui y sont assis, toutes sortes des her-
« bes et plantes les plus exquises, les fleurs

---

(1) Il faut que depuis ce temps, ces îles aient grandement changé de face, car les ruisseaux et fontaines ont disparu, au grand dommage des habitans actuels.

9

« et les fruits d'icelles et des arbres qui crois-
« sent naturellement, les bêtes et les autres
« animaux de toutes espèces, la perspective
« des montagnes, des prayeries et de tous
« ces champs délicieux, arrosés des belles
« et claires fontaines, des poissons de la mer,
« des vaisseaux qui la traversent à voiles ;
« le tout tant bien rapporté et contrefait au
« vif, qu'on eût jugé que c'était la même
« chose. »

Il est fâcheux que ce précieux manuscrit ait disparu ; car à travers les exagérations poétiques qu'il semblait renfermer, nous eussions puisé de précieux renseignemens sur l'ancienne topographie de la contrée. Cet infatigable religieux était aussi l'auteur ou le compilateur d'un ouvrage étendu sur les victoires des rois d'Aragon, comtes de Provence; et enfin, d'un recueil (1) de poésies proven-

___

(1) L'histoire de ce manuscrit est assez curieuse pour mériter une notice particulière. Voici ce qu'on savait sur son compte, jusqu'au moment

çales et des Vies des troubadours, long-temps cherché, et que M. Valery vient de retrouver dans la bibliothèque du Vatican. Louis II et la reine Yolande tentèrent non inutilement

---

de l'heureuse découverte de M. Valery, à qui nous rendons mille fois grâces, nous, explorateur de tout ce qui peut jeter quelque lustre sur l'histoire intellectuelle de l'ancienne Provence, pays que nous regardons comme le berceau de la moderne civilisation de l'Europe.

Les paroles suivantes de Nostradamus, qui avait eu évidemment connaissance de ce livre, pour l'avoir vu, manié et lu, avaient éveillé l'attention des bibliographes. « Ce monge vacant au
« cathalogue et à la visite des livres (de la biblio-
« thèque de Lerins), entre autres en trouva un,
« auquel étoient escriptes toutes les nobles et il-
« lustres familles, tant de Provence que d'Ara-
« gon, Italie et France, où étaient déduites leurs
« alliances avec leurs armoiries, ensemble les
« œuvres des poètes provençaux, en rithme pro-
« vençale, recueillies par ledit Hermentière, par
« le commandement dudit roi d'Aragon ; que lui-
« même (le monge des îles d'Or) transcrivit en
« belles lettres, desquelles envoya copie à Louis I
« du nom, etc. Plusieurs gentilshommes en avaient
« fait des copies, même ceux qui étaient ama-

d'attirer à leur cour le moine des îles d'Or; il s'y rendit quelquefois, mais pour retourner avec plus de délices dans sa chère retraite. Il mourut, en 1408, au Lerins, les autres disent à l'île du Levant, la plus curieuse des îles sous le rapport de l'histoire naturelle.

A dater de cette époque environ, jusqu'en l'année 1505, les Maures reparurent de nou-

---

« teurs de la poésie provençale les firent trans-
« crire en belles-lettres de forme et illuminer
« d'or et d'azur sur parchemin, les autres sur du
« papier; les vies des poètes étaient écrites en
« caractères rouges, et les poèmes en lettres noi-
« res. » La copie originale et même les autres, avaient échappé aux investigations les plus scrupuleuses; ni Crescimbeni, plus à portée que tout autre de faire des recherches au Vatican, ni M. Reynouard, si savant dans ces matières, n'avaient pu mettre sur la voie du précieux manuscrit, quand M. Valery vient tout à coup de révéler à l'Europe littéraire qu'il était retrouvé. N'ayant point encore l'ouvrage du voyageur bibliographe entre les mains, nous ne pouvons entrer dans plus de détails sur les circonstances qui ont dû accompagner la découverte, nous renvoyons donc les amateurs à l'ouvrage de M. Valery.

veau dans ces parages, et y firent même des établissemens réguliers. On rencontre assez souvent, éparses sur le sol, ces briques ou tuiles qu'on appelle *mallouns sarrasins*. Ne serait-ce point des indices d'une occupation au moins momentanée ?

Au moment dont je parle, François Ier vint à Hyères, et y reçut favorablement la supplique d'une population effrayée.

Cette pièce importante, qui ne nous a point été conservée, n'est connue que par le prompt effet dont elle fut suivie. Les habitans représentèrent au roi qu'il n'y avait plus sûreté pour eux à habiter et cultiver les terres proches des rivages de la mer ; que leurs rades et leurs ports, autrefois si fréquentés, devenaient déserts et même redoutés, et enfin, que le pavillon de France avait été plus d'une fois insulté par les pirates sans crainte de répression.

Le monarque français, plus sensible peut-être à cet outrage qu'au malheur de la population, prit des mesures pour assurer la navigation des côtes, et fit construire une forteresse dans l'île Porquerolles, où il avait envoyé une forte garnison, qui dût commencer par en chasser les Maures avant d'établir les fondemens de ces nouvelles fortifications.

A cette époque, par une bizarrerie qui n'est pas sans exemple, les îles d'Or, repaires des pirates africains, faillirent devenir le boulevart de la chrétienté.

Rhodes, après un long siège, était tombée aux mains de Soliman. Les chevaliers de Saint-Jean de Jérusalem cherchèrent, au sein de la Méditerranée un nouvel asile moins exposé et surtout plus près du continent, dont les secours leur avaient manqué pendant la défense. Le grand-maître, Philippe Villiers de l'Ile-Adam, jeta les yeux sur les îles d'Hyères, et en fit la demande à François Ier L'habile compétiteur de ce prince, Charles-Quint, sentit quelle influence pourraient exercer un jour, sur l'ordre entier ce don et ce voisinage ; François Ier ne s'étant pas hâté de répondre favorablement aux chevaliers, pressés de fonder un autre établissement, l'empereur, en employant l'intrigue auprès des autres puissances, leur fit accepter Malte, dont l'ordre prit possession en 1530.

Cette même année, les Maures, peu effrayés des appareils de défense qui bordaient la côte, et qui avaient été réparés en crainte de quelques débarquemens, firent une descente devant Toulon même, surprirent cette ville, portèrent le ravage sur son territoire et celui des bourgs environnans. Dans cette expédition inattendue, la campagne d'Hyères ne fut point épargnée, et les habitans ne trouvèrent leur salut qu'en courant au plus vite s'enfermer dans la cité : ses bonnes et fortes murailles les préservèrent de l'esclavage, qui devint le sort de la population presqu'entière de Toulon. La tradition, et un manuscrit du temps, rapportent que Hyères envoya de nouveau un certain nombre de ses manants pour repeupler cette dernière ville, qui à ce qui paraît, répara promptement les pertes qu'elle avait faites; car on la voit, peu de temps après opposer une vigoureuse défense à l'armée impériale. Elle était encore pleine, sans doute, de ses souvenirs de 1524, année où le connétable de Bourbon s'était emparé de presque toutes les places, depuis le Var jusqu'à Marseille, à la réserve de Toulon, Hyères et Bréganson, qui surent résister à ses forces. En 1531, François Ier ayant besoin de toutes ses troupes, retira la garnison de Porquerolles, et érigea cette île en marquisat, qui fut donné à Bertrand d'Ornezan, baron de Saint-Blancard, toujours à condition qu'il prendrait tous les moyens propres à assurer sa défense et à empêcher l'approche des pirates.

Ce seigneur venait à peine de s'y établir, lorsque Charles-Quint, parti d'Espagne avec une flotte composée de vingt-sept galères et de quatre-vingts vaisseaux, et qui n'avait fait que passer en vue de Marseille, vint mouilier dans la rade d'Hyères, à l'abri des îles. Heureusement qu'il était pressé de se rendre en Italie, et que le lendemain la flotte leva l'ancre.

La guerre venait de se rallumer, entre Charles et François, plus vive que jamais. L'empereur ayant pénétré en Provence, par Saint-Laurent du Var, donna l'ordre formel à André Doria, général de ses galères, de ravager toutes les côtes. Celui-ci n'obéit que trop ponctuellement au sévère empereur. Mais les historiens s'accordent à dire que l'amiral génois, qui avait habité la ville d'Hyères pendant quelque temps, on ne sait à quelle occasion, l'affectionnait d'une manière si particulière, qu'il la fit épargner, et ne permit pas même à ses troupes de mettre pied à terre sur son territoire. C'était comme une espèce de terrain neutre respecté par les deux puissances; car, peu de temps après, Kaïr-ed-Din surnommé Barberousse, allié de François Ier, vint hiverner dans la rade de Toulon, et partie de l'armée prit ses quartiers à Hyères.

Je ne veux pas abandonner cette série de faits historiques, relatifs à la ville d'Hyères moins qu'à ses îles, sans dire qu'à l'imitation de François Ier, Henri II, dans le double but d'assurer la tranquilité des commerçans de Marseille, dont les transactions avec l'Italie et le Levant prenaient chaque jour plus de consistance, et de récompenser de grands services rendus à la France par un étranger, érigea, dans l'année 1549, en marquisat (1) les îles de Baguau, Portcros

---

(1) Dans ces lettres-patentes, Henri II donne à ces îles le nom des îles d'Or, et permet au comte de Roquendorf d'en disposer en faveur de qui bon lui semblera, pourvu que ces personnes soient régnicoles et s'obligent à la redevance annuelle de dix mailles d'or, et à chaque mutation de seigneur. *d'un faucon portant sonnettes d'or et vermeil aux armes de France, et avec chaperon de soie, et au bas des longes, les armes du marquis de ces îles,* auxquelles armes S. M. ajoute un écusson *sur le tout d'azur, chargé de sept fleurs de lis*

et du Levant, en faveur de Christophe, comte de Roquendorf, baron de Molembourg, seigneur de Condé et de Revaix, grand-maître héréditaire d'Autriche et gentilhomme ordinaire de la chambre du roi. Cette donation était une faible compensation des grands biens que ce seigneur possédait en Allemagne, et qu'il avait abandonnés pour suivre la fortune du roi de France.

Ces lettres-patentes autorisent le seigneur des îles d'Or à donner asile, même aux cri-

---

d'argent, trois, trois, et une, qu'il portera du *marquisat*; à la charge de construire telles forteresses qu'il jugera convenables et nécessaires pour la garde des îles et la défense des côtes de la Provence. Le roi joint à tous ces titres des exemptions pour les habitans d'impositions de tailles, de fouage et de toute autre charge quelconque; enfin il donne au seigneur le privilège de recevoir dans ses îles tous les criminels, excepté ceux prévenus du crime de lèse-majesté, et finit par concéder la faculté de *prélever gabelles sur les navires étrangers* déchargeant des marchandises.

minels. Aussitôt qu'elles furent publiées, ces lieux devinrent en effet le repaire de tout ce que la province avait de plus impur et de plus abominable en hommes et en femmes. Tous ceux qui s'y réfugièrent, habitués dès long-temps aux vols et aux rapines, ne tardèrent pas à embrasser la vie de pirates (1), et ils se rendirent plus redoutables au commerce que les Maures eux-mêmes. On cite d'eux des traits d'une hardiesse et d'une insolence in-croyables. Ainsi, l'un pénétrait dans la rade de Toulon pour y enlever un riche navire qu'il avait manqué à son passage ; l'autre s'empa-

---

(1).... qua ducti fiducia, decrevimus ad serenitatem vestram certiorem effici cupimus de præda per quemdam fratris Bernardini, ut dicitur, nepotem, piratico et hostili modo apud locum, qui vulgo dicitur illa d'Eres, etc. etc.

(Carta de los magistrados municipales de Barcelona al rey de Francia supplicandole provea sobre la restitucion de una nave siciliana que venia cargada para la provision de dicha ciudad, y fue apresada en las islas de Hyeres por un corsario.)

Ex regest. t. de lettres closes ab an. 1514 usque ad 15.

rait d'un vaisseau catalan, sous prétexte de lui prêter secours; et tous enfin rançonnaient les gros navires quand ils ne pouvaient les conduire dans leur port, qui n'avait point assez de profondeur. Bref la clameur fut générale, et il ne fallut rien moins que des remontrances réitérées du parlement de Provence, pour faire cesser un tel état de choses. Les successeurs du comte de Roquenfort n'étaient plus maîtres chez eux. Alors, on eut recours aux mesures les plus énergiques, mais ce fut au commencement du règne de Louis XIV seulement, qu'on parvint à extirper du sol cette race de bandits. Les héritiers du seigneur allemand avaient eux-mêmes vendu leur propriété à Gaspard Couet, auquel succéda Jean-Baptiste Couet, créé marquis de Marignane.

Quoique devenues propriétés seigneuriales, les îles d'Hyères seront néanmoins dans une dépendance plus immédiate de cette ville; et désormais, comme à fort peu d'événemens près, leur sort se trouvera lié à celui de la métropole, je rentrerai dans l'histoire de toute la contrée. Si j'en interromps encore une fois le fil, ce ne sera que pour rappeler un fait particulier à Porquerolles, et qui ne saurait être passé sous silence.

Qui le croirait! dans ce séjour qui servit de retraite à tant d'hommes éminens, aux premiers siècles du christianisme, fut célébré, en 1558, le ramazan, la fête la plus solennelle des Mahométans. L'armée navale des Turcs nos alliés, forte de cent cinq galères et de quatorze galiotes, venait de saccager Minorque ; elle marchait à la rencontre de la flotte française qu'Andriettino Doria avait laissée passer entre Portcros et Porquerolles sans l'attaquer, quoiqu'elle fût moins forte que la sienne ; elles s'étaient jointes près de la Ciotat, quand l'amiral turc et le grand-prieur de France, qui commandait nos galères, cinglèrent ensemble vers Porquerolles. « Là, dit Nos« tradamus, les Turcs firent leurs pâques : le « croissant de la nouvelle lune ne fut pas plu-

« tôt aperçu, que toute leur artillerie, ca-
« nons, bombardes et pierriers commencèrent
« à tonner, leur arquebuserie à se deslacher,
« nombre infini de flambeaux à être allumés ;
« les sons des divers instrumens en quantité
« d'être ouïs, avec des cris et des hurlemens
« tant désordonnés, mêlés et confus, qu'ils
« semblaient plutôt à hurlemens de bestes qu'à
« voix humaines et raisonnables. »

Mais ce qu'il y a de plus extraordinaire, et ce qui ne l'est point pour qui connaît le caractère de la nation française, c'est que l'armée chrétienne se soit réunie aux infidèles dans cette occasion ; et cela, ajoute naïvement l'historien, *par manière de plaisir* et *pour les saluer bravement* ; puis, pour compléter cette apostasie, « les deux osts, au coup de l'aube
« tirent ensemble à une plage à cinq milles
« de Toulon, vers l'est, et les Turcs y tien-
« nent leur marché qu'ils appellent en leur
« vulgaire bazar, mettant en vente leurs pri-
« sonniers, ainsi que nous faisons nos bestes. »

L'édit de l'année 1562, qui permettait hors des villes le libre exercice de la religion réformée, édit de tolérance et d'impartialité remarquables, eut des conséquences toutes différentes de celles qu'on devait naturellement en attendre : il mit les armes aux mains des catholiques et des religionnaires.

Le sieur de Flassans, qui prenait volontiers le titre de chevalier de la Foi, dont il avait été décoré par les exaltés de son parti, avait rassemblé, dans une petite ville voisine d'Hyères, et que je nommerai en temps et lieux, une bande de quatre à cinq cents soldats ou goujats, ainsi qu'on appelait jadis ces individus sans profession, sans loi, que les populations voyaient avec terreur battre la campagne à la suite des corps détachés.

Comme au temps de Raymond de Turenne, ce n'était pas néanmoins des bandits déterminés ou de vieux routiers sans solde et sans retraite, hommes pleins de courage et de témérité, qui composaient ces bandes de partisans qu'on appelait des troupes ; mais un ramassis de bouchers, de moines dissolus et de filles perdues de mœurs, s'il faut en croire un des modernes historiens de la Provence.

Cette troupe indisciplinée s'était vue forcée, après avoir menacé inutilement le château de Besse, de se replier sur Barjols. Après un siége de quelques jours, le comte de Tende et le duc de Crussol, dont tous les efforts tendaient à rétablir la paix dans la province, en frappant alternativement sur les deux partis, connaissant l'état de découragement où se trouvaient les gens du chevalier de la Foi, commandèrent un assaut dont la réussite fut complète, c'est-à-dire que ces malheureux furent à peu près massacrés jusqu'au dernier, et que le chef ne parvint qu'à grand peine à se retirer sur la Basse-Provence, où, après avoir rôdé pendant quelques jours le long de la côte, suivi de peu de soldats démoralisés, il parvint à se réfugier dans Porquerolles.

Le comte de Tende, qui n'avait trop ni la possibilité ni la volonté peut-être de l'y poursuivre, se contenta de le bloquer en jetant, à Hyères, quelques compagnies sous le commandement des sieurs de Bar et de Torrettes. Cette garnison toute faible qu'elle était, se montra plus que suffisante pour le tenir en respect : c'était ce qu'on avait voulu.

Les partis déposèrent un instant les armes, en 1553, et Charles IX profita de cet instant de pacification pour parcourir cette France qu'il devait, plus tard, couvrir de sang et de boue.

On sait, par des mémoires du temps, qu'il vint à Hyères, accompagné de la mère-reine, plutôt que de la reine-mère, du duc d'Anjou et du roi de Navarre, qui fut depuis Henri IV. L'accueil qui fut fait au souverain en cette occasion, est vraiment trop remarquable pour être passé sous silence.

Ce fut le jour de la Toussaint, dit le manuscrit d'un sieur Manne, déposé à la bibliothèque d'Aix, et qui nous a fourni beaucoup de renseignemens sur cette époque ; ce fut le jour de la Toussaint que le roi fit son entrée en ville.

On avait planté sur le lieu de son passage, dès la veille seulement de son arrivée, deux rangs d'orangers couverts de fruits, en sorte « qu'on pouvait penser, ajoute l'auteur, que « les habitans laissaient ainsi croître ces ar- « bres sur la route. » Une fontaine avait été construite en hâte auprès de la grande porte, et de cette fontaine jaillissait en abondance l'eau de fleurs d'orangers. Un robinet en forme d'arrosoir, placé au dessus de cette même porte, fesait pleuvoir cette eau parfumée sur le Roi et sa suite, toutes les fois qu'il entrait dans la ville ou qu'il en sortait. Les clés de la ville lui furent présentées par les consuls, qu'accompagnait le clergé et que précédaient des troupes de jeunes filles dansant des *voltes* et des *martingales*.

Ce fut donc avec ce cortége que ce roi bel

esprit, patelin et dévot, mit pied à terre dans l'église des Cordeliers, où il voulait entrer pour rendre grâce à Dieu de son heureux voyage ; puis de sa main royale il toucha nombre de malades atteints d'écrouelles, qui s'en retournèrent guéris ou soit disant tels.

Les cinq jours que le roi passa à Hyères furent remplis par des fêtes continuelles. Il ne pouvait se lasser d'admirer la beauté du site et la fertilité des jardins. Manne rapporte qu'il s'y trouvait alors un oranger dont le tronc était de si énorme dimension, que le roi, son frère et le roi de Navarre ne purent l'embrasser, et sur l'écorce duquel, dit Gaufredy (1), qui raconte le même fait, fut gravée cette inscription :

---

(1) Le même historien ajoute que ces paroles se lurent encore long-temps après. Il oublie qu'un mois s'était à peine écoulé depuis le départ du roi, lorsque la Provence éprouva l'un des froids les plus vifs dont le souvenir se soit conservé : en une seule nuit tous les orangers périrent, et l'on fut obligé de couper ces arbres entre deux

PITTORESQUES 149

Caroli regis amplexu glorior.

Emerveillée de la quantité d'orangers plantés en quinconce ou jetés épars dans la campagne, ravie à la vue de ces élégans palmiers qui balançaient bruyamment leurs mille éventails de verdure, de ces poivriers (1) qui grimpaient aux murailles, et du carroubier d'Espagne à la gousse succulente, la reine-mère obtint de son fils qu'il lui ferait bâtir en ces lieux, *une maison royale entourée de jardins.*

---

terres. Celui dont il est fait mention ici, avait porté dans cette saison plus de quatorze mille oranges. Ce récit, qui semble exagéré, peut cependant être vrai, puisque Raymond de Solerys, pour donner une idée de la force de la végétation en ce coin de la province, assure que de son temps il existait, à Hyères, une allée bordée de cinquante chênes que huit hommes n'auraient pu embrasser.

(1) Probablement le faux poivrier. Papon, d'après un autre manuscrit et même un ouvrage imprimé, dit qu'on y voyait, « outre les palmiers « dont il en reste encore un petit nombre, l'ar- « bre qui porte le coton. »

Ce projet plut tellement au jeune Charles, qu'il donna l'ordre de mettre sur le champ la main à l'œuvre. Mais vinrent la Saint-Barthélemi ainsi que les troubles qui suivirent cette sanglante exécution, « et furent inter-
« rompus les travaux, disent les mémoires
« du temps qui nous fournissent ces détails,
« desquels pour être notoire à tous, n'en
« fais autre mention. »

Après ces descriptions de fêtes, après ce regard jeté sur une belle nature, il est dur pour l'historien de revenir sur ces temps politiques *dont les orages vinrent assombrir* l'immense horizon de la province. Partout le fléau se fit sentir dans cette heureuse contrée et la dévastation fut presque générale. Henri III succéda à Charles IX, la religion devint encore le prétexte d'une guerre plus sanglante et plus animée que la précédente ; elle a laissé une longue trace de sang, d'incendie et de pillage au sein de nos populations. Henri de Valois, successeur du maréchal de

Retz au gouvernement de la Provence, portait une haine avouée aux religionnaires, comme on appelait alors les dissidens. Ce fut lui qui jeta les premiers brandons de discorde, au milieu d'un peuple disposé par sa nature, son caractère, ses formes sociales, à toutes les passions violentes que souffle d'habitude l'esprit de parti. Le comte de Carces, ayant été fait grand sénéchal et lieutenant pour le roi dans le pays, place laissée vacante par la mort d'Honoré de Savoie, comte de Tende, acheva l'œuvre par ses injustices et ses exactions. Ses partisans qui étaient en force et devinrent les oppresseurs, s'appelèrent Carcistes, Carcenistes ou Marabouts, noms que leur jetaient dérisoirement leurs ennemis ; les autres, je veux dire les victimes, étaient les rasats, ou les rasés. (1).

---

(1) Le maréchal de Retz, ou Raiz, comme l'écrivent les anciens auteurs, ayant pris la défense des religionnaires auprès du roi et des parlemens, ceux-ci ne tinrent point à déshonneur de porter

Les hostilités, qui avaient commencé sur plusieurs points à la fois, mais surtout dans les vigueries de Draguignan et de Brignoles, prirent un caractère plus sérieux, en s'étendant jusqu'aux villes du littoral. Les exactions et les ravages des Carcistes, à la tête desquels se trouvait le neveu du comte de Tende, se multiplièrent tellement, que des populations entières, qui jusques là n'avaient eu aucuns motifs pour prendre les armes dans une guerre dont les dissidences religieuses étaient le prétexte, se levèrent en masse afin de protéger les religionnaires; non qu'elles les aimassent et fussent disposées à adopter leurs principes, mais poussées uniquement par le désir de rétablir l'ordre et la tranquillité autour d'elles.

La conduite des milices de la ville d'Hyères, auxquelles s'adjoignirent des troupes levées

---

le nom de leur protecteur. De raisats l'on fit ralzats.

en hâte à la Valette, à Solliers, à Toulon, à Ollioules, est digne des plus grands éloges. Les capitaines que ces paysans mal armés et mal vêtus avaient élus eux-mêmes, les menèrent bravement au combat, défirent sept à huit cents hommes que le seigneur de Vins avait laissés à Cuers, obligé qu'il était de se porter sur Bréganson, revinrent sur leurs pas, reprirent Pierrefeu, le Cannet et quelques autres points, et finirent par se débander, croyant avoir achevé leurs travaux guerriers. Avant de se séparer, les soldats des communes se promirent mutuellement de rentrer en campagne, si leur existence et leurs biens venaient de nouveau à être menacés. Le terrible et infatigable baron leur donna peu de répit. Furieux d'avoir vu ses cavaliers si rudement battus par des hommes inhabiles, armés pour la plupart de bâtons ferrés ou de quelques méchantes hallebardes, il quitta son château de Forcalqueiret, où étaient réfugiés les débris de sa troupe, et vint tête baissée tenter un coup de main et dresser ses échelles contre les vieilles murailles d'Hyères. Là il échoua complètement ; mais il prit sa revanche sur Bréganson, moins vigoureusement défendu que cette ville, et qui tomba entre ses mains par composition.

Un arrêt du parlement de Provence, qui déclare « de Vins et ses partisans rebelles, « factieux et troubleurs, et qui engage les « bons et fidèles sujets de S. M. à s'armer « et à leur courre sus, » rend aux habitans d'Hyères toute l'énergie dont ils avaient déjà fait preuve. Réunis de nouveau aux bandes de Theonez, de Grasse et de Saint-Paul, de Vence, et toujours sous le commandement du capitaine Sauzet, les soldats des communes reprennent Bréganson et Cogolin; ils tuent Baudument, l'ami et le compagnon d'armes du seigneur de Vins, et trouvent l'ennemi qui les attendait encore à Cuers. La petite armée, composée en majeure partie des habitans d'Hyères et de sa viguerie, ne lui donna pas le temps de se reconnaître. Les cavaliers du baron, quoique cuirassés et corcellés, ne résistent pas à cette furieuse attaque et se mettent à fuir : les larges feutres, les panaches, les riches manteaux jonchent la route. Cette dernière affaire leur coûta plus de cent hommes et de quatre-vingt chevaux. Enfin la campagne se termina par une trêve obligée, car tous les partis étaient épuisés, et le plus terrible des fléaux venait de fondre sur la malheureuse Provence.

Cette fois la peste n'épargna pas Hyères. Les mémoires du temps assurent que le mal y sévit davantage que dans toute autre localité. Aussi, pendant près de deux ans que dura l'épouvantable mortalité, ce sol, naguères si riche, si bien arrosé, cette végétation si luxuriante, ces vastes prairies qui s'étendent vers la mer à l'est de la ville, toutes ces réjouissantes bastides qui embellissent le paysage, n'offrirent plus que l'image de la misère et de la désolation. Et quand cessa la terrible maladie envoyée d'Orient, ce fut pour laisser voir ce pauvre peuple hâve , maigre, au corps débile, à la démarche chancelante, se traîner de nouveau sur les champs de bataille ; la guerre civile venait de secouer ses torches.

Chacun sait qu'à la mort de Henri III , qu'on a bien voulu appeler Henri le Libéral , le duc de Savoie , cherchant à profiter des troubles intérieurs qui déchiraient le royaume , pour s'emparer de la Provence , envoya des émissaires sur plusieurs points importants, ayant pour instruction de traiter de la reddition des places et de se faire des créatures.

De son côté , M. de la Valette , gouverneur de la province , voulant prévenir toute surprise , informa les villes des évènemens qui se passaient à Paris ; et le conseil municipal s'étant assemblé , à Hyeres, le 7 juin 1588 (1) , pour délibérer sur ces communi-

---

(1) Voyez le journal de Fournier Man, bibliothèque d'Aix.

cations, prêta serment de fidélité au roi, et d'un mouvement tout-à-fait spontané, jura de même que tous les officiers de la viguerie, de lui conserver la ville èt de la maintenir dans son obéissance.

Le château d'Hyères était alors sous la garde du baron de Menouillon, homme déjà acquis au duc de Savoie ; l'importance de la place peut donner la juste appréciation de ce qu'elle avait dû lui coûter. Le gouverneur se vit forcé de lever le masque et de se mettre en état d'hostilité réelle avec les habitans.

M. de la Valette fut bientôt informé de ce qui se passait ; et, par une des nuits sombres de novembre, on aperçut, s'approchant furtivement des murailles, quelques bataillons d'infanterie, puis des pas de chevaux se firent entendre, et enfin le roulement de la grosse artillerie. Peu d'instant après, M. de la Valette lui-même, à la tête de cinq cents cavaliers, traînant à leur suite six pièces de canon, parut aux portes de la ville, qui lui furent ouvertes. Le baron de Menouillon, sommé sur l'heure même de remettre la forteresse s'y refusa ouvertement. Les troupes prirent leur logement en ville, les postes furent placés sur divers points. Quelques cavaliers coururent la campagne, et ramenèrent bientôt un homme couvert de vêtemens assez grossiers, mais dont la haute mine et la tournure militaire annonçaient le rang. Les cavaliers qui s'étaient saisis de sa personne, rapportèrent que l'ayant vu rôder autour de la forteresse, et s'apercevant qu'il cherchait à éviter une rencontre, il leur avait paru suspect, l'un d'eux ajouta qu'il croyait reconnaître en lui le capitaine Fabri de Marseille, qu'on savait être tout dévoué aux ligueurs. Dépouillé en un clin-d'œil de son manteau et d'une partie de ses vêtemens, il voulut en vain soustraire aux regards une boîte de médiocre dimension, qui contenait des papiers. C'était des pièces de la plus haute importance; d'abord le traité passé avec Menouillon, que le duc de Savoie lui renvoyait signé ; puis quelques lettres adressées à M. de Berre, gouverneur de la Grosse-Tour, à Toulon.

La trahison était flagrante ; mais la punition difficile à infliger. On laissa la vie au capitaine, et peu de temps après il recouvra la liberté : c'était se tirer habilement d'un rôle où d'ordinaire on joue sa tête.

M. de la Valette tourna inutilement autour de la forteresse pour trouver un endroit faible. Il conçut le projet de construire une autre citadelle à l'église de l'Observance (1) ; mais ses officiers lui firent observer que le château dominant toutes les positions voisines, il fallait, ou commencer un siège en règle, ou se résoudre à ajourner une opération longue, meurtrière et dispendieuse.

---

(1) Probablement l'église Saint-Pierre, dont les ruines élégantes étaient encore debout il y a peu d'années.

Le surlendemain, dimanche 27 novembre, les troupes amenées par le gouverneur de la province levèrent le camp, sans bruit comme elles étaient venues, et laissèrent les habitans livrés à eux-mêmes, aux provocations de la garnison du château, et aux traitres qui les entouraient.

Le seul acte énergique de M. de la Valette, avait été de faire arrêter le procureur du roi au siége d'Hyères, qui avait voulu faire mettre à exécution un arrêt rendu par les conseillers au parlement d'Aix, lesquels tenaient pour la ligue; arrêt dirigé contre les députés d'Hyères qui s'étaient rendus à l'assemblée de Pertuis, où les avait convoqués la partie saine du parlement, réfugiée dans cette ville.

Le capitaine Boyer, d'Ollioules, qui jadis avait commandé les milices des communes contre les carcistes, se trouva investi de l'ordre d'arrestation et de transfert à Toulon. Le prisonnier était détenu provisoirement dans la maison d'un M. de Miolan, quand les partisans secrets de la ligue, hommes masqués de zèle et de dévoûment apparent comme on en trouve tant dans les temps de dissidence civile, répondirent de sa personne et obtinrent sa mise en liberté.

Quoiqu'obéissant à des impressions différentes, la ville et le château avaient un intérêt puissant à se ménager l'une l'autre ; aussi voyait-on les deux bannières ennemies flotter en paix dans la même enceinte. Si quelques coups de mousquets, lâchés par des sentinelles ennemies, venaient par intervalle interrompre la monotonie d'un tel état de choses, le lendemain, la ville refusait à la forteresse des vivres frais qu'elle tolérait qu'on lui portât. Quant à la campagne, les mémoires du temps disent qu'elle n'était plus tenable ; les crimes et les violences s'y succédaient de nuit et de jour. Ce fut à l'aube d'une matinée orageuse de février, que se

présentèrent aux portes, pleurantes, échevelées, à peine vêtues, Susanne de Villeneuve, dame de Bormes, accompagnée de ses deux filles et de sa belle-sœur. Ces malheureuses femmes réclamaient un asile de la générosité des habitans d'Hyères, et elles se mirent à raconter que Rigaud et Serviles, gens appartenant au comte de Carcès, c'est ainsi qu'on désignait dans ce temps-là les gentilshommes qui vivaient et se poussaient dans le monde sous le patronage d'un puissant seigneur ; elles contèrent donc, à travers leurs larmes et leurs sanglots, que ces deux individus, accompagnés de quelques assassins à gages, s'étaient emparés, de nuit, du château seigneurial de Bormes, et après l'avoir incendié, « ils avaient tué et meurtri Pompée
« de Grasse, son mari et le sieur de la Verne,
« son frère, appelé Claude de Grasse; avaient
« de plus volé et pillé toute la maison, et
« mis, elle, ses enfans et sa belle-sœur,

« sans cotillons dehors d'icelle (1). »

Une barque, dirigée par un valet affidé de la maison de Carcès, et montée d'hommes enveloppés dans de longs manteaux, avait été vue à l'entrée de la nuit, dirigeant le cap sur Notre-Dame de Bormes, chapelle agreste située au-dessus du village qui porte ce nom. La barque s'était arrêtée entre quelques-uns des hauts rochers qui forment le cap Benat; ils avaient mis pied à terre, et l'on sait le reste.

Le spectacle touchant qu'offraient ces pauvres femmes éplorées, mais conservant un noble et grand caractère dans leur malheur, ne contribua pas peu à irriter l'opinion publique contre les chefs de la ligue et leurs partisans, à Hyères. Aussi se tenaient-ils à l'écart et dans l'ombre, attendant une occasion favorable à la manifestation de leurs projets. L'arrivée ou plutôt le passage de la

---

(1) Manuscrit de Fournier, déjà cité.

duchesse de Florence, fille du duc de Lorraine, et de Claude de France, fut pour eux comme le signal si long-temps désiré.

Couvert de sa cuirasse, armé de son épée, et la dague au poing, un homme, suivi d'une quinzaine de misérables, se présente dans l'église des Cordeliers, c'était dans la matinée du 29 mai 1589 ; et là interrompant le service divin, il prend la parole et ne craint pas d'exciter le peuple à la révolte. Ardent catholique et chaud ligueur, il blasphéma et maudit la mémoire de Henri III, qui lui avait confié dans le temps le gouvernement de Porquerolles. Cet homme était un sieur Barthélemi Botini, connu dès long-temps par ses forfanteries et ses violences Malheureusement pour sa cause, ses discours inconsidérés avaient été de nul effet. Le soir, il renouvela la même scène et sans plus de succès : le peuple l'écouta et haussa les épaules : les capitaines de la ville le forcèrent à se taire. Le coup était manqué. Ce fut inutilement que le lendemain se présenta dans la campagne, le chevalier de Beaudimont, habile officier, qui tenait à la ligue et qui avait le mot. Pour ne point rendre sa course inutile, le chevalier donna ordre à sa troupe d'enlever le bétail et surtout les hommes qu'on trouverait disposés à la résistance. Au premier avis de cette conduite singulière pour des gens qui cherchaient à se créer des partisans, les habitans coururent aux armes, joignirent l'ennemi, lui tuèrent quelques hommes, et lui reprirent le butin qu'il avait fait. Le capitaine Melchior Bannet et Antoine Vien, proche parent de l'un des consuls, furent blessés en cette occasion. Une compagnie, chargée spécialement de veiller à la sûreté des campagnes, fut créée à l'instant même, et le commandement en fut confié à Jacques de Clapiers.

Le gouverneur de la province, M. de la Valette, avait cependant toujours à cœur de s'emparer du château d'Hyères. Pendant sa marche de Brignoles à la Garde, il vint à apprendre que le sieur de Callas, qu'on savait étroitement lié avec Hugon Pinchinat, l'un des officiers tenant garnison au château, se trouvait dans une de ses terres ; il lui dépêcha un exprès, le vit, et le lendemain M. de Callas entrait dans Hyères, sous prétexte d'y chercher un fermier pour l'exploitation de ses terres de Belgencier. On ne sait trop s'il réussit à corrompre Hugon et Bastien, son fils ; mais ce qu'il y a de certain, c'est qu'il eût tenté inutilement, dans ce moment, de séduire le capitaine Merle, brave officier de fortune, dévoué à M. de Menouillon, et qui avait reçu de lui en son absence le gouvernement du château.

On voit par le récit de ces menées, de ces intrigues secrètes que, pendant ces prétendues guerres de religion, on tenait peu compte des vertus qui en font la base, la foi et la loyauté.

Dans ce conflit d'ambitions contrariées et d'intérêts divers, les royalistes ne se conduisirent guères mieux que les ligueurs ; et l'on sait que les uns et les autres pouvaient s'acheter et se vendre à beaux deniers comptans, quand leur âme était à l'abri d'autres moyens de séduction (1).

---

(1) Voici ce que rapporte, à ce sujet, un manuscrit du temps. « Au même instant que le sieur
« de la Valette se trouvait en la ville de Toulon,
« le sieur de Callas et de Bougencier traitait se-
« crètement avec le capitaine Hugon, un de la
« garnison du château d'Hyères, forteresse assise
« sur la croupe d'une montagne, et tellement
« forte de sa nature, qu'elle était bonnement
« inexpugnable et imprenable par la force, parce
« que le rocher est taillé à plomb de tous côtés
« avec grands précipices. Cette citadelle était
« commandée par le baron de Menouillon, lequel,
« comme capitaine de la porte royale de Marseille
« et gouverneur de Notre-Dame de la Garde, fut
« marchandé par M. de Savoie et par interven-
« tion du capitaine Fabry, de Marseille, pour
« vouloir embrasser son parti, sous prétexte de
« la ligue ils ne manquèrent offrir ni promesses
« ni argent, car il eut somme forte pour soudoyer
« deux ou trois compagnies dans le château
« d'Hyères et pour le fortifier, réparer et muni-

Maître de Toulon et des environs, et sur bons avis reçu, M. de la Valette ordonna à M. d'Oraison de venir avec son corps de troupes assiéger le château d'Hyères. L'avantgarde, commandée par M. de Montaud, se mit en route sur le champ; et, en arrivant, malgré le feu continuel de la mousqueterie, le premier devoir de cet officier fut de construire quelques batteries entre la ville et le château. Quand M. d'Oraison se présenta avec son artillerie, ce qui ne fut que le surlendemain, tous les travaux étaient achevés, au moins en grande partie. Ce qu'on voulait avant tout, c'était de se défaire du ca-

---

« tionner ; et sous prétexte du mariage d'une da-
« me qu'il a depuis épousé, il se laissa embar-
« quer audit parti, et s'en alla depuis pour en
« résoudre le marché au pays de Piémont, ayant
« laissé dans ledit château le capitaine Merle pour
« son lieutenant, Nicolas d'Ollières, et les capi-
« taines Hugon et Castelet, de la ville de Mar-
« seille. »

pitaine Merle, plus dévoué, ou moins accommodant que les autres officiers. Des intelligences ménagées dans la place, apprirent avec certitude que le gouverneur provisoire et ses affidés se réunissaient tous les soirs, vers six heures, dans une salle dont les fenêtres étaient ouvertes sur la ville, et que là ils prenaient leur repas. Il était inutile d'en savoir davantage. Le jour même où ces instructions avaient été reçues, la table se trouvait mise, la vaisselle préparée, le souper servi ; six heures venaient de sonner, quand un boulet vint frapper si juste au milieu de l'appartement, que tout y fut brisé et renversé. Oui ; mais le chef à la vie duquel on en voulait, était absent, et occupé à faire barricader une avenue dont les approches lui avaient semblé d'une faible défense. La nouvelle du fait que je viens de rapporter le mit de mauvaise humeur, et il répondit au coup de canon par une effroyable décharge de toute l'artillerie du château, à laquelle succéda un feu de mousqueterie si bien nourri et si vif, que les assiégeans en souffrirent beaucoup. Le capitaine Merle ne paraissait pas plus disposé à leur permettre de dormir pour cette nuit-là, qu'on ne l'avait été à lui laisser prendre tranquillement son repas.

M. de la Valette, probablement conduit par le bruit de la canonnade, arriva fort tard devant la place, assembla son conseil et proposa de vaincre la résistance des assiégés, non plus par des boulets, mais par des propositions d'accommodement, à l'usage du temps. M. de Callas s'offrit pour se rendre, en qualité de parlementaire, sous les murs du château ; il marcha occompagné d'Elyon de Panisse, sieur de la Javie, trésorier du comte de Provence. Un pareil négociateur devait peu s'attendre à se voir refuser l'entrée du fort, mais le capitaine Merle qui craignait une surprise, fit répondre qu'il ne pourrait recevoir les envoyés de M. de la Valette que le lendemain à huit heures du matin.

Introduit à l'heure fixée, M. de Callas prit la parole et demanda aux chefs assiégés si leur intention était de se dégager à jamais de l'obéissance due à leur prince légitime et naturel pour se vendre, ajoutait-il, « et
« suivre les enseignemens de M. de Savoie,
« prince étranger, ennemi de la France ;
« s'ils voulaient exposer leurs parens et leurs
« amis pour être la proie des Espagnols et
« autres, et enfin s'ils désiraient abandonner
« leur patrie pour la voir posséder par ses
« anciens ennemis. » — Notre intention et volonté, reprit froidement le capitaine Merle, n'est autre « que de combattre pour la foi et religion catholique, apostolique et romaine; et je ne refuse, quant à moi, de recevoir aucune troupe dans le fort que parce que M. le baron de Menouillon, mon seigneur, m'a ordonné de conserver la place envers et contre tous, et de ne la remettre qu'à celui qui viendrait de sa part. Or je ne pense pas que vous soyez tels. » — Alors les

envoyés se tournant vers le reste du conseil, représentèrent vivement aux officiers qui y siégeaient, que si leur chef voulait se perdre d'honneur et de réputation, ils ne devaient point l'imiter pour acquérir les titres de traitres et de perfides.

Cette violente sortie, préparée d'ailleurs et combinée à l'avance, produisit l'effet qu'on s'en était promis. La fermeté des représentans de la garnison fut fortement ébranlée, surtout par la lecture du projet de capitulation (1),

---

(1) Voici la teneur de cette capitulation, conservée dans les actes notariés de M° Antoine Ferret, et long-temps déposée en double aux archives de la mairie d'Hyères :

Article 1er. M. de la Valette accorde que, si dans six jours le château n'est pourvu d'une armée plus forte que celle qui est assiégée, les officiers rendront la place.

Art. 2. M. de la Valette donnera sauf-conduit à un ou deux des assiégés, pour aller avertir leur maître afin d'être secourus (Ce fut Hautand de Tarascon, page de M. de Menouillon, qui lui fut dépêché).

auquel le capitaine Merle, désespérant de sa troupe, obtempéra ; il ajouta seulement un cinquième article qui lui fut accordé. Le jour où cet acte fut signé, M. de la Valette fit

---

Art. 3. Passé ledit temps, les officiers remettront la place, ensemble armes et munitions de guerre, comme poudre, plomb, mêches et tous autres artifices de feu servant à la défense de la place.

Art. 4. M. de la Valette leur fera délivrer dix mille écus, savoir : cinq mille comptant et le reste dans trois mois.

Art. 5. Tous les meubles et équipages de M. de Menouillon demeureront au pouvoir du dit Merle ou autre capitaine pour les conserver à leur chef ou disposer autrement, comme bon leur semblerait.

Hyères, 31 août 1589.

Pour le roi : les sieurs Jean Carbonnel, de Canet, de Coissent, de Couloubrières, Balthasar Estalle, Antoine Vien, M⁰ Honoré Hemeri et Louis Fournier, consuls et députés de la ville d'Hyères, et pour M. de Menouillon : le capitaine Merle du lieu d'Ollioules, d'Olières-Hugon, Pinchinat et André Martinet d'Hyères, tenant garnison au château.

partir le marquis d'Oraison pour secourir Aubagne, et il demeura devant Hyères avec seulement quatre-vingt maîtres et l'infanterie qui occupait les redoutes et batteries aux environs du château.

Trois jours s'étaient déjà écoulés depuis que la capitulation avait été signée, quand Andrietto Doria, entrant en pleine voile dans la rade d'Hyères avec vingt galères montées de plus de deux mille hommes de troupes destinées au débarquement, vint mouiller devant le fort de Gapeau.

M. de la Valette, un instant surpris de l'arrivée de ce secours inopiné, vit promptement qu'il n'avait d'autre parti à prendre que d'aller lui-même au devant des troupes piémontaises et de leur défendre le passage ; car il était dans la croyance que cette petite armée était jetée sur la côte pour débloquer le château, et, tout en maudissant la célérité d'un page de M. de Menouillon, parti en hâte afin de le prévenir, il prit ses dispositions pour tromper et combattre un ennemi qui lui était supérieur en nombre.

Ses soixantes arquebusiers furent embusqués le long de la rivière de Gapeau ; et M. de Buisson, qui commandait les éclaireurs et qui avait ses instructions, s'étant aperçu que les marins gênois n'étaient descendus à terre que pour renouveler leur provision d'eau donna aussi l'ordre à ses gens de se tenir hors de vue, et, se débarrassant de sa cuirasse, il s'approcha du rivage. Doria était là qui surveillait l'embarquement de son monde : à l'aspect d'un étranger il recula de quelques pas. L'officier français, du ton de l'extrême politesse, invita l'amiral à se rendre à Hyères, l'assurant de la courtoisie de M. de la Valette. Mais Doria n'était point homme à se laisser prendre à ces douces manières : il refusa brusquement, fit regagner bord à ses marins et cingla vers Toulon. La garnison, qui du haut de la forteresse avait suivi avec angoisses les mouvemens des deux armées, ne comprit rien à la conduite de l'amiral italien ; mais le délai fatal expirant quelques jours après, elle se vit forcée d'évacuer le château, où elle fut remplacée sur l'heure par de vieilles troupes que commandait M. d'Etampes (1).

L'autorité d'Henri IV fut donc enfin reconnue, au moins momentanément, dans le fort et dans la ville, et les habitans et les soldats saluèrent, pour la première fois, depuis bien long-temps, la même bannière.

Mais, comme s'il était dans les destinées

---

(1) Honorat Meynier, dans son ouvrage intitulé : *Principes et progrès de la guerre civile* (Paris 1617), raconte un peu autrement les faits que je viens de rapporter. Il prétend que le lieutenant du baron de Menouillon « fut tellement « disposé par le capitaine Martin, oncle du sieur « de Boujer, qu'il rendit la place au service du « roi, moyennant dix mille écus ; » et que le gouvernement du château fut laissé, non à M. d'Etampes, mais à un sieur Dumas, gentilhomme gascon.

de cette place d'être toujours divisée, et toujours aussi de se tenir dans une ligne d'hostilité ouverte contre le gouvernement établi, la bonne harmonie et la concorde ne tardèrent point à y être grandement troublées.

Les intrigues sans cesse renaissantes de la comtesse de Sault, femme pleine de hautes qualités et de grâce, mais d'un caractère ambitieux et remuant, ne tardèrent pas à réveiller l'esprit de parti qui s'était assoupi pour un instant. Elle avait résolu de faire du territoire d'Hyères le point central d'une partie de ses opérations (1), et elle s'y était acquise de nombreux partisans.

---

(1) Voir les clauses du traité secret passé entre S. M. C. et Mme la comtesse de Sault.

« Sa dite M. C. promet de donner cent **mille**
« ducats de Castille le jour que ladite dame jurera et signera le présent traité, et quatre mille
« mousquets, autant de piques, mille pertuisa-
« nes, etc., etc., lorsque les troupes de S. M. C.
« arriveront en Provence, lesquelles seront dé-

A cela joignez la perturbation occasionnée par la mort de la Valette, tué sous les murs de Roquebrune et remplacé par le duc d'Epernon dans le commandement des troupes, et vous pourrez vous faire une idée assez

---

« barquées aux ports du Gapeau ou de l'Argen-
« tière au temps qui sera marqué à la dite dame.
 « Promet aussi, S. M. C., de contribuer et don-
« ner six cent mille ducats de Castille annuelle-
« ment pendant la guerre, en deux payemens
« égaux, par advance, dont il fera le premier à
« l'arrivée des troupes auxdits ports de Gapeau
« ou de l'Argentière au golfe et terroir d'Hyères. »
L'article suivant m'a toujours semblé une pièce curieuse et propre à jeter un grand jour sur les projets de la comtesse de Sault, de Casaulx et de leurs partisans en Provence.
 « Accepte, Sadite M. C., la protection de ladite
« dame, de son parti et de toute la Provence
« contre tous, pour défendre et conserver leur
« liberté dans laquelle ils vivront indépendants
« de toute domination, en forme de république
« libre, etc., etc.
 « Le présent traité, signé de S. M. C., sera
« porté par un gentilhomme exprès à ladite dame
« comtesse de Sault, au port de l'Argentière, au
« temps qui sera accordé, etc. »

exacte de la disposition flottante des esprits.

Ce seigneur, dont la fidélité à la cause de Henri IV était plus que douteuse, tenait cependant à conserver une certaine apparence de dévoûment à ce prince, surtout à garder les places fortes qui avaient été conquises ou achetées en son nom sous le gouvernement de la Valette auquel il prétendait succéder à tout prix. Aussi, le 9 janvier 1593, le vit-on arriver à Hyères et installer M. de Signans, l'un de ses officiers les plus dévoués, sous le prétexte qu'il réservait une mission plus importante à M. d'Etampes, sur lequel il savait ne pas pouvoir compter, quand ses machinations avec le duc de Mayenne viendraient à être connues.

Jouant jusqu'alors son rôle en comédien assez habile, on le vit ordonner et suivre une procession générale à l'occasion du grand acte de catholicité auquel le roi avait cru devoir se soumettre ; peu de temps après il fit encore célébrer en grande pompe l'entrée d'Henri IV à Paris.

Je ne sais trop sur quoi se fonde cette opinion que ce fut à peu près à la même époque que le duc de Savoie pénétra dans Hyères, et que ce fut en souvenir de l'impression que lui avait fait éprouver la vue de cette belle et riche campagne, qu'il donna le nom de rivière d'Hyères à un joli ruisseau qui coule non loin de son château à Chambéry.

Dans ce moment se préparait un drame dont Hyères devait être le théâtre, et dont les temps de guerres intestines peuvent seuls offrir quelques exemples. M. de Grésil, gentilhomme gascon, connu par de longs et honorables services, avait reçu l'ordre de s'emparer du château d'Hyères ; peut-être en le lui donnant, avait-on ignoré que son fils, M. de Signans, en était le gouverneur.

Quoiqu'il en soit, le vieux gentilhomme crut qu'il était de son devoir d'obéir, peut-être s'était-il flatté en secret de réussir, au moyen de l'ascendant naturel que conserve un père sur son fils, et il se mit en marche, à la tête d'un parti nombreux de cavalerie et d'une infanterie dès long-temps aguerrie. Comme pour cacher son trouble et sa douleur, ce fut encore pendant la nuit qu'il investit silencieusement la forteresse et qu'il tenta l'escalade. Sans qu'on y fut trop sur ses gardes, la position est tellement forte et d'un si difficile accès, qu'il fallut renoncer à la surprise et attaquer à force ouverte. L'assaut fut conduit par le vieux chevalier avec une incroyable activité ; mais repoussé avec une perte infinie, il se vit forcé de se replier sur Toulon, que M. d'Escaravaque venait d'enlever de vive force à la garnison qu'y avait laissé le duc. Celui-ci, furieux de la perte de cette ville importante, et du coup de main tenté sur Hyères par M. de Grésil, le déclara traître, et fit informer contre lui par le grand prévôt qui suivait son armée.

Jusques-là le mal n'était pas grand. Le courageux vieillard ne passait point pour homme à se laisser intimider par un vain appareil de justice militaire. Mais malheureusement l'amour paternel flattant ses espérances, il résolut de retirer son fils égaré, d'une voie de perdition et de honte, selon ses opinions politiques. Il prend son parti, se rend seul et sans armes à Hyères, et demande avec instance qu'il lui soit permis d'entrer au château. Les portes, en effet, lui en sont ouvertes, mais elles se referment sur lui, sans qu'il puisse désormais en sortir. Soit amour de son devoir mal compris, soit par ambition, le fils venait de se constituer geolier de son père.

Des amis trahissent des amis, cela n'est pas rare dans le temps de dissensions civiles; mais un fils livrer son père ! son père, noble vieillard, au front cicatrisé, aux épaules voûtées par le poids du corcelet d'acier, à la démarche encore imposante, quoique mal assurée. Et en quelles mains allait-on le remettre, le vieux soldat? Non pas encore entre celles du bourreaux; mais cela ne devait pas tarder, le grand prévôt était averti. Or, ce grand prévôt quel homme était-ce? Le trait suivant, qui venait de se passer à Hyères, peindra son âme mieux qu'un portrait ne le pourrait faire.

Un bourgeois assez obscur, nommé François Gassien, passait pour être franchement dévoué aux intérêts du roi. On savait, à n'en pouvoir douter, qu'agent actif du Béarnais, ainsi que les ligueurs appelaient Henri IV, il avait rempli adroitement quelques missions secrètes. Cependant il avait été impossible jusque là de prouver sa coopération aux évènemens qui maintes fois avaient agité la ville. N'importe, on s'empara de sa personne; et, comme il fallait un prétexte à sa mort, il fut accusé de vol.

François Gassien nia vivement ce crime honteux ; « mais après avoir subi la gehenne « et la question, » Quoique aussi vigoureux de corps que d'âme, il se trouva forcé, au milieu d'effroyables tourmens, d'avouer un délit imaginaire et d'en faire amende honorable. Contre lui, déjà rompu, brisé, torturé, le grand prévot requit la peine de mort ; il l'avait fait condamner préalablement à payer les frais et dépens d'un procès qui ne se montèrent pas à moins de dix mille livres, l'amende comprise. Gassien fut donc pendu ; mais le justicier de M. d'Epernon n'était pas satisfait. A peine les dernières étreintes et les mouvemens convulsifs de cet homme eurent-ils cessé, que son corps, encore chaud, fut arraché du gibet et qu'on cloua sur l'heure sa tête coupée ainsi que ses quatre membres à chacune des portes de la ville. Après cet acte de froide atrocité, son ordonnateur partit pour Brignoles, et passant à Cuers, il fit arrêter les deux cousuls, qui subirent la même peine, sans plus de raisons que le bourgeois d'Hyères.

Loin d'effrayer les habitans, ce spectacle les révolta ; et le conseil de communauté, suivant l'impulsion du dehors, décida et fit publier la défense formelle de payer à Pons Carmeron, établi par M. d'Epernon pour percevoir les impôts et tous deniers appartenant à Sa Majesté, tous fouages, tailles, impositions de vins, lattes et autres droits ordinaires et extraordinaires, sous peine de se voir contraint à payer une seconde fois, quand les gens véritablement nommés par le roi se présenteraient pour les réclamer.

Cette courageuse manifestation de fidélité à la personne de Henri IV ramena en ville, pour la dernière fois, le duc gascon, mais le lendemain samedi, 2 juin 1595, il en partit pour n'y plus revenir. Quant à la garnison du château qui, comme on le sait, lui était entièrement dévouée, elle se contentait d'observer les mouvemens populaires du haut des tours et des remparts, et semblait insouciante des évènemens qui pouvaient en être la suite.

Henri IV, roi d'un caractère facile et oublieux, venait enfin de nommer M. de Guise au gouvernement de la Provence ; M. de Lesdiguière, étant chargé de surveiller la conduite du jeune prince, avait reçu le titre de lieutenant-général ; à peine se présentèrent-ils que d'Epernon se vit abandonné de la plupart des gentilshommes qui jusqu'alors avaient suivi sa fortune. Les places se rendirent successivement ; Hyères tint bon pour le duc.

M. de Fanges, mestre-de-camp des armées du roi, fut chargé par le duc de Guise d'enlever la forteresse à M. d'Epernon, car de la ville et des habitans on en était sûr, et, le 6 février de l'année 1596, il vint camper, avec six régimens d'infanterie et deux escadrons, « au bord des vignes dudit Hyè-

« res (rapporte un manuscrit déjà cité), et
« près de la grande montagne qui touche
« le quartier de la Crau. » Ce corps était
éclairé par le chevalier Gaspard de Forbin
qui commandait ce qu'on appelait alors les
enfans perdus.

Ceux qui connaissent la formidable position de la forteresse d'Hyères apprendront
sans surprise que ces nouveaux venus choisirent encore les ombres de la nuit pour commencer leur opération militaire. Il fut décidé
par le conseil qui se tint au pied d'un grand
arbre, sans autre abri que son feuillage,
sans autre témoin que le ciel, que sans prendre plus de repos les troupes quoique harassées des fatigues d'une longue marche allaient
essayer de s'emparer des principaux postes,
et d'attaquer si vivement ceux qui les occupaient, que pas un ne pût s'échapper pour
en porter la nouvelle au château.

En effet, deux des compagnies de M. de
Forbin se mirent en mouvement les premières

et bien avant le jour, commandées par Manase de Bersalis et de Maunans, officiers pleins de cœur et d'audace, mais aussi de prudence et de sagacité ; ils contournèrent, à pas de loup, les murailles dégarnies de défenseurs, et se présentèrent tout à coup devant la porte qui conduit aux salines. Cette porte fut bientôt forcée ; car dès que les premiers cris de vive le roi, qui précédèrent l'attaque, se furent faits entendre, plusieurs habitans se mirent de la partie et aidèrent puissamment au succès de l'entreprise. Cependant les hommes du poste, en se repliant, eurent le temps de sonner l'alarme. Alors ce ne fut plus dans la ville que bruit et confusion. Les chevau-légers de M. d'Epernon, qui avaient gîte chez les habitans, se levèrent en hâte ; et à peine quatre-vingts d'entre eux, sans armes et sans chevaux, arrivèrent-ils par des rues détournées au couvent de Saint-Bernard. Presque en même temps devant ses murs de clôture, se présentèrent les six cents hommes qui marchaient directement sous M. de Forbin ; puis arrivèrent au grand trot les cavaliers de M. de Guise, sabrant tout ce qui se rencontrait d'ennemis dans les rues de la ville basse, et venant enfin se ranger en bataille dans la grande rue, et celle qu'on appelait en ce temps rue de la Muraille.

Quatre autres régimens qui s'étaient mis en marche un peu plus tard, mais conservant le bon ordre et le silence, occupèrent successivement, d'abord les portes abandonnées par leurs défenseurs ; l'un, la place du Piot ; l'autre, celle de l'église Saint-Paul ; un troisième, et c'était le plus exposé, fit halte sur l'emplacement où fut construit depuis le couvent des Clairines ; le quatrième poursuivant son chemin, ne s'arrêta que près de l'église de l'Observance.

L'infanterie et les cavaliers débandés de M. de Signans, n'ayant pu opérer leur retraite sur le château, s'étaient enfermés dans *le monastère des dames religieuses de Saint-Pierre d'Almanare*, ainsi que l'appellent toujours les manuscrits du temps.

Les saintes femmes, moins effrayées qu'on se l'imagine peut-être de ce tumulte de guerre, s'étaient réunies dans leur chapelle, et là, elles chantaient au seigneur et le priaient, lui, Dieu des batailles, de donner la victoire aux ligueurs, qui assuraient combattre pour sa gloire et en son nom.

En attendant, l'attaque du monastère fut décidée par les assiégeans ; l'artillerie ayant été transportée, non sans quelque peine, sur la place Bellevue, le feu commença, et les murailles tombèrent. Le troisième jour seulement, tant ces gens se battaient avec acharnement et fureur, les troupes demandèrent l'assaut, et les religieuses chantaient toujours, et elles chantaient encore, quand les assiégeans vainqueurs entrèrent en foule dans leur église.

Au moyen d'une porte pratiquée au pied

du rempart, et qui communiquait avec le couvent, une partie des assiégés put regagner précipitamment la forteresse ; les autres furent impitoyablement massacrés.

Du 14 février au 18 juin, les assaillans firent quelques progrès : mais le tout se borna cependant à l'occupation des plate-formes, où l'on trouva une grande quantité d'armes et l'artillerie qui y était encore en batterie, et à la capture d'un bon nombre de chevaux qui commençaient à servir de nourriture à la garnison ; car les vivres lui manquaient, et il fallait procurer des alimens frais et salubres aux malades et aux blessés, dont le nombre augmentait chaque jour dans une proportion vraiment effrayante.

Le 18 juin, à huit heures du matin, les assiégés, las d'être serrés de si près, firent une sortie désespérée. Ils culbutèrent le régiment qui avait pris position dans la maison du sieur de Limans ; et dès qu'ils l'eurent repoussé hors des premiers murs d'enceinte de l'ancienne ville, ils en refermèrent les portes qu'on avait imprudemment laissées en place, baissèrent la herse, et, revenant sur leurs pas, s'en allèrent attaquer les plate-formes, dont la prise leur eût permis d'agir sur un plus vaste terrain. D'autres se répandirent dans quelques parties de la ville haute, et y firent des vivres à main armée.

Il était question de rentrer au château, et la chose n'était presque déjà plus possible; les **troupes de M. de Fanges** étant sorties de leur côté du couvent de Saint-Bernard, vinrent leur couper la retraite, et les autres régimens, ramenés au combat par leurs chefs, commencèrent à reprendre l'avantage sur tous les points. Ce ne fut donc qu'à force de valeur et avec des pertes irréparables, que les soldats de M. de Signans purent de nouveau regagner la forteresse. M. de Suse, lieutenant de ce chef ligueur fut tué dans cette sortie, qui coûta aussi beaucoup de monde aux assiégeans.

A partir de ce jour les sorties se multiplièrent; car la nécessité et la faim poussaient officiers et soldats à les réclamer de leur chef, forcé presque malgré lui d'obtempérer à la demande de ces braves gens.

En vain M. de Guise, fatigué d'un siége aussi long qu'inutile, se présenta-t-il lui-même avec des troupes fraîches devant la place; en vain une artillerie, augmentée de plus de trente pièces de canon, vomissait-elle la mort à chaque heure du jour, les ligueurs tenaient ferme; ils étaient résolus à ne point se rendre, c'est-à-dire à mourir tous, si le sacrifice de leur vie pouvait retarder d'un instant la prise du château.

Durant ces cinq mois de siége et cette alternative de succès et de revers, pas un trait, pas un fait qui repose l'âme; toujours un récit d'évènemens militaires, journal sec, monotone, rigoureux comme la science stratégique elle-même. Registres de morts tenus avec exactitude, bons d'approvisionnemens irréguliers, solde mal payée ou excitant des réclamations : voilà l'histoire de ces cinq mois qui ne promettait pas mieux pour l'avenir, car le triomphe était incertain.

Heureusement pour les assiégeans et les assiégés, à la fin de l'année 1596, la paix fut demandée, conclue et signée de part et d'autre. Par suite de ce traité, le château d'Hyères, pour la troisième fois durant le cours de cette guerre, rentra au pouvoir du souverain. Lorsque la garnison fidèle, mais obéissante, en sortit, la misère et la fatigue avaient posé à jamais leur cachet sur la face pâle et amaigrie de ces soldats, que le fanatisme de la religion et du devoir maintenaient encore sous leur drapeau. Intraitables et tenaces, en défilant devant les troupes du roi, ils poussaient encore les cris presqu'oubliés de la ligue en Provence : *Vivo la messo, muort eys bigarrats.*

Après ce siége, le dernier que le château

d'Hyères ait eu à soutenir, le spectacle qu'offrit la ville était plus propre à exciter la piété que l'envie des villes voisines : c'était partout des murailles écroulées, des maisons sans toitures ou dégarnies de portes et de fenêtres ; c'était encore ses jardins dévastés ou laissés sans culture, une nature en deuil… des monumens en ruines….. la forteresse que l'artillerie avait en vain foudroyée et qu'on démolissait pierre à pierre (1) par ordre

---

(1) Nostradamus, qui a bien connu les moindres événemens de cette époque, dit positivement, en parlant de deux autres places fortes, le Puech et Roignes, « que furent démolies leurs « murailles, roques et forteresses, *ainsi que* « *le château d'Hyères avait été démoli.* » Quant aux mémoires manuscrits que j'ai cités à plusieurs reprises, ils n'en disent mot ; d'autres écrivains ne font remonter cet acte, qui fit perdre à Hyères toute son importance, qu'au règne de Louis XIII. On peut facilement, ce me semble, concilier ces deux opinions, en admettant qu'on acheva, sous ce dernier prince, ce qui avait reçu un commencement d'exécution pen-

du roi. Pauvre vieille ville ! sur le sort de laquelle les habitans pouvaient gémir , et qu'ils regrettaient comme un ami qu'on pleure et qu'on enterre , car alors on parlait de l'abandonner et de jeter ailleurs les fondemens d'une autre habitation.

Hyères avait eu long-temps, auprès du roi , un médiateur intelligent et un appui infatigable , c'était Rigaud, capitaine de ses gardes , né dans cette ville et mort en 1590. Plus tard , Henri IV eut souvenir de son vieux compagnon d'armes et il jeta les yeux

---

dant la vie de Henri IV. Ce qu'il y a de positif, c'est qu'en 1620 , lorsqu'eût paru l'édit qui ordonnait la destruction générale de toutes les places fortes qui avaient tenu autrefois pour la ligue, le château d'Hyères fut rasé et démantelé de manière à ne pouvoir être rebâti qu'au moyen de dépenses considérables; et il n'y a qu'à jeter les yeux sur les collines qui l'entourent, pour demeurer bien persuadé que le système de guerre actuel qu'on commençait à adopter , rendait cette reconstruction tout à fait inutile.

avec quelqu'intérêt sur sa ville natale.

Aussi, pour la dédommager de tout ce qu'elle avait souffert et en récompense du dévoûment dont elle avait donné un si haut témoignage, le monarque abandonna-t-il pour dix ans les revenus qu'il retirait de cette cité ; de plus, voulant laisser aux habitants une preuve de son affection, il leur fit proposer de transférer leur ville à la presqu'île de Giens ou sur tout autre point de la côte qui pût être à leur convenance. Cette proposition ayant été acceptée, le roi voulut mettre le comble à ses bienfaits en aidant à la construction d'un port qu'on commençait à creuser près d'un vaste bien communal, connu sous le nom de *Terre du Jail* (1) ; il promit d'affecter à ces travaux, pendant six

---

(1) Cet endroit s'appelle encore le *Port*, et l'on peut y apercevoir les traces d'un travail entrepris avec intelligence dans la direction du Sud au Nord.

années, les revenus *de ses salines d'Hyères.* Le contrat (1) fut passé à Marseille, pardevant Rufi notaire, entre le duc de Guise, gouverneur de Provence, pour le roi, et les consuls d'Hyères pour les manans et habitans d'Hyères. Mais ceux-ci se ravisèrent bientôt, ils songèrent avec raison aux dépenses énormes que cette translation leur coûterait, à l'insalubrité des nouveaux lieux qu'ils allaient habiter, et que bornaient à l'Ouest et au Nord des marais empestés, aux belles et riches parties du territoire dont ils allaient s'éloigner, ils députèrent à Paris pour réclamer la non exécution de l'acte qu'ils avaient signé si inconsidérément. On sait par tradition que leurs fondés de pouvoir n'é-

---

(1) Je tiens ces documens de l'obligeance de M. Delord, ancien magistrat de la ville d'Hyères, qui a eu long-temps cet acte entre les mains. Il a été déposé depuis, m'a-t-on assuré, dans les archives de quelque ministère.

taient qu'à Fontenaibleau le jour où Henri IV fut assassiné. Poussèrent-ils plus loin pour achever leur mission, c'est ce qu'on ignore; mais il est certain qu'à dater de leur voyage les travaux furent discontinués et qu'ils n'ont plus été repris.

Sous le règne suivant, Hyères, abandonnée comme position militaire, ne s'occupa plus qu'à fonder des couvens, celui des Recolets fut établi en 1621, celui des Clairines ou Clairistes en 1634, la maison de l'Oratoire un peu plus tard ; en revanche le cardinal de Richelieu crut judicieusement qu'il était de la plus haute importance de relever les forts qui défendaient les îles et la côte, et même d'en construire de nouveaux (1) ; néanmoins sous Louis XIV, les

---

(1) Puisque je suis ramené par mon écrit à m'occuper de nouveaux des îles d'Hyères, il m'importe de relever une grave erreur occasionnée à leur sujet par une simple inadvertance de l'impri-

réparations qu'ils occasionnaient les firent abandonner, puis on les reprit, en sollicitant vivement, mais inutilement, de la province, qu'elle voulût bien voter des fonds pour subvenir à leur entretien.

---

meur et l'oubli d'une ligne qui malheureusement n'interrompait pas le sens de la phrase. On lit donc à la page 122, ligne 5 de la note relative aux Stæchades, les mots suivans : *Voici mon opinion qui pour être nouvelle ne me semble pas tout à fait à rejeter.* Il s'agit de la classification et de la désignation véritable de ces îles, et j'avais dit précisément le contraire de ce qu'on me fait avancer. Il faut donc rétablir la phrase ainsi qu'elle était écrite : « Voici donc mon opinion qui pour ne pas être nouvelle et avoir été déjà indiquée et combattue par le vieux Bouche ne me semble pas tout à fait à rejeter. » On comprendra facilement que je ne pouvais ignorer que Rufi, historien de Marseille, le père Guesnai et Monet avaient émis cette croyance, autrefois réfutée mais à tort, selon moi qui ai médité toutes les pièces du procès, par Cluverius Merula, Sanson, le père Labbe et surtout par Bouche l'ancien qui consacre une longue page in-folio à la discussion de ce point

Ce fut de ces îles, ou plutôt de la rade d'Hyères que partit, le 12 mai de l'année 1684, la flotte destinée par le même prince à abattre l'orgueil de Gênes la superbe et à relever celui du vainqueur, si la chose était encore possible. Cette rade, quoique dénuée de port, fera toujours d'Hyères un point assez important ; et c'était un avantage de position qu'on n'avait pu lui retirer ; car il faut le dire, Hyères aussi avait été châtiée peu de temps auparavant, et l'avantage de posséder un siège de justice (1),

---

géographique. On comprendra mieux encore, je l'espère, que j'avais besoin de faire paraître cette rectification avant que la critique veuille bien s'emparer de mon ouvrage et relever peut-être de légères erreurs, quelques incorrections mais jamais des fautes aussi grossières.

(1) Ce fut en 1554 que François Ier établit, à Hyères, le tribunal de la sénéchaussée, présidé et tenu par un lieutenant du sénéchal de la province : mais antérieurement à ce prince, Hyères possédait une cour de Justice. La preuve

dont elle jouissait depuis des siècles et bien avant Toulon, lui fut retiré et rendu à plusieurs reprises, sous le règne de Louis-le-Grand, qui ne se piqua guères de se mon-

de ce fait ressort de la pièce suivante, pièce authentique s'il en fut jamais; laquelle contient une enquête et un jugement rendu par la cour royale d'Hyères, en 1420. En voici la traduction :

« De par Yolande, par la grâce de Dieu reine
« de Jérusalem et de Sicile, duchesse de la
« Pouille, comtesse d'Anjou, de Provence et de
« Forcalquier, du Maine et du Piémont, direc-
« trice et administratrice de l'illustre et très
« cher enfant notre premier-né Louis III ; nous
« faisons savoir d'une manière manifeste à tous
« et un chacun, tant présens que ceux à venir,
« que notre cour royale d'Hyères, faisant le
« troisième parlement de notre administration,
« a établi par l'enquête et la teneur de la sen-
« tence définitive et absolutoire, que comme cer-
« tain procès et information criminelle ont été
« agités sur les dénonciations faites par noble
« Denis Roseti, vice-châtelain du fort royal de
« Bréganson, pour et au nom de Chauttardi,
« châtelain dudit fort, et par ordre de noble

trer Louis-le-Juste envers les Provençaux.

Il est vrai que les habitans d'Hyères avaient eu la prétention de résister à l'édit de 1661, portant augmentation sur le sel, et à celui

« homme Louis de Turris, damoiseau, viguier
« de la dite cour, contre Pierre et Antoine Fras-
« sinqui frères, Bertrand de Saint-Gilles, Monet
« Nicolaï, Bancaforti et autres, prévenus d'avoir
« coupé du bois de pin dans la châtellenie de
« Bréganson, il y avait lieu à, etc., etc. »

Suit ici la teneur de l'information, beaucoup trop étendue pour la donner en entier, mais de laquelle il résulte, comme il résulte de la présentation de deux titres, que les habitans d'Hyères ont le droit de couper des pieux et de faire des myrthes et du charbon dans les bois de ladite châtellenie, et d'enlever ces pieux et ces fascines, tant pour les fortifications des fossés des salines, que pour celles des pêcheries de ladite ville d'Hyères. — Puis vient la sentence de la cour royale d'Hyères, qui absout les prévenus et fait défense à aucuns de Bréganson de troubler les gens d'Hyères quand ils iront dans les terres de Bréganson, ainsi qu'ils en ont le droit ; ce que ladite cour reconnaît pour certain, d'après les lettres royales et les déclarations des témoins.

de 1664, contraire au maintien des priviléges de la province que le prince avait solennellement juré.

L'obstination, ou plutôt le courage qu'ils avaient déployé en refusant de se soumettre à l'un et à l'autre de ces actes du gouvernement, leur attira, dit-on, une punition plus grave que celle dont je viens de parler. Outre un impôt de guerre considérable qui força la ville à aliéner la plus grande et la meilleure partie de ses biens communaux, elle fut flétrie par la main du bourreau. De pareils châtimens infligés à une po-

---

En 1642, Louis XIII transféra à Toulon le siége de la sénéchaussée. Un édit de Louis XIV, en date de 1655, le rendit à Hyères. Ce privilége, ou plutôt ce droit lui fut enlevé de nouveau en 1664, et ce ne fut que dix ans après, que le roi, revenant sur la sévérité qui avait dicté l'édit de translation du siége d'Hyères à Toulon, le rétablit dans cette ville en 1674, où il demeura sans interruption jusqu'en 1789.

pulation toute entière, on pourrait presque dire dans son individualité, ne sont pas assez rares pour qu'on refuse d'ajouter foi à cet événement ; nombre d'habitans se rappellent encore que la pierre qui le consacrait et qui faisait partie du mur de l'église Saint-Paul disparut seulement avant la révolution de 1789 avec le mur lui-même qui, s'affaissant de vétusté, couvrit un jour la terre de ses débris. Quand on le releva, la marque absurde d'infamie ne se trouva plus : elle consistait, au dire des personnes qui l'ont vue, en deux longues bandes en croix taillées au ciseau dans la pierre, à la profondeur de deux pouces sur six de largeur.

Ce fut donc à un simple acte de rebellion contre la volonté despotique de Louis XIV que la ville dût cette sévère punition ; cependant une tradition mensongère rapporte qu'elle a trait à un lâche assassinat commis par les habitans sur la personne d'un de leurs seigneurs.

Mais laissons là ces vielles traces du gouvernement féodal qui s'en allait expirant, et arrivons à l'année 1707, moment où le prince Eugène faisait repentir le roi de France de l'avoir méconnu et de l'avoir forcé à se créer une illustration militaire à la tête d'autres armées que les siennes. Les deux règnes suivans sont si pauvres en évènemens, au moins pour ce qui regarde la localité dont j'ai entrepris l'histoire, que je me rattache à tous ceux qui peuvent encore jeter quelqu'intérêt sur un récit qui, je le sens, languit et tombe à sa fin.

Le duc de Savoie et le prince Eugène venaient d'entrer en Provence, et la flotte combinée d'Angleterre et de Hollande passait menaçante le long de la côte, promenant d'un point à un autre ses troupes de débarquement; quand Toulon fut investi par les alliés. Hyères ne tarda pas à être occupée par l'amiral Schowel dont la flotte avait mouillé *en confusion*, écrit dans le temps un témoin oculaire de tous ses mouvemens, entre Bagueau, qui est la plus petite des îles d'Hyères, et le cap Bénat.

La première descente que les ennemis tentèrent fut sur Bagueau, espèce de long rocher couvert de quelque peu de terre végétale, et où le commandant entretenait des bestiaux qui trouvaient leur nourriture parmi les buissons de lentisques, de myrtes et de citises dont cet îlot est couvert. Ils tuèrent de ces chèvres et de ces moutons tout ce qu'ils purent, malgré le commandant de Portcros, brave homme qui les canonna pendant plus de deux heures, mais inutilement. A peu de jours de là, après avoir brûlé quelques barques chargées de bois qui se trouvaient dans le petit port de Léoube, après avoir menacé le château Bénat dont le propriétaire, aidé de quelques hommes de Bormes, s'était permis de repousser et de tuer les maraudeurs de la flotte qui avaient pris terre dans ces parages, toute l'armée navale mit à la voile au nombre de cent deux bâtimens, et alla jeter l'ancre à l'embouchure du Gapeau ; c'était le 24 juillet. Deux cents hommes furent sur le champ mis à terre, et ils se dirigèrent sur la ville qui lui ouvrit ses portes devenues inutiles. Le major-général de l'armée, Irlandais et fort honnête homme, disent les relations du siége de Toulon, en prit possession et en fut nommé gouverneur (1).

---

(1) Le gouverneur, major-général de l'armée navale combinée, était un brave Irlandais qui faisait ses affaires (*) et laissait faire les leurs aux habitans. Il avait choisi pour logement la plus belle maison de la ville, et vivait si bien avec son hôte qu'un jour il lui prit fantaisie de lui faire voir sa maîtresse, belle et timide jeune

(*) Noumo à la villo un gouvarnour
Que se tauxo à douis louis per jour ;
Home de fouert boueno manièro,
Permetten à tout bourgeois d'Hyero
De vendre quatre saous lou vin
En taverno ou pouerto sarrado,
Tant defouero coumo dedin,
A tous leis souldats de l'armado, etc., etc.

Les ennemis maîtres de la ville et de la campagne, il était difficile de maintenir, sous les lois rigoureuses de la discipline, une troupe qu'on avait excitée mainte fois

fille qui, cachée sous des habits d'homme, avait, par dévouement, surmonté tous les obstacles, passé sur toutes les convenances pour suivre à la guerre l'homme de son choix et de ses affections. A cette marque de confiance, le marin en ajouta une autre, en disant à son hôte qu'il serait enchanté qu'on pût lui trouver une compagne gaie, vive et spirituelle, cette pauvre fille devenant d'une extrême mélancolie et s'ennuyant à périr sous son déguisement.

Celui-ci, ébloui par la beauté de l'étrangère et roulant déjà en sa tête des projets hostiles contre l'honneur de son nouvel ami, lui procura une créature de sa connaissance intime, pour servir à ce dessein, et qu'il avait préalablement mise au fait de son dessein. En effet la rusée commère joua si bien son rôle, accapara tellement l'amitié de la belle Anglaise, qu'elles en vinrent à passer tout le jour sous

par la promesse du pillage ; aussi Bormettes, château situé non loin des salines, et le Bastidon, propriété considérable appartenant aux Chartreux de la Verne, furent-ils pillés

---

le même toit et la nuit à partager le même lit (*).
Une nuit donc qu'elles reposaient ensemble, la complaisante Provençale, croyant sans doute son amie une fille de sa trempe, sortit du lit sous un prétexte quelconque et se fit remplacer silencieusement par l'amoureux bourgeois. Aux singulières façons d'agir de sa compagne, l'Anglaise jeta les hauts cris, et au bruit qui

> (*) Et la bello Angleso li fet
> Caressos eytant que pousquet
> Per aubligear la dameisello
> D'estre sa coumpagno fidello,
> Et la quittar ni nuech ni jour.
> . . . .
> . . . .
> Sçabi pas se soun entrepreso,
> Respondet à soun fouel amour,
> May, miech quart d'houro aprés, l'Angleso
> Faguet un diable de rumour.
> En aqueou brut pareisse un mourou
> D'un air et d'un regard moudourro,
> Em'un sabre nudo d'uno man, etc., etc.

et incendiés sans pitié. Les mémoires du temps rapportent même que les soldats ne pouvant emporter tout le vin et l'huile qui s'y trou-

---

se faisait, apparut dans la chambre, armé d'un sabre et l'œil courroucé, un nègre, domestique affidé du gouverneur et qu'il avait placé auprès de sa belle pour la servir et la défendre. Le bras était levé, l'arme était flamboyante, il ne restait plus qu'une ressource au téméraire coureur de bonnes fortunes, elle réussit... En se laissant tomber à genoux, il tendit au redoutable Cerbère, non un gâteau, mais une poignée d'écus... Le métal opéra son effet ; le nègre comprit, serra l'argent et regagna son gîte, laissant lâchement sa maîtresse en butte à de nouvelles attaques.

Mais la désolée enfant avait eu le temps de songer au système de défense qu'elle devait employer, et pour cette fois elle ne se contenta pas de crier, (*) mais pinça, mordit, égratigna

(*) Mais l'Angleso que douerme plus
De la duplicata souttiso ,
Relevo apel coumo d'abus .
Et senso autrement dire garo ,
A coous d'ounglos et coous de dens
Li significo sus sa caro
L'exploit et tous seis dependens , etc. , etc.

vaient, les répandirent sur le sol ; le grain qu'on avait renfermé dans les granges devint la proie des flammes; la dévastation fut complète.

---

et si bien et si fort que l'assaillant lâcha prise, voyant bien, après sa défaite, qu'il ne lui restait d'autre parti que celui de fuir, il sauta par la fenêtre et sans plus tarder, mais non sans peine, il chercha un asile où il pût demeurer en sûreté. Le couvent de Saint-Bernard, dont il longeait les hautes et silencieuses murailles, s'offrit à sa pensée ; il s'y présente, conte son aventure, et les religieuses n'apercevant pas sans doute un grand crime dans cette nouvelle manière d'essayer la conversion d'une mécréante, le cachèrent dans une tombe. Le pauvre hère y resta plusieurs semaines, se gardant bien de quitter sa froide retraite avant le départ de l'armée alliée, car il savait, à n'en pouvoir douter, que le gouverneur irrité ne parlait de rien moins que de le faire écorcher vif* ; mais

(*) Nouestre gouvarnour plen de ragi,
Se tenguesso aqueou maliciou,
L'aguesso escourtega tout viou.

Les habitans laissèrent à leur ciel dévorant le soin de les venger. Déjà la flotte avait débarqué aux salines plus de neuf cents malades, et ce nombre augmentait chaque jour. D'ailleurs, ce lieu si près, à cette époque, de marais empestés, était plus propre à les achever qu'à les guérir. Une affreuse dyssenterie avait gagné l'armée de terre, et les Allemands avaient de leur côté un hôpital à Hyères, qui n'était guères plus salubre que son littoral : de toutes parts le sol s'engraissait de cadavres.

Cependant la flotte continuait ses opérations, mais sans grand résultat. Tantôt elle

---

il eut tout le temps de faire de sérieuses réflexions, et de laisser calmer l'effervescence de son sang; et quand au bout de quarante jours il reparut à la lumière, ce fut encore pour se voir bafouer, honnir, maltraiter de ses compatriotes, qui lui attribuèrent à juste titre le surcroit de contribution de guerre auquel ils avaient été imposés.

paraissait devant Toulon, tantôt elle regagnait son mouillage entre les îles d'Hyères. Son chef continuait à demeurer dans la ville, où il lui arriva une aventure assez peu digne de la gravité de l'histoire, mais que Jean de Cabanes, poète provençal du dernier siècle, qui a laissé un poème sur l'expédition du duc de Savoie, raconte d'une manière assez piquante. Cette anecdote, que je rejette en note, quoique bien avérée, perdra certainement de son prix en passant du naïf langage de l'écuyer d'Aix, historien sincère, ainsi qu'il s'intitule, dans la langue française, qui se plie moins que l'autre aux formes de la plaisanterie.

Pendant la durée de ce siége mémorable et si glorieux pour Toulon, on ne compta pas, à Hyères, moins de cinq mille malades ; et quand le duc de Savoie regagna la frontière il laissa un bon nombre d'entre eux, qui n'eurent qu'à se louer de l'humanité des habitans. On n'en pourrait pas dire autant de tous les lieux de la Provence où se traînaient les débris de cette triste armée conquérante, et où se trouvèrent cruellement compromis les soldats invalides du duc de Savoie, qui avait rêvé lui même (1) l'adjonction de cette province à ses maigres états. Après cette courte campagne, le pays fut tranquille, Hyères le devint aussi, jusqu'en 1746 ; et encore si les milices de la viguerie prirent une noble part aux évènemens mi-

---

(1) « Etant un jour allé à Bormes, je ne pus
« m'empêcher de rire, ayant entendu tout à
« coup le valet de ville qui, après avoir sonné
« trois fois de la trompette, cria en notre idiôme :
« Il est ordonné à tous les muletiers de ce lieu,
« de la part de son altesse royale le duc de
« Savoie, *notre seigneur et maître*, à qui Dieu
« donne longue vie, de se rendre à la place
« pour porter de la farine au camp, sous peine
« de punition corporelle. M'étant informé d'où
« venait cette nouveauté, les consuls me dirent
« que c'était la formule que M. de Fontana, in-
« tendant de S. A. R. leur avait donné à Hyères. »
(Mémoires de M. de Benat.)

litaires de cette année, ce fut à l'affaire du Luc, car leur territoire n'eut point à souffrir de la présence de l'ennemi.

Après quoi, l'histoire ne nous offre plus rien qui soit digne de nous occuper ou capable seulement de nous intéresser un instant; ce ne sont plus, jusqu'en 89, que guerres de langues, escarmouches de coteries, querelles de pierres et de bâtons, misérables dissentions sur des sujets plus misérables encore.

Quant à 89, je mabstiendrai de réveiller les souvenirs de cette époque; j'agirai de même pour ceux de 1815 : trop de récits contradictoires ou trop de passions mensongères et haineuses, trop de torts peut-être réciproques, laissent encore fermenter dans les esprits un mauvais levain de représailles, pour qu'un historien surcharge sa conscience du récit de certains faits qui ne peuvent être équitablement rapportés et appréciés par les contemporains. Que ceux qui ont commis des fautes, des crimes même, se jugent et baissent la tête ; que ceux qui ont tendu la main à leurs ennemis politiques, qui ont adouci d'amères douleurs, de cruels froissemens d'amour propre, soulagé de grandes infortunes, marchent le front haut : il est des uns et des autres dans les deux partis.

APPENDICE

ou

ÉTUDES

Archæologiques, géologiques, minéralogiques, botaniques, agricoles, industrielles, mafacturières, administratives, etc.

Le complément de la partie historique d'un livre tel que le mien, c'est, sans contredit, une exposition presque matérielle du résultat de toutes les découvertes archœologiques dues, soit au hasard, soit à des recherches entreprises avec suite et persévérance. Ce dernier cas ne s'est jamais présenté à Hyères. Néanmoins on a pu reconnaître les traces effacées de quelques excursions grecques, ou plutôt phocéennes, sur le littoral ; l'on a recueilli des documens certains sur la colonisation romaine d'une partie de nos côtes. Je dirai tout ce qui est venu à ma connaissance sur ce sujet ; le lecteur en tirera les inductions qu'il jugera convenable. Quant à moi, on a vu de quelle réserve je me suis enveloppé quand il s'est agi de traiter des origines antiques de la contrée ; je le déclare d'avance : là où j'aurai perdu le fil des certitudes historiques, je n'émettrai point d'opinions particulières, exposant fidèlement le pour et le contre, et citant toujours mes auteurs. J'ai peu trouvé moi-même de médailles ou plutôt de monnaies antiques, mais on m'en a apporté quelques unes, recueillies sur divers points du territoire, et j'en ai vu un plus grand nombre, tombées entre les mains d'autres personnes, qui avaient eu le bon esprit de les conserver religieusement, et qui m'ont permis de les décrire ou de les faire reconnaître quand je ne me suis pas senti assez habile pour les classer moi-même.

Pour commencer donc par les plus anciens monumens, je citerai quelques médailles græco-marseillaises, rencontrées par M. V. Estalle, durant des fouilles entreprises par lui sur la plate-forme de la partie nord-ouest de l'église Saint-Paul, et celles que j'ai tenues ou possédées, et qui m'avaient été remises, à Porquerolles, par un habitant de l'île. M. Estalle m'a assuré avoir assisté à la découverte des deux premières, renfermées, disait-il, en un tombeau creusé dans la roche schisteuse ou philladéenne qui forme la montagne du château et de l'ancienne ville. La description en est simple. Elles étaient en bronze.

La première offrait les caractères MAS, tête casquée tournée à droite ; au revers un caducée.

La seconde MASSA, tête d'Apollon tournée à gauche ; revers, un cheval à droite.

Parmi celles trouvées à Porquerolles, dont quelques-unes étaient frustes et indéchiffrables, se distinguent les trois suivantes :

L'une était en argent et fort petite ; on pouvait y lire le mot MASSA.

Elle représentait une tête d'Apollon ; au revers, une roue à quatre rayons, parmi lesquels était la lettre M.

2e. MASSALIE. Tête de Pallas, casquée, tournée à droite ; revers, MA, un trépied.

3e MILI. Tête de femme laurée, tournée à droite ; revers, ANTI. LEPI. Victoire debout, posant une palme ou une couronne sur un trophée.

Ces sortes de médailles étaient des monnaies d'Antibes, l'ancienne Antipolis.

Quelques années plus tard, M. V. Estalle m'en montra deux autres qui venaient de lui être apportées, et dont je pris à l'instant l'empreinte.

L'une en argent et d'un petit modèle, offrait pour légende LAKYDON. Une tête d'Apollon, revers, une roue à quatre rayons.

L'autre : tête d'Apollon portant un carquois ; revers **MASSALIETON**, un taureau.

Voilà sur quels pauvres titres on a voulu faire d'Hyères la fille de l'antique Olbia. Nous serons plus heureux en recherchant les traces de l'occupation romaine.

Ce n'est pas seulement dans les ruines de Pomponiana qu'elles s'offriront à notre vue, mais nous les rencontrerons disséminées dans la vaste étendue de tout notre territoire, dans nos îles, au centre de nos montagnes les plus agrestes comme au milieu de nos plus fertiles vallées ; auprès des salines, des terres de la Londe, de Léoube et de Bréganson, aussi bien que vers nos limites à l'ouest du côté de Carqueiranne.

Commençons par l'étude des incriptions diverses qu'on a découvertes çà et là, soit à Hyères, soit dans la campagne, et dont quelques-unes ont déjà été décrites.

En descendant la rue Sainte-Catherine, qui conduit de la place Massillon à l'église Saint-Paul, on trouve une pierre tumulaire, que l'on a fait servir à la construction d'une maison située à gauche de la rue. Cette pierre originairement carrée, est fracturée à l'un de ses angles. On y lit distinctement les mots suivans et dans l'ordre que j'indique :

Q. ATILIUS
Q. L. PREPON.
SIBI ET SUIS
VIVOS F.

Une seconde pierre tumulaire existe dans la cour de M. de Boutiny, rue du Cheval-Blanc. L'inscription est citée en entier dans la notice sur Hyères, publiée, en 1820, par M. Gensollen. Elle se détériore chaque jour ; car, à l'époque où ce médecin écrivait, on pouvait encore, à ce qu'il paraît, reconnaî-naître plusieurs lettres aujourd'hui entièrement effacées :

D. M.   D. M.
I VALERIO ; TER   .....RIO TER
ISSIO ; I VALERO,   ...IO VALERO
IO. I. VALERO   I VALERO
VALERIANO FILIS L VALERIANO FILIS L
MESSIVS. TF. I.   MESSIVS TF I
ET SUIS   ... SUIS.

J'en ai vu autrefois une troisième dans cet endroit de la ville basse qu'on appelle le Prieuré ; elle était en fort mauvais état, et je n'ai pu en reconnaître que les fragmens de phrases et de noms propres que je donne ici :

N....TE
O.... US
PI. FI
LIE.

Une autre pierre, qui avait servi jadis à la construction de la chapelle Notre-Dame-du-Plan, et qui a disparu depuis quelques années, offrait les mots suivans, encore fort lisibles :

CN. IVLIVS, ÆMILIVS
CN. IVL. EPICE. FI.
EPAPHRODITO. —VS LIB.

Cette chapelle de Notre-Dame-du-Plan, et les bâtimens d'exploitation rurale qui en dépendent, appartenant jadis aux religieuses de Saint-Pierre d'Almanare, il ne serait pas extraordinaire que cette pierre eût été transportée là, avec d'autres matériaux provenant des ruines de Pomponiana, pour édifier dans ce lieu ce pieux monument, bâti en 1745, et dédié à la Vierge.

Une autre inscription est encore appliquée sur le mur nord-ouest de l'église Saint-Paul. Mais la forme des lettres et leurs groupes indiquent trop bien un ouvrage du moyen-âge, pour que je m'en occupe ; j'aime mieux encore, avant de m'engager parmi les décombres et les ronces qui recouvrent les constructions de Pomponiana, parler des grandes urnes et des briques trouvées à Mauvanes, il y a quelques années.

M. Casimir Valeran, alors propriétaire de ce bien rural, faisant remuer une portion de ce terrain, qui n'appartient déjà plus au terrain d'alluvion qu'on peut dire former la ceinture du golfe, rencontra, assises sur le roc, les fondations solides et encore faciles à reconnaître, d'une habitation romaine. Lorsqu'on eut déblayé les décombres, on put s'assurer qu'on se trouvait dans une de ces petites salles basses où les colons conservaient les provisions et la poterie du ménage. Des urnes d'assez grande dimension frappèrent les regards des travailleurs, qui les brisèrent en voulant les enlever, car elles étaient remplies de terre et d'un poids énorme. Deux d'entre elles fixèrent plus spécialement l'attention des assistans, par le nom du fabricant qui y avait appliqué son cachet ou sa marque ; on y lut donc le mot FABY.

Ce potier, dont le nom se rencontre si fréquemment sur des vases et des briques, découverts dans d'autres parties du territoire d'Hyères (le vallon de la Roquette et Carqueiranne) aussi bien que dans le reste de la Provence, semble l'avoir imposé à ces grandes jarres que les habitans destinent à la conservation de leur huile et qu'ils appellent des *faby*.

Outre ces deux urnes que je viens de mentionner, on trouva aussi chez M. Valeran, des fragmens nombreux de vases de moindre dimension, ornés de dessins en relief, gracieux et variés, et d'une terre extrêmement fine, comme on en voit encore dans les vignes qui couvrent le sol de Pomponiana, et auprès de la tour fondue, sur la presqu'île de Giens. Dans le ravin à la droite du chemin qui conduit à ce petit fort, j'ai ramassé, parmi d'autres vestiges du séjour des romains en ces lieux, une médaille de

Néron, en bronze, de la plus parfaite conservation ; et à quelque distance du même endroit, un paysan me remit un Galba, dont le revers était un peu fruste, mais pas assez pour qu'on ne pût reconnaître les mots suivans : S. P. Q. R. OB...C, renfermés dans une couronne de chêne. Les auteurs sont tous d'accord pour assurer qu'on donnait cette couronne à ceux qui sauvaient la vie à un citoyen romain, et que les empereurs se faisaient une gloire de la mériter. La première médaille dont j'ai entretenu le lecteur, et par laquelle je commencerai une liste qui peut avoir quelqu'attrait pour les numismatistes, était en bronze et représentait Néron. La légende porte :

NERO CÆSAR AUGUSTUS.

Revers, SALUS. Femme assise : elle tient à la main droite une patère. On croit que Néron fit frapper cette médaille après la découverte de la conjuration de Pison ; d'autres disent au sortir de quelque maladie. Je puise ces explications et les suivantes chez quelques archæologues anciens et modernes et entre autres dans une série de mémoires lus à l'académie de Berlin. Au reste je ne prétends donner que les principales, et encore celles-là m'ont-elles l'air d'offrir moins d'importance sous le rapport de la numismatique que sous celui de la géographie ancienne de la contrée, en constatant la longue occupation romaine sur divers points de la côte et dans les îles. Je citerai donc encore un Othon :

2°. Légende. IMP. OTHO CÆSAR. AUG. TR. P.

Revers. PONT. M... Une femme debout qui de la main droite tient des épis, et de l'autre une corne d'abondance. On sait que ce symbole a trait à la sollicitude de cet empereur pour Rome, à l'époque de la terrible famine dont parle Suétone.

3°. Légende. ..ITELLIUS IM. GERM. La tête de Vitellius couronnée de lauriers.

Revers. FIDES EXERCIT..... Deux mains jointes : allusion au serment de fidélité prêté par toutes les armées après la mort de son compétiteur Othon.

4°. Légende. A. VITELL... GER. Vitellius la tête ceinte d'une couronne de lauriers.

Revers. S. P. Q. R. O. B. C. S.

Indique que Vitellius, vainqueur d'Othon, après la bataille de Bebriac, laissa la vie à un grand nombre de citoyens romains.

5°. Légende. IMP. CÆS. VESP. AUG. P. M... La tête de Vespasien couronnée de lauriers.

Revers assez usé. AUGUR. TRI.. P..... Un vase, la crosse augurale et un autre objet que je crois être un aspersoir. Tout indique ici l'époque du pontificat de Vespasien.

6°. Légende. IMP. TITUS CÆS. VESPAS. AUG. P. M.

Tête de Titus couronnée de simples lauriers.

Revers. TR. P. IX IMP. XV COS. VIII

P. P. Une chaise curule au devant d'un édifice dont le fronton est orné de huit bustes et surmonté d'un aigle aux ailes déployées.

Cet édifice est le temple des Flaviens. Titus le fit construire en l'honneur de son père, placé au rang des dieux. Plus tard, Domitien dédia ce temple à Minerve.

7°. Légende. IMP. NERVA CÆS. AUG. P. M. T. I. CS.. PP.

La tête de Nerva couronnée de lauriers.

Revers. ÆQUITAS AUG. Femme tenant une balance de la main droite ; de l'autre une corne d'abondance.

8° Légende. IMP. TRAIAN... AUG. GER. DAC. P. M... La tête de Trajan.

Revers. DIVUS PATER TRAIA.... Un homme assis sur une chaise curule ; il tient de la main droite une coupe, et de l'autre une haste.

C'est la statue du père de Trajan, mort sous Domitien, et mis au rang des dieux à la sollicitation de l'empereur son fils.

J'en citerai encore quelques unes avant de faire un relevé exact de toutes celles qui m'ont passé par les mains, et qui sont au nombre de plus de soixante ; et je terminerai cette notice archæologique par la description de quelques ruines encore debout sur la plage de Pomponiana, et celle d'une mosaïque d'une assez belle conservation, trouvée chez M. Clapiers (Charles), déjà connue dans le public par un article des archives du Var, que je relaterai en entier.

A Porquerolles, furent trouvées, par un soldat de la garnison, quelques médailles en or d'Hadrien et de Jovien, aussi belles et aussi pures que si elles entraient en circulation pour la première fois. Le cantinier de la garnison en posséda long-temps plusieurs ; les autres avaient été portées à Toulon et cédées à un orfèvre au prix de vingt-trois francs.

Celles que j'ai vues étaient d'un petit module et laissaient lire pour légende ces mots:
HADRIANVS AUG. COS. III PP.

La tête était ceinte d'une couronne de lauriers.

Revers. AFRICA. Une femme à demi-couchée, tenant de la main droite un scorpion, et de l'autre, une corne d'abondance. Sur la coiffure se distingue comme une trompe d'éléphant ; à ses pieds est une corbeille pleine d'épis. Cette médaille constate un voyage en Afrique entrepris par l'empereur. Le revers est un symbole de la fertilité de cette partie du monde d'où Rome tirait ses approvisionnemens en blé, et du nombre infini d'animaux nuisibles qu'on rencontre dans ses déserts.

Une autre représentait la tête d'Hadrien sans couronne.

Légende. HADRIANVS AUG. COS. III. PP.

Revers. ITAL... Une femme debout tenant de la main droite une haste, et de l'autre une corne d'abondance.

C'est l'Italie comblée des bienfaits d'Hadrien, et florissante par son commerce et l'abondance de ses produits agricoles.

Légende. ÆLIUS... La tête d'Ælius César.

Revers. R. POT. COS. II. CONCORD. Une femme assise tenant de la main droite une patère et s'appuyant sur une corne d'abondance.

Les auteurs disent, en se basant sur l'opinion de Spartien, qu'après la mort de Sabine, l'empereur Hadrien adopta Lucius Cejonius Comodus, alors consul, et qu'il le désigna comme devant jouir de ce titre et continuer les fonctions pour l'année suivante. La médaille retrace, dit-on, la bonne intelligence qui régnait entre l'empereur et son fils adoptif.

IMP. CÆSAR TRAJAN. HADRIANVS AVG. Tête d'Hadrien couronnée de lauriers.

Revers. P. M. TR. P. COS. III. Une femme debout, tenant de la main droite une tête d'homme, et de la gauche une tête de femme en regard ; dans le champ de la médaille, se lisent ÆT. ; de l'autre, AVG., Chapat, qui a souvent donné d'ingénieuses explications des médailles antiques, prétend que cette femme représente l'Eternité portant entre ses mains les têtes de Trajan et de Plotine. On sait qu'en effet Hadrien, leur fils d'adoption, leur avait fait assigner une place au rang des dieux.

En voilà bien assez sur les médailles; le nombre de celles qui ont passé par mes mains, se monte exactement à soixante-dix, parmi elles j'ai dû choisir les plus curieuses ou plutôt les moins communes. J'ai bien entendu parler des figurines en bronze rencontrées dans la petite vallée formée par les abaissemens de la montagne de l'Hermitage et celle du Trou-des-Fées; mais je ne les ai point vues. On disait que l'une représentait un Atlas et l'autre un Amour, et qu'elles étaient remarquables par leur exécution. Un Anglais les acheta du paysan qui les avait trouvées ; et cette perte, jointe à celles d'un grand nombre de médailles, nous fait sans cesse désirer l'établissement d'un musée, qui s'enrichirait des découvertes locales, et que ne déparerait pas le morceau curieux dont je vais parler :

Il y a quelques années que fut découvert, dans la propriété de M. Clapiers, située près la route départementale de Cuers aux salins d'Hyères, le pavé en mosaïque qui va fixer un instant notre attention. Ce monument ne remonterait pas plus haut que le 2ᵉ siècle, selon le savant M. Pons, qui en a donné une bonne description dans les archives du Var, « et il se recommanderait aux amis de « l'antiquité, non par la richesse de la ma- « tière, ni par l'élégance des dessins, mais « par sa conservation et le fini du travail. » Cependant le pourtour ou l'encadrement, qui offre une saillie d'environ cinq pouces, a été altéré et brisé en plusieurs endroits. La plus grande longueur du pavé entier est de neuf pieds trois pouces ; sa largeur est de sept pieds sept pouces ; « les dés sont

« de petits parallélipipèdes, dont les grands
« côtés ont environ un pouce et les petits
« côtés un demi-pouce ; ils sont d'une pierre
« calcaire compacte, leur couleur est d'un
« blanc jaunâtre. Les dessins qu'on remar-
« que sur cette mosaïque ont été exécutés
« avec des parallélipipèdes d'un noir grisâtre.
« Quelques pierres d'un gris moins foncé
« ont servi aux demi-teintes. Cette mosaïque
« est incrustée dans un lit de mortier d'une
« extrême dureté, qui paraît avoir 7 à 8
« pouces d'épaisseur, et est formé de chaux
« vive, de briques pilées et de petits cailloux.
« Sa composition devient de plus en plus
« grossière à mesure qu'il s'éloigne du sol ;
« le plan du pavé est sensiblement incliné
« vers le sud. Le voisinage de la rivière de
« Gapeau, qui coule à cinquante pas de là,
« divers fragmens de tuyaux de plomb, qui
« ont été trouvés dans le terrain situé entre
« cette rivière et l'emplacement du pavé,
« semblent indiquer qu'il appartenait à une

« salle de bains. Un vase et un dauphin,
« qui y sont figurés dans de grandes dimen-
« sions, donnent à cette conjecture un nou-
« veau degré de vraisemblance. »

Il est fâcheux que la position de cette curieuse antiquité au milieu des terres cultivées, ne permette pas de la tenir toujours découverte et de satisfaire ainsi la curiosité des étrangers ; mais on ne peut s'empêcher de penser que la précaution prise par le propriétaire, de la laisser chargée d'une couche de terre végétale, est bonne en elle-même, et l'a préservée jusqu'à présent des mutilations qui ont fini par détruire totalement tant de morceaux de ce genre.

D'autres fragmens de mosaïque ont été trouvés à Porquerolles et à Pomponiana. Ils indiquaient un art encore grossier et n'offraient d'autre intérêt que celui qu'on peut attacher à la place qu'ils occupaient. Il est permis de supposer qu'ils avaient fait partie aussi de salles de bains. Des conduits en plomb ou plutôt en composition métallique à nous inconnue (1), mais où le plomb entrait pour beaucoup, mirent sur la voie d'une découverte qui pouvait être plus importante; ils aboutissaient à deux petites salles pavées en mosaïques, de sept à huit pieds carrés. Parmi des décombres et des restes de bois que le feu avait noircis, on aperçut dans l'une d'elles le squelette d'une femme ayant les genoux pliés, et sur ce squelette, assez bien conservé, celui d'un enfant fort jeune; ce dernier n'était pas complet et les ossemens en étaient plus altérés.

A Pomponiana, des fouilles entreprises durant un jour ou deux par le jeune prince, fils du prince royal de Danemarck, mirent à jour un espèce d'aqueduc qui aboutissait à la mer, et dont on pouvait suivre les traces dans la montagne il y a encore quel-

---

(1) Ils étaient sonores.

ques années. Des pans de murailles d'un béton excessivement dur sont là en place depuis des siècles ; des voûtes, des arceaux plus d'à-moitié enfouis ; une longue muraille servant d'enceinte et consolidée par le même ciment ; un puits très profond et fait avec beaucoup de soin ; les fondations d'une construction qu'à ses contours on peut présumer avoir été un temple ; ces meules si reconnaissables, qui servaient aux colons comme aux soldats romains pour écraser le blé ; de nombreux débris de toitures, c'est-à-dire des tuiles sur la forme desquels on ne peut se méprendre ; voilà ce qui fait de Pomponiana un lieu de promenade fort intéressant pour les étrangers qui séjournent à Hyères.

GÉOLOGIE.

Le département du Var a été séparé par les anciens géologues, tels que Saussure,

Darluc et plusieurs autres, en deux parties bien distinctes : la partie calcaire et celle vitrescible ou primitive. Ces dénominations sont usées, et n'ont plus cours depuis que la science a fait des progrès réels ; et nous dirons nous, avec les explorateurs actuels, que les terrains peuvent s'y diviser en quatre parties bien distinctes et tranchées, et en une dernière toute accidentelle. Le terrain primitif, qui comprend : 1° les granits, les gneiss, les schistes, etc. ; 2° les grès rouges ou bigarrés, qu'on appelait naguères roches de transition ; 3° le mushelkalk, ou calcaire coquillier de seconde formation, le calcaire tertiaire ; 4° les terrains d'alluvion, et enfin les vakites ou terrains basaltiques. Ces laves, en décomposition pour la plupart, ou formant quelques masses et conservant alors leur dénomination, occupent une assez grande étendue dans le département, et semblent comme jetées çà et là au centre des parties les plus montagneuses.

Par une exception curieuse, le terroir d'Hyères renferme ces différentes natures de roches et de terrains. L'œil exercé du géologue, s'il se fiait à la forme et aux apparences des montagnes qui encaissent la vallée d'Hyères, pourrait quelquefois se tromper sur la nature de leurs roches constitutives, car les hautes collines et élévations calcaires se sont modelées, pour ainsi dire, sur les formes arrondies qu'affectent d'ordinaire les montagnes schisteuses.

Celles-ci, poussant au dehors d'énormes blocs de quartz, richement colorés, arrêtent les yeux par leur style original et sévère. La montagne de Fenouillet, celle du château, et quelques autres qui s'élèvent au centre de la chaîne des Maures, les hauts contours, si déchirés, si ardus de Porquerolles, surprennent autant l'artiste que le géologue voyageur, par leurs formes imposantes. Mais tandis que l'un s'emparera de l'ensemble de ces hardis monumens de la nature, l'autre, suivant péniblement sa route, à partir du fort la Malgue situé au dessus de Toulon, cherchera dans les entrailles de la terre et les affleuremens du roc, la constitution géognosique de ce sol si beau et si fertile.

Ainsi donc, du point que je viens de citer, en s'avançant vers Hyères, et par conséquent sur la partie droite du chemin, et plus tard du côté opposé, on voit affleurer le schiste micacé, brun ou rougeâtre. Il se divise en feuillets, il se contourne, il se répand en lames assez longues sur le quartz; il devient doux, onctueux comme le talc, il s'exfolie et devient friable, il se décompose et prend une apparence tout à fait terreuse; enfin, à mi-hauteur de Fenouillet et de la montagne du Château, il a passé à l'état de phyllade (1), roches compactes et dures, à feuil-

---

(1) Il me semble que la dénomination de schistes argilo-micacés conviendrait parfaitement à ces roches *.

* Brogniart a donné la dénomination de phyllades à des

lets tellement serrés qu'elles se brisent à angles aigus ; leurs couches, qui plongent vers le nord, ont une direction est-nord-est.

Ces schistes talqueux et ces schistes phylladéens, qui passent successivement de l'un à l'autre, se laissent voir jusqu'à Bormes, l'un des confronts du territoire d'Hyères. Les roches de pareille formation sont assez reconnaissables, dit M. Pareto, dans son excellente notice sur la géologie du département du Var (1), « par leur aspect de schis-
« tes lucides, quelquefois onctueux, gras
« au toucher ; d'autres fois elles sont com-
« posées de quartz, semi-compactes et res-

---

roches compactes, dures, serrées, contenant de fortes portions d'alumine, de silice et de mica d'une finesse extrême qui leur donne une apparence chatoyante ; elles alternent, en général, avec le mica schiste dont elles sont une modification, et renferment de puissans rognons de quartz.

(1) Cette notice est concise, mais elle est du plus haut intérêt. Qu'il me soit permis de rappeler que l'auteur cite avec bienveillance mes recherches sur la minéralogie du Var.

« semblant aux phyllades, mais pouvant se
« diviser en plaques ou tranches, à cause
« des lames de mica ou de talc qui s'y sont
« comme interposées (château d'Hyères,
« rocher de Fenouillet). »

C'est donc à Hyères que commence vraiment le terrain primitif du département ; car les premiers affleuremens dont nous avons parlé, tels que les collines de la Malgue et de la Grosse-Tour, près Toulon, ne constituent que quelques point isolés et contournés par des terrains de formation plus récente.

Selon l'heureuse expression du géologue dont je viens de parler, la colline où est assis le château d'Hyères, ainsi que les rochers de Fenouillet sont comme les deux promontoires les plus avancés du terrain primitif vers l'ouest, et ils ne sont tous deux composés, ainsi que nous venons de le dire, que de bancs de quartz subordonnés au schiste phylladéen, et qui souvent se détachent en relief sur ces derniers, plus susceptibles de se déliter et de s'user aux orages et aux impressions de l'air ; de sorte que la charpente, rongée peu à peu, finit quelquefois par laisser entièrement isolés d'énormes blocs de quartz qu'elle soutenait ou entourait.

Le mica-schiste s'étend aussi, en offrant quelques variétés, jusqu'à Collobrières et Pierrefeu. Les îles d'Hyères, les îlots de Bréganson et des Deux-Roubaud, la presqu'île de Giens (1), où il redevient tal-

---

(1) La presqu'île de Giens, qui n'est autre chose qu'une île jointe au continent par un isthme de dépôts marins, de formation peut-être assez récente, présente sur toutes ses collines le schiste talqueux et argilleux, depuis la pointe *est* jusqu'à celle *ouest*. Le rocher du Petit-Roubaud, ainsi que quelques autres points de la côte abrupte de Giens, offrent comme des filons assez considérables de schistes ardoisés.

Porquerole est composé d'un schiste analogue et qui devient de plus en plus talqueux à mesure qu'on s'approche de la batterie des Meudes. Là, il prend une apparence noirâtre,

queux, présentent encore, non plus les alternances avec les phyllades, mais le micaschiste pur. A Portcros, vers la partie *est*, non loin de celui des forts qui défendent cette côte, ainsi que dans toute l'île du Levant, ces roches contiennent quelques minéraux

---

et l'intérieur de ses feuillets est rempli comme de mâchures ferrugineuses ; d'autres fois, le fer s'y montre sous la forme de petits cristaux cubiques, adhérens à la surface du feuillet. Au reste, l'on peut dire que les îles d'Hyères présentent exactement la même constitution géognostique que les points du continent auxquels, sans nul doute, elles correspondaient avant d'en être détachées. Aussi l'île du Levant ou du Titan, située vis-à-vis le chemin des douanes qui conduit du Lavandou à Calvalaire, laisse voir, dans sa partie septentrionale et orientale, des schistes amphiboliques, de la serpentine et des roches grenatifères. Portcros, qui regarde Bréganson, offre peu de schiste micacé bien caractérisé, mais ce schiste talqueux, qui court depuis le fort jusqu'auprès de Collobrières, et s'arrête presque sur les confins du terroir d'Hyères.

intéressans et dont nous traiterons à part. Une variété se rencontre pourtant dans cette dernière île : c'est un schiste-micacé dans lequel prédomine le quartz. Il a un aspect tout à fait grenu, et si de temps à autre, n'apparaissaient quelques lames de mica argenté, à peine pourrait-on s'apercevoir de la texture schisteuse qui le détermine et le classe. Je ne saurais abandonner cette série des terrains primitifs sans parler d'une roche de nature singulièrement problématique, qui, au milieu des mica-schistes de la même localité, s'élève du sein de la mer et s'étend en un filon assez considérable ; tandis que les strates de la roche au milieu desquelles elle apparaît, s'en vont courant du *sud-ouest* au *nord-est*, et sont inclinés vers le *nord-ouest*, celle-là marche dans la direction du *sud-est* au *nord-ouest*. Les quelques habitans de l'île du Levant ont désigné ce lieu, appelé autrement le Grand-Cap, par le nom de *Pierres de fer*. D'abord, et au premier aspect, des géologues, s'ils ne la voyaient point en place, pourraient ranger cette roche au nombre des siénites ; mais son gissement, son analyse, sa décomposition en fragmens globulaires jetés sur un espace d'une centaine de toises carrées, feront aussi soupçonner qu'elle appartient à une autre formation que les roches de nature ignée ; elle est compacte, fort pesante, d'une couleur verdâtre. Elle semble affecter une forme assez prismatique ; mais sa décomposition est véritablement globulaire, sa structure intérieure est tout à la fois granulaire et cristalline ; on croit y reconnaître de petites lames feldspathiques ou de feldspath leptinites (1),

---

(1) Feldspath à grains très fins, très atténués. Le feldspath, substance très répandue dans la nature, est composé de silice, d'alumine, de chaux, de potasse et quelquefois de fer oxidé. Il affecte plusieurs couleurs, surtout le rose, l'incarnat, le vert, le blanc. Il est d'un aspect gras et châtoyant ; et quoique beaucoup moins

entremêlées d'une substance noirâtre qui pourrait être, soit du pyroxène ou augit, soit de l'amphibole.

M. Pareto, à qui j'indiquai ce gissement que j'avais reconnu dès long-temps, croit pouvoir le regarder comme celui d'une diabase ou comme une dolerite. Moi, je serais assez disposé à le classer parmi cette espèce de roches que les Allemands appellent Kugeltrapp ou Trapp en boule, et par conséquent à lui assigner un caractère tout à fait basaltique (1), ce qui ne s'éloignerait pas de la

---

dur que le quartz, il raie le verre et étincelle sous le choc du briquet.

(1) N'est-ce pas une chose curieuse, que les pauvres et ignorans habitans de l'île du Levant, se soient rencontrés dans la dénomination par eux imposée à ces roches, avec les anciens Egyptiens ? Pline dit quelque part : « Invenit « Ægyptus in Æthiopiâ quem vocant basalten, « ferrei coloris atque duritiæ, unde et nomen « ei dedit. » Lib. xxvi. cap. ii. Le savant Visconti le fait venir de l'ancien mot hébreu *bar-*

qualification donnée par les habitans, puisque chacun sait que le fer oxidulé entre à peu près pour un huitième, dans ces roches de nature volcanique, et qu'il en est le principe colorant.

En nous éloignant de ce point, nous sommes amenés à nous entretenir plus au long d'une autre localité où se rencontrent aussi des roches trapéennes, lesquelles sont venues comme s'appuyer sur les grès qui, à partir de Carqueiranne, terroir d'Hyères, jusqu'au cap de la Garonne, forment la base des montagnes dites la Colle-Noire, Carqueiranne, le Paradis, etc. Cette base plonge presque dans la mer, et elle commence à quelque distance de la plage, autrement dite l'isthme de Giens ; c'est comme une ligne de roches violacées et brunes, souvent sem-

---

zal, qui signifie du fer; selon lui on aurait dû dire *barzaltes* ou *barzalites*, dont l'expression pierre de fer n'est que la traduction littérale.

blables à des wakes et couvertes d'amygdaloïdes, nœuds ou amandes de chaux carbonatée, qui remplissent les déchirures, les soufflures, les cloisons de ces roches, lesquelles commencent à s'élever seulement à quelques pieds de la mer. Ce banc, qui a peu de largeur, se prolonge du levant au couchant ; et à partir du point où il se laisse voir et que j'ai indiqué plus haut, il se renfle un peu vers le *nord*, et s'incline vers le *nord-nord-est* ; on dirait qu'il supporte toute la masse de grès rouge sur laquelle repose la montagne. En arrivant au hameau de Carqueiranne, cette masse de grès s'interrompt tout à coup pour faire place à une dolerite persillée, qui contient en abondance tantôt des globules ferrugineux, tantôt des noyaux argileux entrant facilement en décomposition ; mais vers la partie occidentale de la plage de Carqueiranne, on trouve le grès rouge et un poudingue formé de cailloux porphyritiques, qui ressemble assez à la variété de grès qui porte la même qualification. Le grain de cette roche est de moyenne grosseur et m'a semblé plutôt bigarré que blanchâtre, ainsi que l'indique M. Pareto.

Cette roche, inclinée vers le *sud-ouest*, se distingue donc par sa couleur et un grain d'aspect cristallin ; puis, si l'on se dirige vers la pointe la plus avancée du cap, se développe tout à coup une masse de rochers d'apparence terreuse, sans stratification bien nette. En l'examinant de près, on s'aperçoit facilement qu'elle n'est autre qu'une modification de celle noire et verdâtre, qui gît non loin d'elle, et que nous avons reconnue appartenir aux roches trapéennes. Cette masse contient d'assez beaux fragmens de jaspes bruns et rubannés, et ses stratifications se régularisent, après quoi elle change d'aspect et la nature de cette roche redevient plus terreuse qu'elle ne l'était ; elle semble traversée par des infiltrations ou veines de matières argileuses et stéatiteuses qui affectent une couleur verdâtre fort prononcée, puis enfin, redevenant plus compacte et plus dure elle présente de nouveau des amygdaloïdes semblables à celles que nous avons déjà remarquées.

Là, commencent à se montrer des veines assez considérables de grès rouge ou d'un poudingue à grains de petite dimension qui se fondent dans la roche amygdaloïde.

M. Pareto, a spécialement étudié cette partie de la côte, qui avait besoin, pour être bien décrite, d'une observation minutieuse ; et nous croyons devoir citer ses propres expressions : « Adossé à cette masse de roches
« problématiques, dit-il, on retrouve exté-
« rieurement le commencement des bancs
« de grès dont on aperçoit la continuation
« de l'autre côté du cap après l'avoir dou-
« blé.

« C'est un agrégat arénacé, dont les stra-
« tes supérieures sont de couleur brune et

« ferrugineuse, et comme parsemées dans
« quelques parties de petits cristaux noirs
« et cubiques, groupés ensemble, qui, ana-
« lysés, se sont trouvés être du fer sulfu-
« ré, quoique leur apparence soit différente,
« et qu'on pût les prendre au premier coup
« d'œil pour du cuivre. »

Si l'explorateur continue sa route, l'alternance des roches le surprend de plus en plus ; car ces bancs de grès dont nous venons de parler, viennent à se recouvrir d'une autre roche amygdaloïde qui fait partie d'une nouvelle masse de trapp de couleur vert foncé, comme la première, et d'aspect cristallin ; masse qui finit par se résoudre et se fondre en un agrégat d'abord sombre, et puis presque tout à fait noir. Ici reparaît encore la variété terreuse avec ses veines, et après elle enfin l'amygdaloïde qui contient une espèce de silex rougeâtre. Quant au rivage de la mer, dont il n'est pas moins curieux de suivre le contour, on y rencontre le trapp ou la dolerite dure ; la partie qui court vers l'*ouest* est composée d'une roche verdâtre non poreuse, et aussi d'amygdaloïdes, et elles passent ainsi de l'une à l'autre , pendant une certaine longueur de terrain. Ces masses qui, à bien examiner, ne sont que d'une seule et même nature , s'appuient sur le grès rouge qui finit par tout envahir et par dominer sur ce rivage, à mesure qu'on gagne du chemin vers le couchant. Avant de quitter les roches , qui ne s'éloignent pas trop de la batterie, je dois dire que parmi ces amygdaloïdes mentionnées en dernier lieu, se trouve une variété brune et violacée qui renferme des rognons de chaux carbonatée , tantôt lamellaire, tantôt rayonnante , dont la couleur tire sur le rose.

Peut-être cette dissection minutieuse d'une montagne, cette ostéologie de la terre, paraîtront-elles fastidieuses et arides aux personnes non initiées aux mystères de la science;

peut-être serait-il nécessaire de jeter sur toute cette côte le coup d'œil de l'artiste avant d'aller plus loin ; car rien au monde n'est d'un effet plus magique, plus paysager que cette suite de roches trapéennes, si vigoureusement colorées, dessinées et alternant en si nobles masses. Je ne parlerai point de leurs formes, de leurs surfaces rongées chaque jour par la mer, et dans les anfractuosités desquelles joue merveilleusement la lumière : je ne dirai point tout ce que le flot qui monte, qui les couvre d'écume et qui fuit, leur laisse de brillant et de frais ; mais je puis assurer, sans crainte d'être démenti, que la plus belle décoration qu'on puisse voir, c'est le spectacle qu'offre le fond du second plan et l'horizon vaporeux sur lequel, à partir de San-Salvadour, se découpent les caps Sicié et Cepet, la montagne monumentale où gît la dépouille d'un digne amiral de France, Latouche-Tréville ; et celle de Sixfours, puis toutes celles encore qui courent sur Marseille, et dont les angles rentrans laissent deviner les petits ports de Saint-Nazaire, de Bandols et de la Ciotat. Quand l'œil s'est perdu dans cet admirable fond, il aime à retrouver des arêtes plus vives, des couleurs plus vraies et plus riantes; il les cherche et se repose sur ce cap de la Garonne, dont les flancs s'élèvent du milieu des flots et comme parés d'une bande de rochers psammitiques d'un rouge tirant sur le violet. On appelle psammites, en géologie, cette formation de grès rouge, qui contient presqu'autant de mica que de parties siliceuses réduites en un grain de médiocre grosseur. La montagne de la Garonne, une forte portion de la Colle-Noire, dont le cône à large base, monte dans l'air verdoyant et couronné de pins, ont pour charpente osseuse des masses psammitiques et un poudingue d'une épaisseur remarquable, sur lequel je me propose de dire quelques mots quand j'aurai entamé les substances minéralogiques qui sont enfouies sur plusieurs points du sol, dans le vaste territoire d'Hyères.

Je reviens donc vers des lieux plus rapprochés du point du départ, toujours sur le bord de la mer, pensant bien que l'on me pardonnera mon excursion d'artiste, qui aura bien pu contrarier le géologue minutieux, mais qui aura déridé aussi d'autres lecteurs moins sévères. A peu de distance du petit pont du Canebas, jeté sur le chemin de Carqueiranne (1), joli hameau, où les

---

(1) Carqueiranne vient probablement de *calcaria*. Les Provençaux changent souvent la lettre *l* en *r*; et il est probable que de Calqueiranne on a fait Carqueiranne. En effet, la ceinture de montagnes qui entoure, enveloppe et agrandit ce point curieux du territoire, est de nature calcaire. Saussure, Millin et le vieux Darluc, ont parlé de Carqueiranne comme d'un point important. Le docteur Clarke, dans son ouvrage relatif aux climats et aux températures les plus favorables aux phthisiques, en recom-

habitations élégantes et soignées de M. Despines, de Genève, se font remarquer et embellissent encore le paysage, reste à examiner une roche de couleur brun rouge, parsemée de taches blanches, encore indéterminée. Cette roche, de nature terreuse et non compacte, m'avait toujours semblé feldspathique, c'est-à-dire formée d'un feldspath en décomposition. Soumise par M. Pareto à l'épreuve du chalumeau, il s'est trouvé que sa pâte

---

mande le séjour aux Anglais qui vont hiverner sur le continent. Nous croyons devoir faire remarquer en passant, que les décisions du célèbre médecin de Londres, ne sont pas toujours basées sur un terme moyen d'observations météorologiques long-temps suivies, et que pour porter des jugemens qui attaquent et renversent la réputation d'une contrée, il faut l'habiter constamment et étudier le thermomètre, non trois ou quatre mois, ainsi que l'a pu faire le docteur, mais au moins cinq ans. Au reste, nous espérons présenter au public des tableaux météorologiques qui combattront peut-être, d'une manière victorieuse, les allégations du docteur.

fondait en un ciment noir ; mais que les parties blanchâtres semblaient être presqu'infusibles et imprégnées de parties calcaires, puisque le résidu, traité par les acides, faisait quelque peu effervescence ; et d'ailleurs dans toute son étendue, cette roche contient certainement comme des nœuds ou amandes de chaux carbonatée. D'autres parties ferrugineuses la colorent ; les infiltrations métalliques lui donnent une apparence jaune très foncée et tirant sur le rouge, au moins dans ses faces les plus en contact avec l'atmosphère. M. Pareto classe cette roche parmi les wakes. Et il n'y aurait rien d'extraordinaire à ce que cette dénomination fût la seule exacte ; car, au point même que nous avons désigné sous le nom de Canebas, se retrouve et s'élève une puissante masse trapéenne verte, contenant des cristaux d'un noir fort luisant. Ces cristaux ne sont autre que du fer titané, qui donne à ce rocher la propriété, facile à reconnaître, d'agir sur l'aiguille aimantée ; d'autres petits cristaux jaunâtres, qui s'y rencontrent aussi et qu'on a pris à cause de leur apparence pour du péridot, sont indiqués, je crois, par le géologue que j'ai si souvent cité, comme pyroxéniques. Cette masse est coupée, comme beaucoup d'autres sur cette côte, par des veines d'une substance blanche et verdâtre, soyeuse, onctueuse au toucher, et assez brillante, qui appartiennent à la serpentine et à la stéatite.

De ce lieu curieux à étudier, et d'où l'on voit alterner les trapps et les wakes, en tirant vers le *nord-ouest*, on rencontre de nouveau le grès rouge, qui s'étend jusqu'à l'endroit appelé le Trésor (1).

---

(1) Le trésor! ce nom me rappelle qu'aux premiers temps de mon séjour en ce pays, de pauvres diables, venus de bien loin, devinrent la victime d'une cruelle mystification.

Dans un de nos vieux oryctologistes français ;

A partir de l'endroit dit le Trésor, le grès devient d'un grain plus fin, et parsemé d'un nombre infini de points bruns ferrugi-

---

gens qui voyaient partout, sur le sol, des mines de métaux précieux, l'un d'eux avait lu qu'en un lieu qu'il désignait, on avait jadis trouvé un morceau d'or natif du poids de quatorze livres, il communiqua à deux amis le résultat de sa lecture : science fatale ! Ces bonnes gens, pensant naturellement qu'un pépite semblable ne se rencontre pas sur la terre sans qu'il n'y ait quelques chances de découvrir la mine, se mirent en marche sur-le-champ, après avoir pris leur passeport à Cavaillon, gros village situé près de leur domicile, et arrivèrent à Hyères par une belle journée de printemps. L'un d'eux s'était muni d'une baguette divinatoire; et sans perdre plus de temps qu'il n'en fallait pour se reposer des fatigues d'un voyage de quelques journées de marche et receuillir quelques indications, ils s'occupèrent de leur exploration.

La bienheureuse baguette de coudrier tourna si lentement quand on fut arrivé au gissement du trésor, que toutes les espérances faillirent être renversées. Mais un peu plus loin, son

neux ; il alterne avec quelques bancs d'argile, et n'est interrompu que par de nouvelles wakes contenant, comme les précé-

---

mouvement s'accéléra, puis il s'accéléra davantage, puis plus encore; et en un certain lieu aride de la montagne, commencèrent les travaux d'exploitation, avec permission du propriétaire, admis pour une certaine part dans l'entreprise. Il y avait déjà sept mois que ces trois hommes poursuivaient leur ouvrage avec une constance et un courage dignes d'un meilleur résultat, quand le bruit de la découverte d'une mine d'or arriva jusqu'à moi. Un minéralogiste n'est jamais complètement insensible à de pareilles nouvelles, et je m'en allai à la recherche des chercheurs de trésors. Ce ne fut pas sans une extrême défiance qu'ils virent un homme rôder autour de leur excavation déjà arrivée à une profondeur telle qu'elle excluait l'idée de la découverte d'un métal qui n'existe pas d'ordinaire à de si grandes profondeurs. Après avoir essayé d'entamer une conversation qu'on tentait évidemment d'éluder, je finis par demander la permission de descendre dans le puits pour les éclairer de mes connaissances, s'ils voulaient bien m'en croire capable, et leur

dentes, des noyaux de chaux carbonatée entourés d'une substance verte qui, d'autres fois, en occupe le centre.

épargner des recherches coûteuses et inutiles Un refus net et bien formel fut leur réponse ; et ce ne fut pas avec moins de peine qu'ils me virent ramasser et examiner attentivement quelques fragmens de déblais.

Alors s'établit entre eux un dialogue à voix basse, dont le résultat fut probablement qu'on sonderait ma science sur ces sortes de matières ; et le plus âgé d'entre eux s'approchant de moi avec mystère, me montra et mit entre mes mains un petit sac d'une pesanteur extrême. J'avoue que le sang m'en monta un instant au visage : les mineurs de sourire avec confiance, et moi de jeter les yeux sur le contenu précieux du sac que j'avais ouvert assez précipitamment. Je reconnus vîte leur erreur, j'aurais presque dit la mienne : c'était des échantillons de baryte sulfatée, enveloppés d'une gangue argileuse, blanche, douce au toucher, assez épaisse, et qui contenait des cristaux octaèdres de fer sulfuré, d'un brillant et d'un éclat remarquables.

Un colloque assez animé s'éleva alors entre eux et moi : j'essayai vainement de les tirer

Au dessus de ces nouvelles couches de grès, se montre encore une masse trapéenne ; son inclinaison se détermine vers le *sud-ouest*.

---

d'erreur. Ils me répondirent que je voulais les détourner de leurs travaux pour profiter du fruit de leurs recherches. Aux raisons de la science moderne, ils opposèrent obstinément les erreurs du sieur d'Argenville et les extravagances du sieur d'Aiglun, auteurs sur la foi desquels il s'étaient mis en route. Je finis par leur donner le conseil, qu'ils ne suivirent que tard, de faire examiner et analyser leur or prétendu, par quelque orfèvre de Toulon. Ils me rirent au nez, en me déclarant qu'ils en savaient plus que tous les orfèvres et tous les savans du monde ; et deux ou trois mois après, j'appris qu'ils avaient délogé sans tambours ni trompettes, ayant mangé tout leur argent et laissant quelques dettes dans une auberge du voisinage. Quant à moi, je retournai sur les lieux pour étudier la nature du terrain et manquai y périr, en m'aventurant seul, à descendre dans les entrailles de la terre, au moyen d'une mauvaise corde qu'on y avait laissée et qui faillit se rompre ; mais cette excursion, qui me prit quelques jours, m'a mis à même de donner et de continuer la description géognostique de ces montagnes, en appuyant

On ne sait trop si de certaines pyrites et d'assez jolis cristaux radiés de chaux sulfatée, appartiennent au banc inférieur du grès ou à celui supérieur de la roche trapéenne, qui, après avoir alterné avec une wake violette, devient plus compact et plus dur, et passe à une amygdaloïde parsemée d'amandes entièrement sphériques, que M. Pareto m'avait d'abord assuré être de vrais pyroxènes, et qu'il a reconnu plus tard comme étant composés de deux autres substances, non encore exactement déterminées.

Ce qu'offre de curieux pour le géologue l'étude que je lui présente, ce sont les nombreuses alternances du grès avec tant de variétés de trapp ; car, plus loin encore, nous en avons trouvé une dernière d'un aspect

---

mes propres observations, du travail si précieux pour moi de l'auteur italien que je ne saurais trop citer, et dont je ne mérite certes pas les flatteurs éloges.

poreux et qu'on pourrait prendre pour des scories volcaniques. Celles-là, par exemple, contiennent bien véritablement de petits cristaux de pyroxène (1). A ce même banc appartient presque une autre roche de même ap-

---

(1) Le pyroxène augit n'est qu'une variété du pyroxène diopside, c'est-à-dire de celui composé du bisilicate de chaux, de magnésie et de fer dans la proportion de 50 p. 100. Quelquefois il offre d'autres substances, tels que des silicates alumineux ou magnésiens, ou des aluminates de fer. Il cristallise en prismes, en rhombes hexagones et octogones irréguliers ; il se présente, tantôt fibreux, tantôt lamellaire ; d'autrefois maclé, cylindroïde, granuleux, etc. Les couleurs qu'il affecte sont le vert, le noir, le gris, le vert jaunâtre. Il forme assez souvent des couches subordonnées au mica-schiste ; ce qui ne l'empêche pas de se trouver dans d'autres terrains, même dans le calcaire rouge. Mais il indique presque toujours, ainsi que les trapps, les dolerites et les wakes, un terrain de nature ignée, et il est presque toujours disséminé dans les trachites, substances boursouflées et cellulaires, d'un gris blanchâtre, provenant de coulées volcaniques bien déterminées.

parence, qui contient des amandes d'une substance verte si vivement colorée, qu'on la prendrait pour du cuivre carbonaté, et que j'avais baptisée à cause de sa dureté du nom de faux jade. C'est tout simplement une terre ordinaire très compacte et très dure. Comme je l'ai dit plus haut, là se termine le développement de ces roches problématiques de Carqueiranne. Plus loin, au cap de la Garonne, le grès rouge est recouvert d'un poudingue au milieu d'un lit assez étendu de silex noirâtre. Ce poudingue est intéressant à observer, en ce que, composé de fragmens quartzeux de la grosseur d'un œuf de pigeon, il finit par se modifier de manière à se présenter avec l'apparence d'un grès grossier, c'est-à-dire à grains de l'épaisseur d'un pois. C'est là où se rencontre ce gissement de cuivre carbonaté qui a fait dire à tous les anciens auteurs, qu'on trouvait à Carqueiranne le lapis lazuli.

Au demeurant, je ne sais si l'on m'a compris, ou si je ne me suis bien expliqué ; mais toutes les fois qu'il s'est agi des roches problématiques mentionnées plus haut, je n'ai jamais entendu parler que du revers méridional de la Colle-Noire et des montagnes adjacentes, car le versant septentrional n'en présente aucunes traces.

Je n'abandonnerai pourtant pas les roches de la formation intermédiaire des grès, sans dire qu'ils se montrent aussi dans une partie de la vallée de Sauvebonne, et qu'au milieu des collines primordiales, ils se présentent en bancs assez élevés ; que du pied de ceux qui montent et s'interposent entre la Crau et Pierrefeu, ils passent latéralement à l'ouest du Fenouillet, longent Notre-Dame-de-la-Garde, et reviennent se manifester puissamment à Carqueiranne, ainsi qu'on l'a vu plus haut ; ils sont recouverts alors par le calcaire coquillier aux montagnes du Paradis et des Oiseaux. Quant à celle dite de la Vierge, et aux collines plus basses qui s'en vont ceignant la partie nord du golfe de Giens, le grès s'y montre encore, mais c'est un grès calcareo siliceux (1). Enfin, et en dernier lieu, on le revoit de nouveau comme une île perdue au milieu des terrains primitifs, dans une petite vallée qui s'ouvre non loin du pont de Gapeau, et par conséquent tout à fait au levant d'Hyères, jeté au milieu de ces montagnes situées au des-

---

(1) Dans cette formation et parmi des roches analogues de la variété dite grès bigarré, qui s'aperçoivent au-dessus du schiste talqueux, dans le quartier de S¹-Martin, on rencontre un filon de cuivre carbonaté, dont les affleuremens se font voir sur le chemin lui-même. Ce grès se présente en strates si minces, qu'il a l'air feuilleté comme le schiste sur lequel il repose immédiatement; mais il est plus remarquable encore par les jolies empreintes métalliques de joncs, de bruyères et d'autres plantes de la Flore antédiluvienne. Je ne sais si je me trompe, mais M. Brogniart indique, je crois, un gissement semblable dans une des contrées de l'Allemagne les plus rapprochées du Rhin.

sus des salines et qu'on appelle chaîne des Maures.

Si des hauteurs de l'hermitage Notre-Dame de Consolation, point calcaire qui s'avance le plus vers l'orient on se dirige sur le côté opposé jusques aux deux montagnes dites du Paradis et des Oiseaux, il est facile de s'apercevoir à la couleur de la roche, à ses strates, à sa structure, à sa cassure même, aux débris organiques qu'elle renferme qu'on ne cesse de se trouver sur le mushelkalk, ou calcaire coquillier ; mais arrivé à la montagne des Oiseaux que je viens de citer, apparait le calcaire bleu, compact, contenant des térébratulites, et d'autres bivalves, des plagiostomes et des fragmens d'encrinites, cette formation se trouve immédiatement au dessus du calcaire cloisonneux et du calcaire rougeâtre.

Ici je dois dire que j'ai inutilement cherché, sur la crête et sur le flanc même de cette montagne, ces boules ovoïdes de chaux carbonatée, cristallisée et radiée, d'un pouce à deux pieds de diamètre, que Saussure appelle ammites, et qui, au rapport de ce père de la science, doit couvrir un espace d'une centaines de toises. Je dois ajouter que mes recherches à ce sujet durent depuis quinze ans, tant j'ai de respect pour l'ancien géologue, mais que mes explorations ne m'ont rien fait découvrir. Je crains fort que le voyageur n'ait été induit en erreur sur le nom de la montagne, car ni celle-ci ni celle du Paradis, qui lui est contigue, ne m'ont présenté les fameuses ammites. Je n'ai trouvé de vestiges de ces œufs spathiques, et encore sont-ils généralement brisés, que sur une des plus basses collines de Carqueiranne, proche l'ancien chemin, et fort loin de la montagne des Oiseaux ; ensuite ces fragmens affectent beaucoup de formes extérieures autres que celle ovoïde, l'un des signes distinctifs donné par Saussure.

D'autres personnes amies, M. Thoulouzan, M. Alexandre du Buch, de Francfort, M. Gardien, ancien ingénieur des mines, ont désiré vainement examiner ce terrain, je n'ai pu satisfaire leur curiosité. J'ai tant de fois parcouru les lieux, j'ai cheminé dans tant de sentiers, j'en ai tant abandonné, repris, frayé, tracé, que je doute aujourd'hui qu'un hasard heureux me fasse rencontrer jamais les ammites de Saussure et de la montagne des Oiseaux, qui s'adosse à des collines calcaires dont la base s'étend vers la mer. Après avoir dit que le versant méridionnal contient, à mi-hauteur, un calcaire gris à belemnites, je passerai à l'étude de celle du Paradis, qui continue la chaîne.

Celle-ci renferme, au dessus de ses strates inférieures, du gypse gris semblable à celui de la Valette; les cristallisations de chaux sulfatée y sont peu nombreuses et peu variées : quant à son sommet, il appartient à une formation dont je vais dire quelques mots.

Dans l'ordre de la superposition des roches, le mushelkalk ou calcaire coquillier apparaît avant le calcaire jurassique, chacun le sait; mais cependant il peut se rencontrer aussi isolé, et reposer immédiatement sous le lias comme en beaucoup d'autres points du département. A la montagne des Oiseaux, on peut dire qu'il est établi sur un calcaire compact, jaunâtre, qui a beaucoup d'analogie avec les couches supérieures du Jura; cependant ses strates assez variées ont, en certains points, la contexture calcaréo-siliceuse.

Avant d'indiquer une certaine nature de terrain tertiaire qui forme comme le complément de nos roches, on me permettra sans doute de parler d'une grotte assez curieuse par ses stalactites et ses stalagmites, et qui peut être le but d'une promenade plus intéressante pour les gens du monde que pour les géologues. Son ouverture est situé sur la croupe de l'une des collines de la chaîne calcaire la plus rapprochée d'Hyères. L'entrée, qui en est assez difficile, s'élargit cependant, s'élève, se voûte et permet de découvrir, à l'aide des lanternes et des bougies (1) dont on a soin de se munir, les profondeurs de l'antre, qui n'a guères moins de quatre-vingt à cent pieds de long, sur trente à quarante de large. Quelques lourds pilastres de chaux carbonatée spathique, ou, si on l'aime mieux, d'albâtre, en partie brisés, semblent, à une certaine distance, vouloir partager la grotte en deux parties, mais ses arceaux conduisent dans une salle pavée irrégulièrement

---

(1) Les torches goudronnées dont on s'éclaire pour parcourir les grandes et hautes cavernes de ce genre, qui ont du renom, ne peuvent être employées ici. La fumée qu'elles répandent serait insupportable, et voilerait bientôt tout l'effet pittoresque de la grotte.

d'énormes blocs de pierre calcaire (muschelkalk) recouverts d'une couche épaisse de mamelons spathiques. Comme dans toutes les grottes de ce genre, les parois sont tapissés de colonnettes d'albâtre, imitant assez les tuyaux d'orgues. Les larges fissures du plafond qui menace de se détacher, le surplomb de quelques masses, les cavités agrandies et rendues plus imposantes par le jeu de la lumière et des ombres, donnent réellement à cette caverne, de médiocre dimension d'ailleurs, une apparence tout à fait fantastique.

Mais ce sont là des hors-d'œuvre en matière de science, et il me reste à parler d'une brèche qui offre quelques rapports avec la brèche osseuse ou ossifère (dénomination plus juste) qu'on voit à Nice et à Antibes, sans contenir cependant aucune dépouille de mammifères et de ruminans anté ou postdiluviens. La brèche dont je parle doit être néanmoins de la même époque que celle-ci.

Les fragmens angulaires de ses strates recouvrent une partie des plaines dépendantes du hameau de la Crau d'Hyères, et se montrent notamment sur les bords du Gapeau, où les eaux du petit fleuve les ont seulement mises à découvert.

M. Paroto croit et a écrit, que le tuf ou travertin, empâté d'hélices, selon son heureuse expression, qu'on rencontre sur le versant méridional de nos montagnes calcaires, entre Carqueiranne et l'isthme de Giens, appartient évidemment aux formations de la même époque.

Quant aux terrains d'alluvion des environs des Salines, des Riollets, du Palivestre, je n'ai rien d'intéressant à en dire, sinon qu'ils sont d'une formation tellement récente, géologiquement parlant, qu'on pourrait presque assigner l'époque où le Gapeau et le Roubaud ont commencé à y déposer leur limon et leurs cailloux roulés.

Mais je passe à une partie non moins intéressante et que je n'ai séparée de la géologie, à laquelle elle est intimement liée, que pour éviter la confusion et le retentissement d'une foule de noms techniques avec lesquels mes lecteurs sont peut-être assez peu familiarisés. Je veux parler de la minéralogie, dont l'étude a besoin d'ailleurs de connaissances plus spéciales, plus appuyées sur d'autres connaissances préliminaires, telles que la cristallographie et la chimie, pour être saisie aussi facilement que la géognosie.

MINÉRALOGIE

J'ai déjà mentionné en passant deux gisemens de cuivre carbonaté : l'un, à l'extrémité *ouest* de notre territoire, sur les confins de Carqueiranne et de la commune de la Garde ; l'autre sur le chemin de Saint-Martin à la Maunière ; et comme le métal s'y trouve en assez médiocre quantité et paraît peu susceptible d'être exploité avec profit, je le laisserai là, ainsi que le fer carbonaté rhomboïdal, le fer granulaire, et les cristaux cubiques de fer sulfuré, qu'on rencontre facilement le long de cette ceinture de rochers déjà cités par moi, qui commence à Pomponiana ou Saint-Pierre d'Almanare, et va se terminer au cap de la Garonne.

Je ne dirai pas davantage du fer oxidé et oxidulé, qui présente quelquefois des cristallisations peu curieuses et colore en grande partie nos roches phylladéennes et nos schistes talqueux. J'aime mieux attaquer immédiatement les filons assez considérables d'antimoine sulfuré qui gissent dans nos montagnes des Maures, et qui sont assez riches peut-être, pour réclamer un travail d'exploitation. Le premier se voyait dans une colline où s'adosse la propriété de M. Couture. En cherchant des pierres propres à la construction de bâtimens ruraux, on découvrit le métal dans une gangue quartzeuse, et en si grande quantité qu'on pouvait le prendre pour une masse sans fin : je crois avoir entendu dire qu'on s'en servit comme matériaux pour la bâtisse projetée et pour l'édification d'une vaste maison voisine appelée *la Ferme*. Le second gissement peut se voir encore, au lieu dit *la Bastide du Charbonnier*, près Notre-Dame-des-Maures. L'antimoine s'y trouve mêlé avec un peu de zinc et de plomb sulfuré.

Quoique ce métal soit communément répandu en France, on pourrait, toutefois, en tirer quelque profit, à cause du voisinage de Marseille et de Toulon. Personne n'ignore qu'on emploie l'antimoine dans les fonderies de caractères d'imprimerie, et qu'on en extrait l'émétique ; on suppose aussi qu'il entre pour quelque chose dans certaines compositions métalliques modernes, auxquelles on cherche à donner l'apparence et le poids de l'argent. Non loin du lieu que je viens d'indiquer j'ai trouvé et rapporté chez moi quelques fragmens d'un quartz rougeâtre qui contenait beaucoup plus de galène que d'antimoine sulfuré. Je ne crois pas que *les Maures* renferment d'autres substances métalliques, ou d'autres minéraux que de petits grenats en décomposition dans les quartiers qui avoisinent les terres de Bormette et de Léoube.

Les traces ferrugineuses de ces grenats en décomposition, se retrouvent en grand nombre dans les schistes talqueux des montagnes plus rapprochées d'Hyères ; mais le véritable lit des roches grenatifères, c'est l'île du Levant. Dans la partie *est* et *sud*, vers le *nord-ouest*, au centre de l'île, partout, le schiste-micacé en se délitant et s'effeuillant aux impressions atmosphériques, jonche la terre de ces grenats. J'en ai ramassé du diamètre d'une balle de calibre. On peut quelquefois reconnaître leur cristallisation dodecaèdre ou trapezaèdre ; ils sont en général d'un rouge brun tirant sur le noir ; quelquefois rouges, violâtres et d'apparence terreuse; d'autrefois légèrement vitreux dans certains endroits ; vers l'*est* et sur les bords de la mer, ils se trouvent mêlés aux staurotides (1), avec lesquels ils offrent tant d'analogie, et aux disthènes qui affectent là des formes singulières. Le mica-schiste, dans lequel cette substance est empâtée, est contourné et onduleux, et les cristaux prismatiques du disthène, élargis comme d'habitude sur deux faces opposées, s'allongent d'une manière remarquable, se courbent, se redressent et suivent exactement les mouvemens de la roche sur laquelle ils sont appliqués. J'ai envoyé dans

---

(1) Les staurotides s'appellent aussi granatites, grenats prismatiques. Leurs cristaux sont des prismes rhomboïdaux. Au gissement indiqué, on ne trouve que la variété opaque et luisante à cassure facile et raboteuse, et de couleur brun rouge. Ce sont des silicates alumineux à base de quatre atômes d'alumine et d'un atôme de bioxide de fer. Ses macles forment souvent des croix latines d'une régularité parfaite ; mais à l'île du Levant elles offrent rarement ce caractère.

quelques cabinets plusieurs échantillons curieux des disthènes de l'île du Levant. Leur couleur est rosâtre, gris bleuâtre, d'autres fois blanche et même noirâtre ; cette substance est souvent seule, plus souvent elle accompagne les staurotides et les grenats. C'est un silicate allumineux aussi, mais simple ; elle existe, et même d'une couleur d'un bleu plus éclatant sur la partie du continent située vis-à-vis l'île du Levant ; et celle-là, convenablement taillée, aurait quelque peu l'apparence du saphir.

Nous ne quitterons pas les silicates sans parler du feldspath apyre allumineux, qu'on nomme aujourd'hui andalousite, sans trop de raisons, selon moi, puisqu'elle devait sa première dénomination à sa qualité distinctive l'infusibilité.

Ce minéral diffère de la staurotide, en ce que la potasse y remplace le fer. Je l'avais trouvé souvent roulé à l'île du Levant, à l'état pierreux, mais rarement à l'état régulier, dans une gangue quartzeuse. Les arêtes, comme on le pense bien, en étaient alors obtuses et oblitérées ; et, depuis quelques années, je me faisais transporter à l'île pour trouver le gissement de ce minéral qui semblait me fuir, quand forcé par un temps un peu tourmenté et une mer houleuse de prendre terre au premier endroit venu, la roche à laquelle je m'accrochai pour débarquer, m'offrit dans une gangue de ce talc stéatite blanc, qu'on appelle craie de Briançon, de superbes cristaux d'andalousite (1). Le gissement où cette pierre se trouve en rognons détachés, est certainement dans la

---

(1) L'andalousite de l'île du Levant est vitreuse, violâtre, légèrement châtoyante ; ses cristaux sont prismatiques, simples ou maclés. J'en possédais divers échantillons, dont un amateur m'a débarrassé fort obligeamment, ainsi que de quelques autres substances curieuses de la contrée qu'il voulait étudier et décrire.

partie *nord-nord-est* de l'île, presque vis-à-vis Cavalaire.

Près du gissement si long-temps cherché et dont je devais la découverte à un heureux hasard et sur la surface de quelques schistes talqueux qui passent aux mica-schistes s'étaient aussi offertes à moi de belles tourmalines noires et brillantes; celles-là étaient de la grosseur du petit doigt, parfaitement cristallisées en prismes hexaèdres réguliers. J'en avais rencontré dans d'autres parties de l'île, mais en échantillons moins remarquables que ceux dont je parle. Au reste, je ne m'étendrai pas sur la tourmaline de l'île du Levant, qui n'a point de propriétés autres que celle qu'on lui connaît depuis Lemery, qui commença à indiquer ses qualités électriques; seulement j'ajouterai qu'on la rencontre à tous les états, c'est-à-dire compacte, bacillaire, fibreuse, cylindroïde, lithoïde même; et, chose assez bizarre, contournée aussi comme les cristaux de disthène dont j'ai déjà parlé.

On avait signalé, depuis assez long-temps, à l'île du Levant, un gissement d'asbeste ou amianthe. L'accès en est aujourd'hui fort difficile : des éboulemens de roches, joints à la raideur des pentes, ne permettaient pas trop, il y a quelques années, de s'en approcher sans danger ; mais au moyen d'une barque prise au débarcadère ou à la plage du Titan, endroits que fréquentent assez volontiers les pêcheurs, on peut parvenir *à la mine*, c'est ainsi que ce lieu est désigné par les habitans.

L'asbeste se trouve dans les fissures d'une roche magnésienne, espèce de serpentine ou plutôt de talc ollaire. Il y affecte plusieurs formes et plusieurs couleurs. Ses fibres sont le plus souvent d'un blanc d'argent, assez soyeuses, mais dures et compactes ; une variété presque semblable à du bois pourri, est assez cotonneuse, mais à filament très courts. La plus curieuse est une asbeste granulaire, dont j'ai envoyé, dans le temps, des échantillons au musée d'histoire naturelle de Paris, sur l'invitation d'une personne qui m'avait assuré qu'on n'en possédait point. Cette dernière variété est assez rare, même sur les lieux : elle semble tantôt concrétionnée en choux fleurs, tantôt en crêtes de coq, et d'autres fois en petits grains globuleux entremêlés de quartz ou de feldspath.

Un peu au dessus du gissement d'asbestes, on trouve une actinote vert tendre, légèrement nacrée et chatoyante. Cet amphibole calcaréo ferrugineux est bacillaire, mais non pas à fibres droites; il s'offre, en outre sous forme de petites lames assez étroites, irrégulièrement superposées ou divergentes. C'est sans contredit une des substances les plus remarquables de l'île, après toutefois les curieuses cristallisations des titanoxides et des titaniates. Le titane rutile s'y rencontre très fréquemment, et quelquefois en morceaux pesant plusieurs onces, dans une gangue quartzeuse ; il est amorphe, ou ses cristaux dérivent d'un prisme à base carrée. On y trouve aussi cette variété de cristallisation qu'on appelle géniculaire.

Le titaniate de fer ou nigrine s'est trouvé dans le mica-schiste ; il est solide, noir, métalloïde et cristallise en octaèdre. Je possède une dernière variété de titanide, non encore bien déterminée ; c'est un long prisme tétraèdre empâté aussi dans la roche citée plus haut. C'est peut-être aussi un bititaniate de fer ; mais sa cristallisation n'a point encore été indiquée et reconnue.

Ici se termine cette nomenclature assez détaillée des substances minérales existant dans le terroir d'Hyères. Je n'ai point parlé du fer sulfuré, car, ainsi que je l'ai déjà dit, on en trouve partout, soit à la surface du sol, soit dans les profondeurs de la terre, à la presqu'île de Giens comme dans les Maures, dans la partie calcaire comme parmi les grès. Dans ces derniers terrains, à l'*est* de la vallée de Sauvebonne, il s'en est présenté des échantillons de la forme et la grosseur d'un œuf de pigeon radiés et concentriques.

Quelques fouilles entreprises, il y a plusieurs années, dans la terre de Sigarou, où l'on creusait un puits, mirent au jour divers légers indices de houille. Il n'eût point été impossible, au milieu des grès bigarrés qui constituent les roches de cette portion du territoire, qu'on eût pu trouver ce combustible si précieux pour un département maritime, et qu'on fait venir à grands frais de Rive-de-Gier et de Saint-Etienne. Le propriétaire, M. Blaise Aurran, habile et riche agriculteur, ne crut pas devoir s'occuper de cette source de richesses. On termina le puits sans creuser beaucoup plus avant, et tout en resta là.

BOTANIQUE.

Il n'est point extraordinaire qu'une étendue de près de vingt-sept mille hectares, qui comprend des terrains de nature si différentes, des expositions si diverses, des régions soumises à des températures si opposées, soit fréquemment citée et parcourue par les botanistes. Il serait même étonnant que ce canton, coupé de vastes plaines et de montagnes rocailleuses, de prairies et de forêts, de sables incultes et de jardins arrosés par mille canaux, de marais et de landes, ne présentât pas une végétation prodigieusement variée.

Donner une Flore complète du terroir d'Hyères serait donc, pour ainsi dire, offrir un catalogue complet de toutes les plantes du département. Aussi ne mentionnerai-je que celles d'abord qui constituent la physionomie végétale de la localité et celles qu'on peut appeler rares, ou dont l'existence à Hyères est à peu près ignorée.

Ce qui séduit le voyageur quand son œil plonge sur le bassin d'Hyères et se reporte sur les montagnes ou les hautes collines qui l'encadrent, c'est l'apparence de vie et de forte sève qui caractérise la plupart des plan-est usuelles qu'il connaît déjà. Les mauves, par exemple, et les molènes qui, dans le Nord, rampent presque sur le sol, acquièrent ici un développement qui a forcé les botanistes à en faire des variétés particulières.

Si de ces plantes, qui d'ordinaire bordent les routes, l'œil se porte au revers des fossés et sur les haies, alors ce sont nouvelles surprises et nouveaux enchantemens ; là, on remarque les lentisques à la gomme odorante, les grenadiers et les myrtes, plus loin les tamarix aux rameaux légers et élégans, qui crient et semblent se plaindre aux secousses répétées du vent; c'est dans les prés, la famille si nombreuse des orchis, et celle des ophrys, qui a tant d'analogie avec elle, puis viennent les glayeuls et les narcisses, etc. Ces immenses revers de collines à pentes douces et insensibles, que nous pouvons appeler nos makis, voient croître abondamment, ainsi que ceux de la Corse, le *cistus Monspeliensis*, et le *cytisus triflorus*, le *cytisus Telonensis* (1), découvert et nommé, par M. Robert, directeur du jardin botanique de Toulon, l'*erica* et toute ses variétés, même l'*erica arborea*, *multiflora*, *vulgaris*, le *pistacia lentiscus*, l'*arbutus unedo*, le *lavendula stæchas*, le *lavendula spica*, plusieurs espèces de *lonicera*, l'*ulex* aux pointes aiguës, le *ferula communis* (2), *cistus albidus*, *cistus ladaniferus*, les el-

---

(1) Cette espèce a été nommée, par Decandole, *adenocarpus*, et elle est connue aujourd'hui généralement sous ce nom.

(2) Le *ferula communis* ne croît et ne se trouve que sur la montagne du château.

lébores, les digitales, les genièvres, parmi lesquels s'élève le *juniperus phœnicea*; les *juniperus lycia* s'entremêlent à tous ces arbrisseaux déjà cités ; la citronelle, *artemisia absinthium arborescens* y jette ses suaves odeurs, et le romarin ses émanations pénétrantes. Les *phillirea*, les chênes de différentes espèces, l'hysope qui s'élève à deux pieds se multiplient sur plusieurs points. Dans les sables qui longent la mer à l'*est*, ailleurs, presque partout, se détachent du sol l'élégant asphodèle, le *cheirantus maritimus*, l'*ixia bulbocodium*. Dans les terrains encore imprégnés de sels marins, on trouve la soude, la salicorne, l'arroche halime, et des staticés ; sur les roches maritimes, le lichen-rocella, le *cakile maritima*, le *crithmum maritimum* à la feuille succulente.

L'île du Levant, si curieuse sous le rapport de la minéralogie, ne l'est pas moins par les plantes qui y croissent. Le *teucrium marum*, connu plus communément sous le nom d'herbe aux chats, s'y trouve en quantité, ainsi que le *teucrium Massiliense*, le Daphné tartonraire, *passerina tartonreira*, que j'ai essayé plusieurs fois, inutilement, de transporter sur le continent. On y remarque aussi le joli arbrisseau désigné par Linnée sous le nom de *coronilla juncea*; le *teucrium pomum redolens*, le *serapias lingua*, le *leontodon tuberosum*, l'*echium italicum*, l'*euphorbia dendroïdes*, le *teucrium capitatum*, le *diotis candidissima*, l'*echinophora spinosa*, l'*euphrasia linifolia*. Auprès du *vitex agnus-castus*, qui atteint des proportions colossales pour un arbrisseau, s'étend le *convolvulus althæoïdes*, à ses pieds vient presque ramper le *jasminum humile*. La moisson ne s'arrête point là ; le voyageur qui parcourra les îles peut s'attendre à rencontrer sous ses pas le *cheirantus tricuspidatus*, le *silene quinque-vulnera*, le *psoralea bituminosa*, et le *daphne gnidium*, plus connu sous le nom de garou ; l'aloës panaché (1) croît, prospère, fleurit et s'étend sur les deux îlots situés en face de la presqu'île de Giens. Là, et ailleurs, se retrouvent les myrthes, les *genista linifolia*, *candicans*, *spinosa*, et une foule d'autres plantes aromatiques, plus ou moins connues, plus ou moins appréciées des herboristes de Montpellier, qui, depuis quelques années viennent constamment faire ici une ample moisson, dont ils tirent un profit très avantageux, en composant ces sachets aujourd'hui si répandus dans le commerce de la parfumerie.

A ces richesses naturelles, exploitées industrieusement par d'autres que par les habitans, on devra joindre les énormes avantages que pourrait donner pendant longues années le produit du *quercus suber* (2), le

---

(1) Le véritable nom de cette plante est *agave americana variegata*.

(2) Jusqu'à présent, on n'avait point soumis

chêne-liége. Le bénéfice provenant autrefois du droit de récolter le kermès (droit précieux offert en récompense à quelques indi-

---

le chêne-liége à la culture ; c'est à M. Jacques Aurran, membre correspondant de la Société centrale d'agriculture de Paris, qu'on doit une amélioration qui va peut-être changer totalement la face des montagnes schisteuses du département. Les essais de M. Aurran ont été commencés et terminés sur une échelle immense : plus de cinq cents hectares, appartenant à cet habile agriculteur, pourront bientôt servir de forêts-modèles. Voici de quelle manière il traite et soigne ces arbres, qui dans le terroir d'Hyères, font naturellement partie des bois bas, et se trouvèrent long-temps mêlés aux cystes et aux bruyères. Dans cet état, selon M. Aurran, le chêne-liége n'est point en général susceptible d'un grand accroissement; aussi le coupe-t-il à fleur de terre, de même que toutes les broussailles qui le dominent ou l'étouffent. Après quoi il faut s'attacher aux rejetons de la plus belle venue et détruire et extirper tous les autres. Cette opération a besoin d'être assez souvent renouvelée, ainsi que celle d'un prudent élaguage que réclame le pied conservé ; et si l'on veut hâter

vidus privilégiés, dont on prétendait ainsi récompenser les hauts services) devaient être peu considérables, si on veut le comparer

les progrès de la végétation d'une manière incalculable, il convient de lui donner une culture à bras, si peu profonde qu'elle soit.

« Une forêt ainsi formée et soignée, dit M. Aur-
« ran, dans une note qu'il a bien voulu me
« communiquer, peut, au bout de dix ans, dis-
« penser le propriétaire de nouveaux soins : les
« arbres en sont devenus vigoureux ; ils domi-
« nent assez pour ne pas permettre aux arbus-
« tes et arbrisseaux qui forment les bois bas,
« de prendre de la consistance, et dès lors,
« par conséquent, ils ne craignent plus les in-
« cendies, fléau le plus à redouter dans nos
« contrées.

« Au bout de ce laps de temps, une autre
« opération non moins importante peut être com-
« mencée sur quelques uns des plus beaux su-
« jets ; c'est celle connue en Provence sous le
« nom de *demasclage*, c'est-à-dire l'enlèvement
« de la première écorce. »

Croirait-on que des arbres, provenant de semis opérés dans des terrains passables et défoncés avant qu'on ne leur eût confié le gland, aux immenses richesses que procurerait la culture bien entendue du liége, qui croît naturellement dans toute la partie du ter-

---

recevant exactement les mêmes soins que les rejetons, éprouvent sur ceux-ci un retard de dix à douze ans?

Quant aux anciens chênes disséminés ordinairement parmi les bruyères à de grandes distances les uns des autres, et qui sont encore debout quoiqu'atteints par les incendies, on peut dire que la culture produit aussi un effet surprenant sur leur végétation; et que par ce moyen, ils se régénèrent au point de prendre l'aspect des arbres les plus sains et les plus vigoureux, de ceux enfin que la flamme a épargnés; la seule différence existe dans leurs produits. Le liége extrait de ceux-là est d'une qualité inférieure, quoique plus pesante. Il paraîtrait donc assez sage de ne donner qu'une seule fois une façon au pied de ces arbres, et ensuite de veiller à ce que le terrain ne se couvrît pas d'arbustes parasites; le liége récolté se maintiendra tel quel, sans qu'on ait à craindre de le voir passer au rebut; et si le prix qu'on peut en offrir est moindre, tout se trouve à peu près compensé par l'augmentation du poids.

roir d'Hyères, où se rencontrent les mica-schistes et les schistes talqueux. Cet arbre vient encore passablement parmi les bancs puissans de grès de la vallée de Sauvebonne, qui ne sont point subordonnés au calcaire ; mais sur cette dernière nature de terrain, à très peu d'exceptions près, il végète petit, maigre et rabougri ; et finit par s'éteindre entièrement.

Jusqu'à présent j'ai donné le nom d'un assez bon nombre de plantes qu'on voit partout sur le continent et les îles, il convient d'indiquer maintenant quelques-unes de celles qui croissent dans certains lieux particuliers et qu'on ne trouve que là.

Ainsi l'*anemone coronata*, qu'on cultive dans les jardins du nord, vient naturellement dans les plaines de la Crau d'Hyères. L'*anemone stellata* se trouve sur la berge des ruisseaux. Quant à l'*anemone palmata*, elle n'existe qu'entre la terre de Galoupet et les salines. L'*orchis robertiana*, découverte par

M. Robert, cet homme si dévoué à la science pratique, se rencontre surtout dans la colline Saint-Martin, au *sud-ouest* de la ville. L'*orchis bifolia*, essentiellement remarquable par son odeur, n'a encore été aperçue que sur le revers *nord*, dans le premier affaissement de la montagne qui domine le cimetière.

Sur la route de Hyères à Toulon, non loin du pont de Regannat, surgit du sol et en abondance la plante jolie et rare qu'on appelle le *polygonum pulchellum*; le *lavatera olbiensis*, qu'on trouve à peu près sur tous les points du territoire, vient mieux qu'autre part sur le chemin de Carqueiranne à Hyères.

Le *corris Monspeliensis* aime les lieux arides de la colline de l'Hermitage, de même que le *smylax aspera* se plaît à grimper les haies. Le *mauritanica* est spécial aux îles. Le savant M. Honorat, de Dignes, dans son catalogue des plantes de la Provence, indique, parmi les *phanerogames* et dans la famille des graminées, le *bromus requieni* et le *divaricatus*, comme se trouvant aux îles d'Hyères. Il cite comme croissant dans les mêmes lieux, l'*agrostis lendigera*, la *lamarkia aurea*, qu'on voit à Hyères comme dans la vallée de Barcelonette, à cinquante lieues de distance; le *panicum repens*, qui ne quitte pas les bords de la mer, au moins dans nos contrées; la *rotbolla erecta*, parmi les sables maritimes; dans les endroits marécageux le *scirpus littoralis*, de la famille des cypéracées, etc. etc.

A cette liste déjà si nombreuse et qu'il eût été bien facile d'augmenter, peut être devrait-on ajouter les noms de quelques plantes exotiques qui, après avoir été cultivées dans les jardins, se sont répandues ou naturalisées d'elles-mêmes sur le sol. Dans ce nombre se trouvent les cactus nopals, les *agave americana* que nous avons vu fleurir, il y a trois ou quatre années, à la presqu'île de Giens, le *vicia Bengalensis* trouvé et cité par Darluc, etc. etc. Mais la terre seule n'a pas été favorable à la germination et surtout à l'accroissement de ces plantes venues originairement des contrées intertropicales. Il a fallu qu'elles fussent favorisées par une température quelque peu analogue à celle qui les fait prospérer ailleurs ; et comme tout se lie et s'enchaîne dans les harmonies de la nature, je me trouve ainsi appelé à traiter de la météorologie avec quelques détails, et à offrir quelques tableaux sur l'exactitude desquels on pourra compter, et qui jetteront plus de jour sur la question que tous les raisonnemens possibles.

MÉTÉOROLOGIE.

Le doux climat d'Hyères est renommé, mais cette température mérite-t-elle toute la réputation qu'on lui a faite ? c'est ce que nous examinerons avec impartialité.

Au dire des voyageurs et des différentes compilations connues sous le nom de *Guides de l'étranger en France*, le ciel, à Hyères, serait toujours pur, la terre embaumée et rafraîchie par le zéphir ; les autres vents craindraient de troubler un instant cette sérénité classique de l'atmosphère. Les neiges et les frimats seraient inconnus des habitans de la contrée ; les fruits, les boutons, les fleurs se verraient en même temps sur tous les arbres ; le sol infatigable ne se reposerait point et fournirait, sans peine et sans travail, des sucs toujours nouveaux à la végétation la plus vigoureuse et la plus variée, etc. etc. On ne sait trop comment, en vérité, ces exagérations ont été écrites et répétées. Quant à moi, il me semble que la vérité est plus attrayante que le faux, le ridicule ou l'impossible. Donc un printemps perpétuel ne règne pas dans notre vallée. L'hiver y est marqué par quelques journées froides ou plu-

vieuses ; les vents y arrivent violens et par
fois dévastateurs ; les chaleurs de l'été, sans
être insupportables, sont longues et conti-
nues. Toutes les parties du territoire qui ne
sont point favorisées par des irrigations naturelles ou artificielles, présentent l'image de
la sécheresse ou de l'aridité ; des tourbillons
de poussière s'élèvent sous les pas du voyageur, l'enveloppent et lui cachent quelquefois la route qu'il doit tenir. Des orages inat-
tendus, menaçans, destructeurs, viennent y
verser leur épouvante et leur rage, y fondre
en grêle ou en torrens de pluies. Et après
tout, et malgré tout, cette vallée est sans
contredit la plus favorisée du ciel en France,
car ces quelques momens de froid sont sui-
vis d'une longue suite de belles et tièdes journées ; ces chaleurs de l'été sont tempérées
par la brise de mer qui souffle régulièrement
durant une partie du jour, et nous arrive
sans obstacle ou en effleurant la cime des
collines boisées : la montagne qui domine

la ville offre un puissant abri contre la force des vents. Les routes sont bien entretenues, sans ornières, larges et profondes, sans graviers amoncelés comme dans le Nord : les voitures y roulent comme emportées sur des chemins de fer. Les cultures sont variées, les arbres s'affaissent d'ordinaire sous le poids des fruits, les herbages y croissent sans interruption, les foins s'y coupent cinq, six et sept fois ; et c'est à la température qu'on doit tous ces avantages, à la puissance du soleil, aux abondantes rosées, plus encore peut-être qu'au cours profitable des eaux.

Quoiqu'il en soit, les observateurs peuvent diviser le terroir en trois zônes différentes, chacune soumise habituellement à une température qui lui est propre : 1° Celle d'Hyères et de ses jardins, garantie du froid et de certains vents par les montagnes du Château, de Fenouillet, des Fourches et le grand angle de Coudon ; 2° Celle qu'on pourrait appeler du Littoral, et qui s'étend à l'*est* par delà le Gapeau, et à l'*ouest* du côté de la demi-lune du Ceinturon et des terrains bas qui y conduisent. Enfin, la troisième est celle qui est particulière à toute cette suite de vallées et de collines comprises depuis le revers *nord* des montagnes déjà citées et la chaîne qui commence les terroirs de Collobrières, Pierrefeu, Pignans, etc. etc. C'est principalement sur la première de ces zônes qu'il était important de recueillir des observations thermométriques exactes ; car c'est là que croissent en pleine terre l'oranger et d'autres plantes exotiques ; c'est là que, pendant l'hiver, de nombreux étrangers viennent chercher des palliatifs à leurs maux et l'espérance d'en guérir ; c'est là que se sont opérées, comme d'elles-mêmes, quelques cures surprenantes qui ont continué et maintenu la vieille réputation de la contrée. Au reste, on pourra suivre l'échelle proportionnelle des trois températures, quand on saura qu'il existe presque toujours une différence de un degré et demi à deux degrés, entre la première zône et la deuxième, et une différence de deux à quatre, entre la seconde et la troisième.

Les vents, comme on peut bien le penser, jouent un grand rôle dans les phases de la température, et le *mistral*, *maestral*, le maître enfin, opère à lui seul des abaissemens subits de six à huit degrés.

Une observation à faire, c'est qu'en général et depuis un laps de temps très considérable, les fenêtres de la plupart des maisons étaient ouvertes au midi, et cela parce que ces ouvertures pratiquées ainsi, laissent pénétrer plus de chaleur en hiver et un air rafraîchi en été. Ce sont les vents marins qui, pendant la dure saison, font monter le thermomètre, et les mêmes qui rendent l'été plus supportable. C'est surtout dans cette saison que souffle ce que les navigateurs appellent le vent de terre, qui cesse d'être sensible à trois quarts de lieue de la côte. Il s'élève communément le matin alors que l'aube du jour commence à poindre, et le soir au moment où le soleil s'incline vers l'*ouest*.

On peut dire sans craindre de se tromper que les vents, à Hyères, à quelques exceptions près, se font sentir et se succèdent dans l'ordre suivant : pendant le printemps, ce sont les vents d'*est*, du *sud* et du *nord-est*; durant l'été (1) dominent les vents du *sud*, *sud-est* et *ouest* ; quand l'automne arrive, ils cèdent aux vents du *sud-ouest*, *ouest* et *nord-est*, que remplacent en hiver les vents du *nord*, *nord-est*, *sud-est*, *sud* et enfin *nord-ouest*.

J'ai sous les yeux le résultat d'observations faites pendant quelques années, qui permet d'établir le terme moyen suivant : le *nord*

---

(1) Il n'est point rare, dans cette saison, après un violent orage, de ressentir le vent du nord-ouest pendant trois, six et même neuf jours.

souffle dix à douze jours au plus, l'*est* soixante-cinq, le *sud* cent vingt, l'*ouest* quarante, le *nord-est* vingt, l'*ouest* trente-cinq, le *sud-est* vingt, le *sud-ouest* dix-huit, le *nord-ouest* vingt-sept, vents variables huit à dix. Le mistral, malgré son effet fatigant sur les hommes, les animaux et surtout sur les plantes qu'il dessèche ou resserre, arrête souvent bien à propos la végétation, que saisit d'autres fois dans toute sa force, un froid qui tue dans une seule nuit les arbres délicats cultivés à Hyères. D'un autre côté les vents d'*est* amènent, au printemps, les pluies qui, de concert avec le soleil, accélèrent le mouvement de la sève ; ceux du *sud-est* et du *sud-ouest* poussent et roulent ces nuages noirs et épais qui, en octobre et en novembre, viennent fondre sur le sol et préparent les terres à recevoir les céréales qu'on sème à cette époque ; car si les pluies ne sont pas très fréquentes en ce pays, elles sont ordinairement très abondantes. Aux époques citées, on peut compter quarante jours de pluie, année commune ; ce nombre est par fois dépassé, plus souvent encore il est moindre. En 1825, il ne fut que de trente-trois jours ; aussi cette année fut-elle regardée comme une des plus sèches dont se soit conservé le souvenir. Avant de donner deux tableaux qui compléteront tout ce que je viens de dire sur la température, qu'il me soit permis de relever une erreur propagée par ces voyageurs qui prennent au hasard leurs notes ou leurs documens : on a écrit, répété et l'on croit encore dans le nord de la France, qu'il ne tombe point de neige à Hyères; et cependant, depuis 1806 jusqu'au moment actuel, on peut affirmer qu'elle a couvert le sol huit à neuf fois ; qu'en 1820, elle resta sur la terre toute une journée, et qu'en 1829, elle n'était pas encore fondue le deuxième jour. Ainsi (1),

---

(1) Des personnes qui ont habité long-temps

tous les trois ans, à peu près, la neige tombe, séjourne quelques heures, ou souvent moins long-temps ; car, en 1809, 1814 et 1827, elle n'y demeura pas trois quarts d'heure, et fondit presque immédiatement à la chaleur de la terre ou à celle du soleil.

J'ai parlé des rosées abondantes de la saison chaude, je devrai donc aussi dire un mot des brouillards marins. Il y a cent trente ans qu'ils étaient plus fréquens qu'ils ne le sont aujourd'hui ; car, dans un cahier de doléances présenté aux états par les habi-

---

Nice, m'ont assuré que la neige y tombait plus fréquemment qu'à Hyères. Cependant M. Risso, dans son ouvrage intitulé : *Histoire naturelle des principales productions de l'Europe méridionale*, tome 1ᵉʳ, page 233, dit positivement, « que « toutes choses à peu près égales, il ne tombe « de neige dans les environs de Nice que de « cinq à six ans. » Sans doute, cet estimable auteur n'entend parler que de celle qui y séjourne.

tans pour obtenir une diminution d'impôts, on leur attribue une foule de qualités malfaisantes, et un effet plus direct et plus immédiat sur les récoltes du littoral, que nous ne le voyons de nos jours. Quoiqu'il en soit, ces brouillards, heureusement très rares aux jours où je parle, s'élèvent durant le printemps et à l'automne vers dix à onze heures du matin, ils deviennent épais et gras, marchent lentement du *sud* au *nord*, gagnent le pied des montagnes à l'*est* et à l'*ouest*, et finissent par se répandre et retomber dans les vallons. Ces vapeurs marines (1) cauté-

---

(1) Cette opinion est celle de nos cultivateurs. Il paraît encore, d'après M. Risso, qu'elle est partagée par les habitans de la campagne de Nice. Cet auteur ne semble pas la regarder comme bien fondée ; et il assigne au mal réel que ces brouillards occasionnent, une cause qui pourrait bien être la véritable. Ce serait, selon lui *le passage brusque d'une atmosphère fraîche et brumeuse à celle de l'action directe du soleil.*

risent et brûlent les bourgeons de l'olivier, du figuier et même ceux plus tardifs de la vigne. On s'en plaint encore ; mais il paraît constant que leur maligne influence s'étend moins et est moins redoutée qu'elle ne l'était autrefois. Cette partie de la vallée, formée par l'abaissement des montagnes calcaires et celle de Fenouillet, semble même en être tout à fait exempte aujourd'hui ; et dans les documens que j'ai sous les yeux, je vois que ces quartiers redoutaient autrefois leur approche et leur effet pernicieux.

Dans un ouvrage tel que celui-ci, on doit, le plus possible, s'entourer des lumières de personnes connues par leur spécialité. Personne n'ignore, à Hyères et même au loin, la scrupuleuse exactitude qu'apporte M. Hypp. de Beauregard à ses observations météorologiques. Je n'ai donc pu mieux faire que d'avoir recours à son obligeance pour donner au public un relevé exact ou même un tableau du plus grand froid éprouvé à Hyères, à commencer de l'hiver de 1810 jusqu'à celui de 1840. J'offrirai, grace à lui, un second tableau, non moins précieux par sa justesse, il présente les quantités d'eau tombées, à Hyères, chaque année, depuis 1814 jusqu'à l'époque actuelle.

TABLEAU des plus grands froids éprouvés, à Hyères, de 1810 à 1840, d'après le thermomètre de Réaumur.

HIVER DE	DATES.	MOIS DE	VARIATIONS et différences
1810 à 1811	1er	Janvier.	—3° 1/2
1811 à 1812	23	Idem.	—2°
1812 à 1813	15	Idem.	zéro
1813 à 1814	25	Idem.	—4°. 3/4
Idem.	10	Mars.	—2° 1/2
1814 à 1815	21	Janvier.	—4° 3/4
1815 à 1816	1er	Février.	—2° 1/2
1816 à 1817		Décembre.	+1° 1/2
1817 à 1818	12	Idem.	+2°
1818 à 1819	14	Idem.	zéro
1819 à 1820	11	Janvier.	—9° 1/2
1820 à 1821	2	Idem.	zéro
1821 à 1822	9	Idem.	zéro
1822 à 1823	19	Idem.	—1°
1823 à 1824	19	Idem.	zéro
1824 à 1825	6	Février.	+0° 1/2
1825 à 1826	11	Janvier.	—2° 1/3
1826 à 1827	24	Idem.	—2° 9/10
1827 à 1828	13	Février.	+0° 1/4
1828 à 1829	13	Idem.	—0° 1/2
1829 à 1830	28	Décembre.	—4° 1/4
Idem.	15	Janvier.	—4°
Idem.	2	Février.	—4°
Idem.	6	Idem.	—3° 2/3
1830 à 1831	5	Décembre.	—1° 2/3
1831 à 1832	29	Idem.	—0° 1/2
1832 à 1833	23	Janvier.	+0° 1/2
1833 à 1834	12	Février.	+0° 1/10
1834 à 1835	26	Décembre.	+0° 1/2
1835 a 1836	2	Janvier.	—1°
1836 à 1837	30	Décembre.	—5°
1837 à 1838	12	Janvier.	—1°
1838 à 1839	2	Février.	—0° 3/4
1839 à 1840	25	Mars.	—0° 1/4

Quantité d'eau tombée à Hyères chaque année, mois par mois, depuis le 1ᵉʳ janvier 1824.

ANNÉES.	Janvier.		Février.		Mars.		Avril.		Mai.		Juin.		Juillet.		Août.		Septembre.		Octobre.		Novembre.		Décembre.		Totaux.	
	p.	li.	p.	li.	p.	li.	p.	li.	p.	li.	p.	li.	p.	li.	p.	li.	p.	li.	p.	li.	p.	li.	p.	li.	po.	lig.
1824	0	2,5	0	5,7	0	0,0	2	0,0	2	0,5	0	9,2	0	0,0	0	0,06	0	4,3	8	4,0	0	7,3	0	0,7	24	5,0
1825	1	0,63	0	8,7	0	1,8	0	1,0	0	3,0	0	0,2	0	3,0	0	9,0	0	2,5	5	5,1	5	5,5	5	5,7	14	2,2
1826	1	2,2	4	6,0	1	1,4	0	1,0	0	7,7	0	7,5	0	2,00	0	8,04	0	0,1	0	9,49	0	0,0	0	0,5	36	11,8
1827	5	7,0	0	0,0	0	0,0	0	4,0	0	9,0	0	3,0	0	0,01	0	8,5	0	1,8	4	4,30	0	7,2	7	7,0	23	5,5
1828	6	6,5	2	7,0	0	4,2	1	8,7	0	6,6	0	0,0	0	0,0	0	2,5	0	5,97	5	5,8	2	10,7	1	1,7	25	11,6
1829	0	1,7	1	5,5	4	10,1	0	7,4	0	10,1	2	2,70	0	5,5	0	1,8	0	10,5	2	3,82	0	0,4	9	9,4	46	0,9
1830	1	5,9	2	0,21	0	10,1	1	1,2	1	7,5	2	3,80	0	0,3	0	1,83	0	10,5	0	0,6	1	0,4	8	6,0	27	1,5
1831	5	2,9	5	0,01	1	5,7	1	1,2	0	1,6	0	10,5	0	9,3	0	0,2	0	0,6	0	0,6	0	10,9	9	6,0	27	0,9
1832	5	11,7	7	2,5	1	6,2	2	9,5	1	2,00	0	10,5	0	10,3	0	6,00	0	10,2	5	5,4	11	1,8	10	10,1	25	2,4
1833	1	5,3	17	4,7	4	0,3	5	6,11	5	0,3	0	6,10	0	2,3	0	1,3	0	7,11	5	2,03	4	9,3	0	0,0	27	4,3

Ces observations n'ont été commencées, cette première année, que le 15 mai ; il était tombé, jusqu'à cette époque, environ 5 p. 6 ligne d'eau.

Tout le monde sait aujourd'hui quelles singulières modifications la topographie physique peut apporter au climat, et par conséquent à la salubrité d'un canton : la configuration des montagnes, l'enfoncement des vallées, le cours des eaux, l'étendue des marais et des étangs, leur éloignement ou leur rapprochement des endroits habités, l'élévation des arbres, la nature même des cultures, sont autant d'agens secrets et puissans qui peuvent changer totalement la face d'un pays, dans l'espace de plusieurs siècles. Ainsi le détournement d'une partie des eaux du Gapeau, en 1558, le desséchement récent des marais, la plantation d'une grande quantité de mûriers le long des routes, et d'autres arbres au milieu des prairies, le déboisement des collines, ont eu une immense influence sur la santé des habitans, et par conséquent sur l'accroissement de la population

lation. Certains animaux (1) ont totalement disparu du pays ; d'autres, tels que divers oiseaux de passage, qui ne fréquentent que les contrées tout à fait marécageuses, et qui s'y montraient régulièrement, ne se laissent plus voir que de loin en loin.

Le gros bétail, qui était rare et dont la multiplication a tant de rapports avec les progrès de la culture, s'y trouve aujourd'hui assez abondamment ; en revanche et heureusement, les nombreux troupeaux de chèvres, à la dent meurtrière, ont quitté le pays. Les richesses territoriales ont augmenté ; les ressources locales aussi : chaque jour voit se développer et satisfaire de nouveaux be-

---

(1) Les chevreuils et les cerfs, entr'autres, qui, au dire de Darluc et de quelques vieux géographes, étaient assez nombreux sur les montagnes de Carqueiranne et de la Colle-Noire, n'existent plus qu'en très petit nombre dans les bois de la Verne, à plus de dix lieues de la ville d'Hyères.

soins. Hyères est devenu aussi habitable l'été que l'hiver ; et je terminerai cet article important en disant que si ce n'est pas le plus doux, le plus riche, le plus heureux pays du monde, c'est de tous les coins de la France le moins maltraité par la nature et par Dieu. Si les étrangers voulaient connaître à cet égard l'opinion de quelques médecins célèbres je leur donnerais, en opposition à celle du docteur Clarke, les paroles du vieux Darluc, de Fodéré, de Landré Beauvais, et enfin celle plus puissante, selon nous, d'un homme peut-être moins connu, mais plus à même de faire apprécier la vérité qu'aucun autre, car depuis vingt-cinq ans il étudie ce climat et ses effets sur les différentes maladies de poitrine : tout le monde rend cette justice à M. Allègre, que jamais l'intérêt particulier n'a retenu sa pensée ; et je suis certain qu'il ne démentira pas des idées qui sont siennes.

J'ai déjà cité, dans un autre ouvrage, les propres expressions de Fodéré ; je les répéterai, car elles seront ici à leur véritable place.

Après avoir récapitulé les diverses localités que les personnes attaquées de la poitrine doivent habiter de préférence, cet habile praticien, aujourd'hui professeur à la faculté de Strasbourg, parle de Nice, où il a exercé lui-même la médecine pendant plusieurs années, et il ajoute : « La ville
« d'Hyères, qui est éloignée d'une lieue de
« la mer, pourrait, sous certains rapports,
« obtenir la préférence et paraîtrait même
« *être un peu plus chaude en hiver et moins*
« *exposée que celle de Nice aux variations*
« *brusques de la température.* — Ainsi que
« dans tous les climats où la chaleur favo-
« rise la transpiration, les habitans d'Hyè-
« res ne sont sujets ni à la goutte, ni aux
« rhumatismes, ni à l'asthme, et les étran-
« gers qui sont attaqués de ces maladies et

« qui viennent y passer l'hiver, sont presque
« sûrs, de même que sur le littoral des Al-
« pes maritimes, d'y éprouver un grand
« soulagement. L'absence des pluies et des
« brouillards, et l'exercice qu'on peut faire
« tous les jours dans cette saison au milieu
« d'une belle végétation, rendent certaine-
« ment ce séjour très recommandable. » Le
docteur Allègre, qui plus d'une fois a dirigé lui-même sur Nice, Gênes, Pise, Naples ou Madère, des personnes atteintes d'affections de poitrine toutes particulières, en
a vu aussi partir beaucoup d'autres avec re-
gret, certain qu'il était, que le climat d'Hyères leur serait plus favorable que celui de telle
ou telle localité que je viens de citer. Je
voudrais pouvoir entrer dans plus de détails
sur un sujet d'une si haute importance qu'il
aurait besoin d'être traité dans un ouvrage
tout à fait spécial ; mais ma tâche est rem-
plie à cet égard, et il n'appartient qu'à un
médecin de combler la lacune que mon igno-

rance sur ces matières peut avoir laissée.

ZOOLOGIE.

Après avoir parlé du sol, de ses productions naturelles et de sa température, je serai conduit à m'occuper de tous les êtres vivans qui l'habitent ; mais pour ne point m'astreindre à des répétitions inutiles, je ne traiterai que des exceptions, me réservant, dans un résumé rapide de mon œuvre, d'indiquer les différens animaux qui peuplent le département, et les lieux qu'ils choisissent pour demeure ou pour repaire. Ainsi, je ne dirai point que le loup, le sanglier, le renard, le blaireau, la martre et le chat sauvage, se trouvent dans les forêts d'Hyères, mais je rapporterai que l'on a tué quelquefois la loutre sur les bords du Gapeau ou le long des grands fossés qui coupent les anciens marais ; je rappellerai que quelques pauvres chevreuils égarés, sortis des bois de la Verne, se sont quelquefois montrés sur les confins de notre territoire. Toutefois si les quadrupèdes n'offrent rien de bien particulier, il n'en est pas de même pour les poissons, les coquillages, les crustacées, les insectes, et surtout les oiseaux. Là, sont des genres, des espèces, des variétés qui sont propres à la localité ou qui, au moment de leur passage régulier et périodique, s'y arrêtent assez long-temps pour devenir le sujet d'études consciencieuses, ou tout au moins d'une nomenclature assez détaillée.

Ornithologie.

Les ornithologistes seront quelquefois surpris d'y suivre le vol de l'aigle fauve (1) et du balbuzard (2); mais ces grands et forts oiseaux de proie ne se montrent que dans les hivers rigoureux; quant à l'aigle plaintif (3) et à

---

(1) Aquila fulva. (2) Pandion. (3) Aquila planga.

l'aigle commun, quoique rares aussi, ils nichent sur les plus hauts rochers des montagnes des Maures. Un grand duc (1) a été pris, il y a peu d'années, non loin des mêmes lieux. La grande outarde ne paraît que de loin en loin, le phénicoptère ou le flamant habite le long de notre étang pendant l'automne; l'hiver il disparaît et se montre de nouveau vers les mois de mars et d'avril. Ce même étang renferme huit à dix espèces de canards : le canard brun, le siffleur, le colvert, le souchet, etc. etc., et ils semblent vivre en parfaite intelligence avec les grèbes, les harles et les cormorans; il en est de même des foulques et des gallinacées aquatiques, parmi lesquels il est arrivé de rencontrer le porphyrion.

Dans les prairies, surtout après les pluies et les inondations, on aperçoit communément la famille des échassiers, les barges,

---

(1) *Strix bubo.*

les échasses, l'avocette, les chevaliers, le héron pourpré, le héron violet ou du Thibet, *ardea leucocephalia*; les hérons aigrettes, etc. et l'œdiodème, qui ne s'éloigne guères des mêmes lieux. Le chasseur y rencontre les deux ou trois variétés de bécassines ; la perdrix grecque est de passage et s'arrête ordinairement quelques jours dans les îles du Levant et de Portcros, ainsi que la bécasse, qui s'y cache dans les buissons épais et fourrés.

L'île Porquerolles était autrefois couverte de faisans dorés qu'y avait fait jeter Louis XIV; mais ils furent entièrement détruits à l'époque de la révolution. Depuis peu quelques faisans ordinaires, apportés de Corse, ont été lâchés dans l'île, et l'on compte déjà quelques paires, qui finiront par se multiplier, comme les perdrix rouges qui y sont aujourd'hui fort nombreuses.

Dans les champs cultivés et les vergers, s'envolent au moindre bruit la famille presque entière des becs-fins, des gros-becs, des moteux. Le moineau des marais, le grimpereau de muraille (1), les grives, le merle bleu (2), habitent les lieux qui leur sont propres, et leurs noms, ainsi que celui du coracias, qu'on y a tué plusieurs fois, va terminer cette liste étendue d'oiseaux pour la plupart peu communs dans l'intérieur de la France, et qui pour cette raison méritaient d'être cités.

Les lieux marécageux, notamment les alentours du Ceinturon, servent de point de départ et d'arrivée aux râles d'eau, genre de palmipèdes plus varié qu'on ne croit. Le *ralus griseus*, de Temmink, s'y trouve ainsi qu'une autre espèce qu'on pourrait désigner sous le nom de *niger*, tout à fait différent du *ralus aquaticus* au dire de plusieurs bons observateurs (3).

---

(1) Pterodroma muraria.
(2) Turdus cyaneus.
(3) M. V. Estalle est peut-être le premier qui ait

Dans la rade et en dehors des îles, se jouent sur les flots les oiseaux pêcheurs connus sous les noms de petrels, pingouins, macareux, et autour de rochers, les goëlands et les mouettes.

Au printemps arrivent l'ibis fraxinelle, et les guêpiers qui viennent de la terre d'Afrique, du Sénégal peut-être, où ils sont si nombreux. On les reconnaît, non à leur vol à peu près semblable à celui de l'hirondelle, mais à leur plumage chamarré de brillantes couleurs.

Icthyologie.

On n'attend pas davantage de moi, j'espère, les noms de tous les habitans de la mer. Les pêcheurs assurent que la côte est devenue moins poissonneuse qu'elle ne l'était autrefois ; il me semble que c'est une ancienne

---

bien observé cet oiseau et il lui a imposé le nom de *niger*.

plainte souvent renouvelée et qui prouve seulement que c'est un métier rude et précaire que celui de la pêche. Interrogez le patron après un coup de filet heureux, et vous verrez combien il peut varier dans ses idées et son langage.

Quoiqu'il en soit, la rade d'Hyères, les parages des îles, sont le rendez-vous habituel des pêcheurs dépendant de la prudhomie de Toulon, espèce de tribunal bâtard qui a ses réglemens spéciaux, ses lois et sa justice particulières, et qui, dans certains cas, rend, dit-on, des arrêts sans appel.

La pêche est une faible branche d'industrie pour Hyères, et ceux qui s'y adonnent, pour la plupart vieux marins sans retraite, sont peu nombreux. Cependant la madrague de Giens occupe journellement quinze à vingt bras. Le thon (1), *scomber thynnus* des na-

---

(1) Cette pêche du thon forme le sujet d'un des tableaux de Joseph Vernet ; il a été tant de fois

turalistes, s'y laisse prendre assez souvent ; et quoique cet immense et coûteux filet soit spécialement destiné à arrêter ces bandes voyageuses qui suivent annuellement les sinuosités de la côte, on retire plus fréquemment des maqueraux, *scomber scombrus*, des sardines, *clupea sprattus*, et quelquefois des anchois, *clupea encrasicolus* ; les raies, les soles, *pleuronectes solea*, les loups, *centropomus lupus*, les dorades, *sparus aurata*, s'apportent sur nos marchés de même que les muges ou mulets, *mugil cephalus*, les pagets, *sparus pagel*, bogues, *sparus boops*, rougets, *mullus ruber*, merlans, Saint-Pierre, *zeus faber*, et les crustacées y sont nombreux et variés ; le *palinurus vulgaris* ou langouste, *dromia caput mortuum*, cancre tête de mort,

---

gravé ; il se trouve sous les yeux de tant de personnes, et il donne une idée si exacte du moment curieux de la prise du poisson, qu'il me semble inutile d'entrer dans plus de détails.

calappa granulata, cancre migraine ; *grapsus varius*, cancre madré ; *plagusia depressa*, cancre aplati, *maïa squinado*, *maïa armata*, *macropus longi rostris* ; araignée de mer, *galathea strigosa*, l'écrevisse striée, etc. etc.

Quelques phoques (1) ont été vus, m'a-t-on assuré, parmi les rochers de la presqu'île de Giens, et ceux à l'est du fort Brégançon. Quant à moi, je n'ai jamais pu m'assurer, par mes propres yeux, de l'existence de cet amphibie dans nos parages, tandis que j'ai aperçu fréquemment, se jouant dans la rade, le dauphin, *delphinus delphis*, le marsouin et l'empereur (2). Il ne faut point douter que le requin, *squalus carcharias*, ne s'y trouve, ainsi que quelques puissans cétacées. Il y a quelques années qu'une vingtaine de ces poissons monstrueux, pouvant avoir de dix-

---

(1) *Monaca et vitulina maritima.*
(2) *Xephias gladius.*

huit à vingt-cinq pieds de long, s'étaient engagés dans le labyrinthe de la madrague, les efforts qu'ils firent pour en sortir causèrent un dommage considérable. Le chef, ou roi des pêcheurs, comme on l'appelle, me conta qu'on ne put en tuer qu'un seul à coups de fusil et de harpons, et qu'on en retira une énorme quantité d'huile.

Si la grande tortue de mer est rare, pour ne pas dire introuvable sur nos côtes, en revanche, on peut se procurer de ces reptiles de l'ordre des chéloniens, d'une espèce noirâtre et beaucoup plus petite, *testudo lutaria*, qui habitent les ruisseaux marécageux (1) du Palivestre et du Ceinturon, et qui se jettent dans l'étang dit des Pesquiers, ou dans la mer. La tortue de terre (2) est plus

---

(1) On m'a assuré qu'il s'en trouvait aussi à l'embouchure du Gapeau, où l'on ne rencontre guères d'autres poissons d'eau douce que des barbeaux, des anguilles et quelques truites.

(2) Les tortues de terre étaient même nombreu-

commune encore. J'en ai trouvé moi-même à Porquerolles, à Portcros et dans les bois de Léoube et du château Rouard (1).

Je n'abandonnerai pas cette exploration des profondeurs de nos mers, sans dire qu'elles sont tapissées d'éponges, de polipiers et de madrépores ; et que si les coraux y occupent moins de plongeurs que dans les temps an- anciens, cette industrie cependant n'est pas tout à fait abandonnée, car les pêcheurs gé- nois, gens qu'aucunes fatigues ne rebutent, viennent presque tous les ans exploiter ces produits marins et les utiliser à leur profit.

---

ses dans les îles et surtout à Porquerolles ; mais sous l'empire, huit à dix mille soldats désœuvrés, qui y tenaient garnison, en ont considérablement diminué le nombre. On recommande le bouillon de tortue aux phtisiques.

(1) Immense et superbe propriété faisant par- tie autrefois de la châtellenie de Brégançon. Ses vins blancs sont de qualité supérieure et méri- teraient une réputation plus étendue.

Conchyliologie.

Il ne me reste plus, pour compléter cette partie de mon travail, qu'à jeter un coup d'œil sur les mille coquillages que la mer jette sur les sables ou que les rochers retiennent. Ceux que nous pourrons citer le cèdent, en éclat, en poli, en beauté, à ceux qu'on apporte des mers lointaines; mais on ne pourra jamais s'empêcher d'admirer la forme si gracieuse et si déliée de la *nautile papiracée*, ses plis si réguliers, la blancheur, la transparence de l'enveloppe; on recherchera toujours dans les cabinets la brune *solemie*; je l'ai trouvée parfaitement intacte sur le sable fin de l'Accapte, en me dirigeant par le bord de la mer, de l'établissement des Pesquiers à la presqu'île de Giens. Sur la même côte et même dans le canal qui conduit l'eau de la mer à l'étang, se voient également le *solen vulgaris*, manche de couteau, et le *recurvus*, qui est assez rare en

Provence ; l'*auricula striata*, l'oreille nacrée, de petite dimension, est fort abondante ; au contraire, des variétés de vermiculaires ou vermisseaux, *vermiculus spiralis*, *solitarius*, *striatus*, les *vermiculi conglobati* sont adhérens aux rochers qui bordent Giens et la côte de Carqueiranne.

Deux ou trois espèces de murex, entre autres l'*atro fuscus* ; dans la famille des limaçons, les nérites ; parmi les porcelaines, le cauris, à peu près semblable à celui des Maldives, qui sert de basse monnaie dans l'Inde ; le grand buccin maillé, *buccinum majus* ; des pourpres curieuses et rares, remplissent la liste des coquilles univalves, divisées en nombreuses familles : les îles, et surtout Portcros, la partie *sud* de la presqu'île de Giens, la côte de Carqueiranne, dans celles de leurs calanques qui sont sablonneuses, la plage de l'Accapte, sont presque les seuls endroits où se trouvent ces coquilles. Le développement de côtes, depuis le Ceinturon jusqu'à Bormes n'en présente que fort rarement ; cependant j'y ai ramassé quelques jolies volutes, mais toutes de la même espèce, la *voluta turbo*.

Encore un mot sur les bivalves, et je quitterai le domaine des mers, pour m'occuper des basses régions de l'air, où voltigent et bourdonnent tant d'insectes recherchés des entomologistes.

Après quelques jours d'un gros temps, quand le fond des eaux avait dû être entièrement bouleversé, la plage ou l'isthme de Giens, m'a offert l'huître ordinaire, *ostreum vulgare*, petite, assez régulière et délicieuse au goût. Sur la plage opposée, l'Accapte, déjà citée par moi, de nombreuses valves détachées de l'*ostreum cepa viridis* et des fragmens de l'huître épineuse, *ostreum spinosum*, se sont montrés. Si de là nous retournons à l'isthme, ce sera pour y broyer sous nos pieds des millions de cames, roulées, usées, effacées et décolorées ; il est difficile de déterminer leurs variétés. Dans la calanque ou crique du Pradon, j'en ai trouvé une qui passe pour assez rare, *chama sereptusa arabica*. Je l'ai rencontrée une seconde fois à San-Salvadore ou San-Sauvadou ; là c'est la *chama folium rosœ*, ou la feuille de rose, pour ne pas être brisée par les galets de la plage, se laisse mollement déposer sur le rivage fin et velouté de la Badine, près Giens. La famille des moules est aussi nombreuse dans la rade ; et depuis la *pinna marina major*, connue par son *byssus*, si soyeux, si brillant, qu'on le file en Sicile, jusqu'au *musculus barbatus*, je crois que toutes les variétés s'y trouvent en y comprenant même beaucoup de moules exotiques qui y arrivent attachées à la carène des bâtimens et sont séparées par la violence et le battement continu des flots. Les tellines, les buccardes, les peignes même, quoique assez rares, sont jetés sur cette partie privilégiée de notre côte que j'ai désignée sous le nom d'Accapte, et que couvrent malheureusement aujourd'hui des monceaux d'algues, qui n'y existaient point il y a quelques années ; mais j'en ai assez dit, je crois, pour exciter la curiosité des personnes qui s'occupent de conchyliologie, et pour stimuler celles qui seraient tentées de commencer une collection. Je passe à un autre ordre d'êtres vivans qui peuplent par myriades une région non moins intéressante à décrire.

Entomologie.

L'humidité et la chaleur, ces deux véhicules puissans de toute existence, ne sont pas moins favorables, je crois, à la naissance et au développement des insectes qu'à la végétation des plantes. D'ailleurs l'immense variété des substances végétales est elle-même la source incessante de l'existence de ces mêmes insectes qui prennent vie, croissent, se propagent et meurent sur des plantes qui sont leur monde. Aussi le pays que je décris est-il la terre promise des entomologues. Les diptères ou mouches, les lépidoptères ou papillons, les coléoptères, et. etc., tribus nombreuses et brillantes, vont donc pour un moment au moins fixer notre attention. C'est surtout des lépidoptères que je parlerai, car c'est le genre qui attire le plus d'amateurs.

Lépidoptères.

Outre un grand nombre de papillons communs à tout le Midi de la France et qui se rencontrent dans chaque localité, il en est ici dont l'espèce est encore rare ; d'autres qui sont inconnus partout ailleurs, et enfin une dernière et courte série qui vient d'être récemment découverte. Je mentionnerai les uns seulement pour mémoire, tandis que je crois devoir entrer dans quelques détails sur ceux qu'on juge dignes de fixer un instant l'attention des collectionneurs. En Suisse et dans les Pyrénées, les enfans tirent partie avec adresse et zèle du goût prononcé de quelques amateurs d'histoire naturelle ; ils savent prendre et préparer proprement ces jolis insectes, et les vendent ensuite assez cher aux étrangers qui parcourent leurs montagnes : cette industrie est à peu près inconnue à Hyères, et cependant il est tel individu du genre sphynx ou smérinthe qui se trouve coté sur les catalogues des personnes qui se livrent à ce commerce, au prix élevé de huit, dix et vingt francs. Ceux qui les premiers découvrirent, il y a dix ou douze ans, la chenille du jasius, gagnèrent avec l'Angleterre et l'Allemagne plusieurs milliers de francs.

Le jasius, genre *apatura*, dont je viens de parler, le jasius, aujourd'hui si répandu, mérite donc quelques lignes, non comme objet rare, mais parce qu'il est resté le plus beau et le plus élégant des papillons qui se trouvent à Hyères. Sa chenille se rencontre sur l'arbousier, où elle passe l'hiver; elle est verte et de la nuance des feuilles de l'arbrisseau, ce qui la rend assez difficile à apercevoir, ainsi que sa chrysalide, dont la coque a toute l'apparence d'un fruit encore vert. Elle est attachée à la feuille ou à la branche par une espèce de pédoncule ou filet cotonneux d'une i grande force et si parfaitement tissu, qu'il est en état de résister à toute la violence des vents. Le papillon orné des couleurs les plus variées, paraît à deux époques différentes : la première est vers le milieu de mai, la seconde au commencement de l'automne.

Le jasius se retrouve dans les îles d'Hyères, en Corse, en Sardaigne et sur la côte d'Afrique dont il paraît originaire.

Viennent ensuite, parmi les espèces les plus connues, les hypsipiles, genre *thais*; elles paraissent en mars et avril, et se voient dans les lieux humides comme sur les bords des ruisseaux : la chenille se nourrit sur l'aristoloche.

Les médesicastes, papillons du même genre que les précédens, et qui leur ressemblent assez pour l'apparence, se montrent aussi aux mêmes époques ; elles ne se rencontrent guères que dans la partie calcaire du territoire ; elles paraissent un peu plus tard que les hypsipiles, et les chenilles, qui sont assez difficiles à élever, croissent et se développent aussi sur une variété d'aristoloche.

La belia, genre *anthocaris*, paraît en mars, voltige sur les hauteurs du Vieux-Château, est assez difficile à prendre, et provient d'une chenille jusqu'à présent inconnue.

Une autre chenille, encore à trouver, est celle de la Pandora, genre *argynnis*. Le papillon a été pris sur les bords du Gapeau vers le mois de juin. S'il est assez rare en France sur le continent, nous devons ajouter qu'il est au contraire assez commun dans l'île de Corse.

La *suberis*, genre *hadena*, paraît dans le mois d'août.

L'*adulatrix*, genre *Eurhipia*, paraît en mai et en septembre. La chenille se nourrit sur le lentisque.

L'*effusa*, genre *amphipyra*, paraît également en mai. La chenille vit sur le genêt épineux ; on l'y trouve en mars.

Le *ballus*, genre *polyommatus*, est fort commun dans les environs d'Hyères, mais il affectionne une seule localité, c'est la montagne dite la Maunière ; partout ailleurs, dans notre territoire, ce papillon ne paraît qu'accidentellement. Chenille inconnue.

Le *melanops*, genre *argus*, qui n'est pas aussi recherché que le précédent, se prend aux mêmes lieux que le ballus : comme lui, il apparaît en mars et se trouve jusqu'au mois de mai.

L'*hesperia sidœ* se trouve sur tous les coteaux en juin, et spécialement du côté de la Crau d'Hyères.

L'*orgya trigotephras*, se montre en juin, voltige sur les lieux assez élevés. Sa chenille est polyphage ; on la prend principalement sur les genêts.

La *latreillii*, genre *criopus*, éclot en juin. Sa chenille se trouve au commencement de mai sur les capillaires, dans les lieux humides et sous les roches qui avoisinent les sources.

La *xilina australis* se développe en avril.

La *xilina leautierii* est une noctuelle encore précieuse. On en doit la découverte à M. Lautier, de Marseille. La chenille, qui est assez rare et qui se trouve sur le cyprès, à la même époque que le *bombix lineosa*, dont nous ne tarderons pas à parler, ressemble singulièrement à celle de l'*effusa* ; elle se transforme en chrysalide pendant le mois de juin, et devient papillon vers le milieu de l'automne.

La *polia venusta* paraît en septembre.

La *polia canteneri*, découverte par M. Cantener, entomologue distingué, n'a été jusqu'à présent rencontrée que sur les basses collines du territoire d'Hyères. On la voit en juin.

La *mamestra sodæ*, dont la chenille végète avec la soude sur le bord de la mer, s'aperçoit en mai.

La *catephia ramburii*, ainsi nommé en honneur du docteur Rambure, que je connus en Corse, et à qui j'indiquai, moi indigne, les lieux où il rencontrerait l'*arginnis elisa*, qu'un heureux hasard venait de me faire trouver, en juillet, sur la cime du San-Pietro, canton d'Orezza. Cette *catephia* paraît en juin, et se laisse prendre à cette époque sur les troncs des chênes et des peupliers.

La *catocala dilecta*, dont la chenille vit sur le chêne, se rencontre, aux mêmes temps, aux mêmes lieux et sur les mêmes arbres que le papillon *ramburii*.

L'*ophiusa thyrrea* se montre en mai. On

cherche en octobre, sa chenille qui s'attache aux sumacs et surtout aux lentisques.

Les coteaux voient, au mois de mai, l'*erastria ostrina*, papillon assez récemment découvert à Hyères.

Mais, sans contredit, les papillons les plus désirés, sont d'abord le *lineosa bombix*, genre *lasiocampa*, découvert à Montpellier et retrouvé à Marseille par M. Leautier, déjà cité. Quoique cet entomologue, qui est parvenu à élever en secret un bon nombre de chenilles, l'ait passablement répandu, ce papillon n'en est pas moins resté fort recherché. C'est en 1830 qu'il fut reconnu à Hyères. La femelle, une fois fécondée, dépose ses œufs sur le cyprès ; ils éclosent en juillet. Les chenilles qui en proviennent sont assez grosses, de couleur ligneuse, et tellement attachées aux branches, qu'elles semblent faire corps avec elles. Après avoir passé sur l'arbre l'hiver et une partie du printemps, c'est en mai qu'elles subissent la seconde métamorphose ; et quarante jours après, on voit sortir le *bombyx*.

Le *franconica*, genre *gastrophaga*, a été trouvé, en 1831, dans les plaines marécageuses du Ceinturon, sa chenille est très abondante, elle est hirsutée, son duvet est brillant et roussâtre. Le papillon paraît en juin. Boisduval, dans son *index methodicus*, l'indique comme originaire de la Franconie, et ne paraît pas se douter qu'on le retrouve sur un point si éloigné, dans le Midi de la France.

Le *quercus* ou smerynthe du chêne, genre *smerinthus*, quoique plus rare dans les environs d'Hyères que dans le territoire de Draguignan, se rencontre d'ordinaire au pied du chêne vert sur lequel se nourrit la chenille : le papillon éclot en mai.

Puis viennent les sphynx, le *celerio*, en juin et juillet.

Le *nerii*, en juillet et août. La chenille vit sur le laurier-rose, et le papillon porte communément le nom de l'arbrisseau.

Le *livornica*, dont la chenille vient sur l'oseille sauvage, paraît en juin.

Le *vespertilio* a été pris dans la vallée de Sauvebonne. Je ne parle pas de beaucoup d'autres papillons du même genre, qui se trouvent ici comme dans le reste de la France.

Je terminerai cet article, auquel je n'ai donné une certaine étendue que parce que la chasse des lépidoptères nous attire tous les ans de nombreux visiteurs, en disant, pour leur donner plus de confiance, que la plus grande partie de ces documens et de ces observations m'ont été fournis par MM. Meissonnier de Valcroissant, Théod. Aurran et Sepsis, qui s'occupent ou se sont occupés avec ardeur de cette partie de l'histoire naturelle.

Coléoptères.

Une famille d'insectes encore plus répandue que celle dont nous venons de parler est sans contredit celle des Coléoptères. Les bornes que j'ai assignées à cette partie de l'histoire naturelle ne me permettent que de citer les plus rares par genres et espèces, et la nomenclature paraîtra encore assez longue peut-être aux personnes qui ne se sont jamais initiées aux secrets je dirai presque aux plaisirs de l'entomologie ; mais je ne puis me dispenser d'insérer les noms suivans; je rappellerai en même temps qu'ils m'ont été fournis par le savant et infatigable M. Banon, professeur de chimie phramaceutique à l'hôpital militaire de la marine du port de Toulon.

Noms de quelques insectes Coléoptères, pris dans les environs d'Hyères.

Cicindela circumdata, scalaris. — Drypta cylindricollis. — Zuphium olens. Cymindis lineata. — Dromius meridionalis, corticalis.

— Lebia fulvicollis, rufipes, cyathigara. — Brachinus psophia, bombarda. — Scarites pyracmon, planus, arenarius, terricola, lœvigatus. — Ditomus calydonius, capito. — Apotomus rufus. — Carabus alternans, id varietas olbiensis, clathratus. — Chlœnius dives, chrysocephalus. — Epomis circumscriptus. Pogonnus pallidipennis, littoralis, gilvipes, riparius, meridionalis, testaceus. — Patrobus rufipennis. — Calathus latus. — Pristonycus oblongus. — Argutor barbarus. — Daptus vittatus. — Gynandromorphus etruscus. — Harpalus subquadratus, patruelis, solieri.

Nogrus griseus. — Scutopterus coriaceus. — Colymbetes aquilus, basalis, brunneus. — Lacophilus variegatus, noterus lœvis. — Hydroporus cristatus, marginatus.

Staphylinus rufimanus, distingendes. —

Cafius littoralis — Xantolinus meridionalis, punctatissimus.

Je jète en note (1) une autre série non

---

(1) Outre les coléoptères cités plus haut, on rencontre encore, à Hyères, les — Dicerea œnea. — Eurythyrea micans. — Lampra festiva. — Agrilus bifasciatus. — Agrypnus atomarius.

Xyletinus cardui. — Dermestes vulpinus. — Hister major, inœqualis, binotatus, nigerrimus, semipunctatus, intricatus, dimidiatus — Dendrophilus troglodites. — Onthophilus sulcatus. Platysoma angustatum.

Oryctes grypus, silenus. — Cetonia fastuosa, florentina. — Cœlodera excavata. — Pachypus truncatifrons.

Elenophorus collaris. — Asida meridionalis. — Dendarus oblitus. — Heliophilus pedatus. — Trachyscerlis aphodioides ; rufus. — Uloma castanea. — Helops cœruleus, rotundicolis. — Cistela ruficollis, cœrulea. — Stenostoma rostrata. — Ripiphorus bimaculatus, subdipterus. — Pelecotoma dufouri. — Mylabris crocata. — OEnas afer. — Meloë Tuccia. — Zonitis mutica.

moins intéressante à connaître, toutes deux font voir une partie de nos richesses entomologiques, et complètent à peu près ce qui nous reste à dire sur ce sujet.

Brachycerus œgyptiacus, algirus, besseri. — Otiorynchus armadillo. — Cleonis conicirostris, hyeroglyphicus. — Larinus flavescens, maculosus, turbinatus. — Sybines cyanea. — Lixus iridis, sobrinus, venustulus. — Rhina barbicornis. — Trachodes velutinus. — Baridius nitens, spoliatus.

Phloiotribus oleœ. — Bostrichus fici, retusus. — Psoa Viennensis. — Colydium glabrum, sulcatum, ustulatum. Cucujus striatus.

Hamaticherus miles, velutinus. — Certallum ruficolle. — Lamia funesta, tristis, lugubris. — Saperda asphodeli, smaragdina. — Vesperus solieri, strepens, luridus.

Hispa aptera, testacea. — Clythra atraphaxidis, concolor, taxicornis, tripunctata, tristigma. — Cryptocephalus gravis, humeralis, tamarici. — Colaspis œruginea, barbara. — Timarcha latipes. — Chrysomela aurolimbata, femoralis, rotundata. — Galeruca sublineata. — **Altica solieri.**

AGRICULTURE.

Nous sommes arrivés à une époque où il n'est pas besoin de rappeler que l'agriculture est une des sources de la richesse dans un vaste état ; que si les encouragemens et la protection des gouvernans viennent à lui manquer, l'état périclite et s'écroule. Dans l'intérêt de la science pratique, on doit favoriser la grande culture; dans celui de l'état et comme fournissant davantage à l'impôt foncier, on ne peut se dissimuler que la petite culture ne doive mériter un appui tout particulier. Hyères et son terroir offrent plusieurs exemples frappans des avantages qu'on trouve dans les deux modes d'exploitation. Il s'y est formé des vastes propriétés dirigées avec ordre, économie, intelligence, par leurs possesseurs, riches sans doute, mais dont les revenus s'écoulent et se perdent, pour ainsi dire, en améliorations insensibles répandues

sur des portions de terrains d'une trop grande
étendue, pour le peu de bras, qui se trouvent à la disposition des cultivateurs, ou dont
le produit est appliqué presqu'immédiatement en acquisition et en augmentation de
propriétés déjà trop vastes ; d'autre part, on
y voit prospérer des biens fonciers, dont les
limites sont fort resserrées, mais qu'activent
et fécondent un travail et des soins continus.
Cependant, tout bien considéré, l'on doit
dire qu'il y a progrès et amélioration dans
la grande culture, et que l'autre est stationnaire ou à peu près. On peut expliquer
cette singularité par la prédominance du caractère national, dans lequel on voit étouffer une vive et précieuse sagacité sous des
habitudes et sous les prétentions d'un excessif amour propre. Ce que j'avance en passant n'est point particulier à Hyères, mais
bien à toute l'ancienne Provence. Les défauts
que je signale proviennent d'une cause qui
se rattache à un fait historique aujourd'hui

reconnu. Ce pays s'étant long-temps trouvé en tête de la civilisation et du mouvement intellectuel et industriel des siècles passés, habitué qu'il était à donner des leçons et à être offert comme modèle aux peuples arriérés, n'a jamais pu se croire dépassé ou même dénationalisé. Il faut dire encore une chose qui palliera un peu le jugement juste et sévère que je viens de porter ; c'est qu'en général, en matière de culture, (puisque c'est là le sujet que nous prétendons aborder) tout ce que l'on écrit, invente ou propage dans le Nord, est inapplicable si l'on n'y apporte de très grandes modifications, sous notre 43e degré de latitude (1). Les essais infructueux tentés par les esprits qui s'éprennent aux choses nouvelles, ont cela de fâcheux qu'ils font presque toujours faire un

---

(1) Hyères est exactement situé sous le 43° 7' 23" de latitude, et sous le 23° 48' 11" de longitude.

pas rétrogradé aux masses qu observent, ou attendent les résultats. En effet, de tous ces instrumens aratoires perfectionnés et si répandus aujourd'hui dans toutes les campagnes par de là le Rhône, de tous ces livres écrits à Paris, et pour les propriétaires ruraux de ses environs, on n'a pu faire fonctionner les uns que dans certains terrains privilégiés, et on n'a trouvé au fond des autres que des avis sans valeur dès qu'il s'agissait de leur application immédiate à la culture du Midi. Hyères, toutefois, fait partie des localités, peu nombreuses dans ces pays où les instrumens du Nord ont pu le plus facilement s'indroduire. Aussi avons-nous vu faire merveille à la charrue belge dans les marais desséchés de M. Dyvernois : à la charrue écossaise toute en fer dans les terres de M. Despines, à Carqueiranne, aux semoirs et aux herses à cheval dans la vallée de Sauvebonne dont j'ai déjà cité les habiles cultivateurs ; mais le peuple et la petite propriété, continuent à pousser l'araire (1) qui n'est autre que la charrue des Romains et des Grecs. Les trois quarts des terres sont labourés avec cet instrument ; l'autre quart est remué à bras ; toute la côte maritime, à partir de Marseille, qui lui a imposé sa civilisation et ses usages, suit le

---

(1) Le défaut capital de cette charrue provençale, qui a bien son mérite, quand elle travaille sur des terrains en pente dont il faut retenir au moins partie du sol, est de ne pas soulever toutes les terres dans la profondeur du sillon. Il provient de ce que le soc est élevé sur un morceau de bois que l'on nomme *couchoun* ou *sep*, qui traîne au dessous des oreilles du soc et qui les tient élevées ; un autre inconvénient procède de ce que la partie postérieure de la charrue au déversoir se hausse trop rapidement, ne coupe pas la terre à une certaine largeur et laisse par conséquent sur le sol inattaqué autant de parties élevées, dures et compactes, que la charrue a tracé de sillons, ce qui trompe le laboureur qui peut croire avoir soulevé sept pouces de terre, quand il n'en a remué que quatre ou cinq.

même mode depuis un temps immémorial.

Les instrumens qui suppléent a la charrue, ont tous plus ou moins la forme de la pioche du Nord. En tête de la liste on peut placer le *béchard* qui convient aux terres fortes et avec lequel on défonce les terres à une assez grande profondeur ; on s'en sert aussi pour cultiver la vigne : c'est une pioche à deux dents, légèrement courbées, ayant chacune 330 mill. de longueur sur 24 de largeur, dont le manche placé obliquement fait avec le fer un angle d'environ 40 degrés ; le poids commun du béchard est de 4 kilog. Le seul défaut de cet excellent instrument réside peut-être dans le peu de longueur du manche, qui force le travailleur à se tenir continuellement courbé.

Après lui vient le *magaou*, qui lui est fort inférieur et qui ne convient guères qu'à la culture des jardins ; la *trinco*, qui n'est point divisée en deux dents, mais seulement échancrée dans sa largeur qui est de 152 mil.; le manche et l'angle qu'il forme sont les mêmes que pour le béchard. On se sert encore pour nettoyer les terres de l'*eissado*, de l'*eissadoun*, l'*eissadounet*. Ce dernier instrument est une petite pioche à manche très court, à l'usage des femmes dans les sarclages d'été.

Mais de tous les instrumens aratoires dont on fait usage dans le Midi, celui qui présente le plus d'avantages et qui mérite une mention particulière, c'est celui qui sert à tailler la vigne. On le nomme en provençal *poudadouire* (1) c'est une espèce de serpe formée d'un tranchant presque droit, formant un angle de 90 degrés avec le manche, et d'un talon également tranchant, servant

---

(1) Ce mot vient du verbe provençal *poudar*, qui indique l'action particulière de tailler la vigne.

à abattre toutes les pousses qui ont pris naissance au pied de la souche.

On conçoit facilement qu'un sol si productif ait besoin de beaucoup d'engrais, aussi sont-ils devenus l'objet de la sollicitude des agriculteurs : ceux qu'on emploie d'abord sont les fumiers d'animaux herbivores, chevaux, bœufs, vaches, cochons surtout, qu'on élève et qu'on propage uniquement dans l'intention de recueillir leur litière si promptement décomposée. Le produit des vidanges est recherché des jardiniers et hâte singulièrement la végétation des plantes légumineuses. Quant aux grandes propriétés, elles sont alimentées, depuis quelques années, par les tourteaux de colza venus du Nord ; on en achète pour des sommes considérables. Mais à cette fumure vient de succéder, dans la vallée de Sauvebonne et du plan du Pont, la cornée c'est-à-dire raclure de cornes d'animaux ruminans, et même leurs os rapés, pilés ou broyés. Les résultats surprenans, obtenus par M. Aurran, viennent de mettre ces deux engrais en faveur, et l'on cite tels de ces habiles cultivateurs qui en achètent annuellement pour quinze à vingt mille francs. Les métayers qui ne peuvent se procurer une assez grande quantité de matières propres à fumer ou bien à amender leurs terres, ont souvent recours au procédé de l'écobuage, il est excellent pour les terres argileuses. Quelques propriétaires ont essayé, mais sans que la chose ait pris faveur, d'amender leurs terres en enfouissant les tiges vertes des fèves, etc. etc, moyen recommandé par les théoriciens. Je ne doute pas qu'il ne soit possible de suivre, à Hyères, une autre voie pour diviser et préparer ces terres alumineuses si compactes, qui forment la base de la partie schisteuse de notre territoire. La marne doit immanquablement se rencontrer dans la partie calcaire, et l'on en trouve des affleuremens sur la montagne de la Maunière; mais jusqu'à présent aucun agriculteur ne s'est occupé d'en faire extraire; on semble ignorer ici totalement les précieuses qualités de cette substance, qui a la propriété non seulement de diviser la terre, mais encore d'absorber l'humidité de l'atmosphère. Des personnes instruites, lorsqu'il s'est agi de la préparation de terrains à mettre en prairie, ont cependant fait usage de gypse, de cendres et de chaux. Enfin, pour clore cet article, j'ajouterai que les pauvres possesseurs de quelques hectares de terrains, situés dans l'enclave des Maures et même ailleurs, manquant de bestiaux et par conséquent d'engrais, ont recours à ce qu'on appelle la *messugue*; c'est tout simplement le ciste, plante arborescente, qui s'étend dans les bois ou couvre les collines. Son odeur pénétrante se rapproche (surtout lorsque ce végétal est en décomposition) de certaines odeurs animales; il contient assez abondamment du gaz acide carbonique; on l'enfouit quelquefois seul après l'avoir haché fort menu, et plus souvent, quand on le peut, on le mêle dans cet état avec la paille, les jeunes lavandes, le serpolet, et l'on active la décomposition au moyen de l'humidité. Cet engrais de la petite propriété a bien son mérite, et l'on ne saurait trop lui en recommander l'usage.

Céréales.

On ne cultive guères, à Hyères, que le froment d'hiver, *triticum hibernum*; mais on a choisi parmi ses nombreuses variétés celles qui conviennent le mieux au sol et aux phases de la température. Ainsi dans nos champs s'élèvent pendant l'hiver et se dorent en été le blé commun, *triticum sativum*, le *triticum maritimum* et le *triticum cœruleum* qui sont assez peu cultivés. Le blé d'Odessa commence à se répandre, et je l'ai vu semer à la Crau d'Hyères, dont le terrain semble lui convenir parfaitement.

L'avoine de Giens, *avena sativa nigra*, est renommée dans le canton et même dans les lieux voisins ; elle prospère dans les terrains très secs et fournit une excellente nourriture aux chevaux ; on devrait en étendre la culture dans les défrichemens des Maures. On récolte aussi l'avoine blanche, *avena alba*, qui est préférable à celle du Nord.

Les champs de seigle sont si peu nombreux qu'à peine peut-on les mentionner.

La culture de l'orge est peu répandue, à la réserve de la variété connue sous le nom d'orge distique, *hordeum distichon*, et appelée *pomouro* par les agriculteurs provençaux : on la coupe quelquefois en vert pour la donner aux bestiaux.

Le maïs, qui offre de si beaux produits, ne croît que dans les jardins et dans ceux de nos champs où l'on sème parfois des plantes légumineuses ; quant au blé noir ou sarrasin, il est presqu'inconnu.

En général, on prépare les terres à recevoir les semences de céréales par quatre ou cinq œuvres de labour. Les terres élevées et situées sur le penchant des coteaux sont travaillées les premières, et la maturité y est beaucoup plus précoce que partout ailleurs: on a vu assez souvent récolter en mai, dans ces sortes de terrains où l'on ne jette guères que de l'avoine, de l'orge ou du seigle. C'est du 10 au 15 juin que commencent les autres moissons, qui trompent assez souvent, dans les années sèches ou trop pluvieuses, l'espérance du propriétaire. Le territoire d'Hyères ne fournit de fromens à la consommation que pour six à sept mois, et l'on n'y a pas la ressource des pommes de terre, dont les habitans se nourrissent peu, car elles sont en général de mauvaise espèce et cultivées dans des terrains peu favorables; peut-être, d'ailleurs, ne conviennent-elles pas à la constitution physique des populations du Midi, qui mangent moins de viande que celles du Nord; on sait que les Anglais, les Flamands, les Hollandais, les Allemands, qui se nourrissent communément des pommes de terre, y adjoignent toujours des viandes succulentes, telles que la chair du bœuf ou celle du porc.

Des prairies naturelles et artificielles (1) couvrent une partie du terroir, et nos foins, connus autrefois par leur détestable qualité, se sont singulièrement améliorés.

Les deux autres objets principaux de culture sont la vigne et l'olivier. La vigne, surtout, présente, à Hyères, une masse de produits considérables. Elle serait bien plus

---

(1) On ne saurait trop encourager leur augmentation et le soin à donner aux fourrages, tels que ceux fournis par la luzerne *(medicago)*, le trèfle *(trifolium)*, la gesse *(lathyrus)*, le sainfoin *(hedysarum)* ; cette dernière plante surtout pourrait se semer avec avantage dans les terrains arides de la contrée, calcaires ou pierreux, et surtout crayeux, dans lesquels ne sauraient prospérer le blé, l'avoine et l'orge.

avantageuse encore, si nos relations avec les étrangers redevenaient ce qu'elles ont été avant la restauration. A cette époque, Hyères exportait à Gênes, dans tout le Piémont et même dans d'autres parties de l'Italie pour une valeur de plus d'un million en vins grossiers ; aujourd'hui les vignobles ont augmenté, et les voies d'écoulement se sont resserrées. La production actuelle peut être évaluée, sans exagération, à plus de quatre-vingt dix-huit mille hectolitres de vins, produit de vignes répandues sur une étendue de 4,897 hectares 25 ares et 88 centiares. Les variétés cultivées sont au nombre de quarante-trois, parmi lesquelles on distingue le mourvede, la clarette, le barbaroux, le tibouren, la queue de renard, le muscat, le rivesalte, le teinturier, l'uni noir, le pascaou blanc, qui peut donner d'excellens vins blancs ; les lambrusques ou raisins sauvages, fournissent aussi un vin de qualité remarquable ; mais il a besoin de beaucoup vieillir.

Le raisin de coteaux est supérieur à celui qui vient en plaine. Ce dernier contient moins de principes mucoso-sucrés, et par conséquent moins d'alcool et plus d'acide tartreux; il est en général plat et grossier. Les quartiers de Sauvebonne, de la Roquette, de Sainte-Eulalie, quelques parties de celui de la Crau, Pansard, la Font des Hoirs et Carqueiranne, peuvent produire des vins d'entremêts secs, puissans et liquoreux; ils n'ont besoin que d'être plus connus pour être très recherchés; ces vins, bien soignés, sont susceptibles de se garder fort long-temps : un voyage de mer les bonifie. J'ai déjà parlé de ceux de la plaine, je n'en dirai plus qu'un mot; c'est qu'ils sont achetés à cause de leur couleur, et que pour cette raison ils se vendent mieux que les vins fins qui d'ailleurs, ne sortent pas du pays. Sans entrer dans le détail des procédés de leur fabrication, j'ajouterai qu'ils pourraient les uns et les autres, être faits et conservés avec plus de soins. La publicité donnée à la pernicieuse coutume d'y mêler du plâtre ou de la chaux vive, pourra peut-être concourir à faire tomber une pratique (1) qui repose uniquement sur des erreurs chimiques, et qui peut avoir de graves inconvéniens pour la santé.

L'olivier (2) est depuis si long-temps na-

---

(1) Les plus déraisonnables mêlent le plâtre ou la chaux aux vins qui sortent du pressoir, dans la proportion d'un décalitre par boute, c'est-à-dire 576 litres. C'est, disent-ils, pour faire levain ou augmenter la fermentation.

(2) On plante d'ordinaire l'olivier après l'avoir greffé en pépinière. D'autres fois, on arrache des drageons de l'olivier sauvage, et mieux encore de vieux oliviers greffés; on a soin de laisser un peu de racine, et l'arbre vient vite et bien. Ceux provenus de semence donnent rarement leurs produits avant quarante ou cinquante ans : mais en revanche ils peuvent vivre plusieurs siècles et le froid ne les détruit jamais entièrement : ils repoussent des racines, et ces nouveaux jets remplacent le vieux tronc qu'on s'est vu forcé

turalisé en Provence, du moins sur les côtes maritimes, qu'on peut dire aujourd'hui que cet arbre est indigène. Il est subdivisé en variétés bien distinctes, et on cultive, à Hyères, sept à huit d'entr'elles. L'olivier

d'abattre. Qu'il provienne de drageons ou de semis, on n'en est pas moins obligé de greffer l'olivier. Cette opération se pratique, à Hyères, en avril ou en mai. La greffe en coin, appelée *broque*, et celle en écusson sont en usage ici depuis un temps infini et donnent de bons résultats.

L'olivier se plante généralement à dix mètres de distance, et l'élaguage a lieu tous les deux ans, afin que son ombrage ne nuise point aux vignes parmi lesquelles il croît et prospère, puisqu'il profite des nombreuses façons qu'on leur donne. L'arbre fleurit en avril et permet de récolter en novembre et en décembre. Le produit est toutefois assez précaire et surtout extrêmement variable. On attribue, à juste titre, ces résultats aux phases de la température ainsi qu'aux nombreux insectes (*) qui attaquent et le tronc et

(*) Ces insectes sont le *cynips oleæ*, une espèce de cassida et un staphilin. Le premier détériore le fruit; les deux autres s'attachent à l'écorce et se nourrissent de la sève de l'arbre.

brun (*olea vulgaris*) et l'olivier à grappes (*olea fructifera*) étaient parvenus, avant l'hiver de 1820, à la hauteur des plus grands arbres de nos campagnes. Ces deux variétés ont de grands rapports ensemble. La troisième s'appelle *pense*; l'olive est plus petite et la feuille plus étroite que les précédentes; l'olive du caïon (*olea nostrala*) est la plus estimée et mérite de l'être; elle donne la meilleure huile de table. Il existe, en outre, deux variétés d'oliviers qu'on pourrait presque appeler sauvages, car elles demeurent à peu près sans culture : ce sont l'olivier de Provence, *olea europea* et l'*olea sylvatica*. L'huile qui en provient passe pour être de qualité superfine. Quant aux autres, elles sont destinées à être conservées dans la saumure et à être mangées vertes. C'est l'olive co-

---

le fruit; et l'on peut affirmer que la récolte ne peut être regardée comme complète que tous les trois ou quatre ans.

lombane ou de Belgencier, *olea colombana* et l'olive ronde *bomboïdes*, qu'on récolte dans ce bnt. On trouve quelques plans, mais peu répandus, d'une dernière espèce *olea fructulongifera*, en provençal *bigarro*; la forme de son fruit est allongée et légèrement recourbée ; elle perd promptement sa couleur verte, mais elle est plus délicate et plus succulente que les deux que je viens de citer.

Je ne m'étendrai pas davantage sur les oliviers ; mais on peut dire que les propriétés rurales où croissent le plus grand nombre de ces arbres, passent pour être encore des plus estimées ; ils sont compris dans un espace de 647 hectares, sans compter ceux qui se trouvent mêlés aux vignes, et qui tiennent leur place à Hyères dans une étendue de 2298 hectares 16 ares 8 centiares. Les meilleures huiles sont fabriquées dans la contrée calcaire ; on évaluait, avant 1820, le produit des oliviers à la somme annuelle de 800 mille francs.

Après l'olivier, le figuier est l'arbre le lus multiplié dans les campagnes. Ses racines s'étendant beaucoup et nuisant à la végétation des autres grands végétaux, on commence avec raison à ne le planter qu'au bord des champs. Le revenu qu'on en tire, était autrefois plus considérable qu'il ne l'est à l'époque actuelle, mais le fruit vendu surtout comme fruit sec, offre encore de bons bénéfices. Avant l'hiver de 1820, on récoltait annuellement, à Hyères, à peu près 500 quintaux de figues sèches, cueillies sur huit à dix variétés de figuier,

S'il faut en croire les historiographes du pays, ce serait au roi Réné, de populaire mémoire, qu'on devrait l'introduction et la culture du mûrier blanc, déjà depuis longtemps répandue en Sicile. Toutefois, il y a de fortes raisons pour croire que cet arbre croissait aussi en Provence, mais qu'on ne l'utilisait point. Encouragés par la protection de Réné, et plus tard par celle de Henri IV, les cultivateurs s'en occupèrent enfin sérieusement. A Hyères, comme partout ailleurs, les guerres civiles, et la difficulté de se débarrasser avantageusement des produits firent abandonner ce genre d'industrie agricole, jusqu'à ce que le gouvernement, en 1813 et 1814, comprenant la nécessité de se débarrasser du tribut payé annuellement à l'Italie, et de la sujétion où se trouvent les fabricans français d'avoir recours aux soies de ce pays, eut tenté, au moyen de primes assez considérables, de réveiller, dans le département du Var surtout, les bonnes dispositions que se sentaient les habitans pour reprendre la culture du mûrier. La quantité plantée depuis cette époque, dans le territoire d'Hyères, est fort considérable; cependant les grands produits qu'ils promettent sont encore dans l'avenir. On cultive, à Hyères, quatre ou cinq variétés de mûriers, et presque tous les terrains leur sont favorables. On a essayé sur une échelle assez grande la culture des pourrêtes ou mûriers de semis non greffés ; mais les résultats n'ont point été satisfaisans. La même personne a introduit dans le pays le *morus multicaulis*, qui se propage de boutures, et dont la feuille est large, fine et soyeuse. Le ver à soie la mange avec plaisir, et les cocons, qui résultent de cette nourriture sont aussi beaux que les plus recherchés ; le *morus multicaulis* se taille tous les ans comme la vigne, et aux mêmes époques, et ses pousses atteignent annuellement la longueur de huit, dix et même douze pieds. Un terrain légèrement humide convient à ce mûrier ; partout ailleurs il souffre et se développe mal.

HORTICULTURE

L'horticulture, proprement dite, n'est point seulement l'art de cultiver les jardins pour leur faire produire uniquement des plantes potagères ou des fruits succulens. Le nord de la France lui a assuré une autre direction ; le midi est en arrière ; on compte à peine une vingtaine de jardins d'agrément, entre Marseille, Aix et Toulon. A Hyères, les jardins ne sont renommés que par la culture des orangers ; mais là, jusqu'à présent, semble s'être bornée l'industrie horticole, et cependant nulle contrée n'est mieux située pour l'acclimatation des végétaux exotiques ou des plantes d'ornement de toute espèce. Un seul jardin fait exception (1) : dans une portion uniquement réservée à l'agrément, on cultive, en pleine terre, le *pittosporum sinense*, déjà acclimaté, le *celastrus pyracanthus* ; le *casuarina equisetifolia*, arbre de la Nouvelle-Hollande, qui a atteint, à Hyères, une hauteur de près de trente pieds, et qui peut être regardé

---

(1) Le jardin Filhe aujourd'hui Farnous, dont le parterre est cultivé par le sieur Rantonnet, membre correspondant de la société d'horticulture, chez lequel on peut se procurer une foule de graines précieuses et nombre de végétaux exotiques déjà acclimatés.

comme le plus beau de ceux qui végètent en Europe ; les *cineraria platanifolia*, *eucalyptus diversifolia*, qui résistent à peine à nos vents violens : les *polygala speciosa*, *yucca aloïfolia*, *melaleuca linarifolia*, acclimatés, et sur lesquels on trouve une notice assez étendue dans les Annales de la Société d'horticulture; le *phlomis leonurus*, *salvia mexicana*, *visnea mocanera*, *datura arborea*, *phytolaca dioica*, *laurus indica*, connu des Anglais sous le nom d'acajou de Madère, végétaux, grands et petits, qui ont supporté un froid de plus de cinq degrés. Toutes les variétés de *nerium oleander* prospèrent à Hyères depuis plus de douze ans.

Le *cassia corymbosa*, l'*agapanthus umbellatus* sont en pleine terre depuis la même époque; et en consultant nos tableaux météorologiques, on pourra voir à quels degrés de froid ils ont résisté. Le *bignonia pandorea*, la famille des cactiers fournissent aussi des variétés qui croissent en pleine terre et ne redoutent point nos hivers ordinaires, on peut nommer l'*opuntia minor*, le *cactus peruvianus*, le *monstruosus*, le *mammilaris*, le *cylindricus serpentinus*, qui meurt à cinq degrès; le *flagelli formis*, qui est un peu moins délicat, et le *phyllantus*, qui a besoin de l'abri des murs.

Si de là je passe aux balisiers, que garantissent les moindres couvertures, on trouve les *canna augustifolia*, *coccinea*, *edulis*, *flaccida*, *indica*, *iridiflora*, *lutea nepalensis*, *speciosa* (1), *variabilis*. Le *chamerops humilis* ou le palmier évantail, végète ici comme en Afrique; quant au *phœnix dactylyfera*, palmier-dattier, tout le monde peut le voir s'élever majestueusement et en nombre, dans un des plus beaux jardins situé à l'entrée de

----

(1) La *canna speciosa* se fait admirer en étalant ses plus belles fleurs quand nos hivers ne sont pas trop rigoureux.

la ville. Et l'auteur de cet ouvrage en a fait planter plusieurs sur la grande place qui, en prenant un rapide accroissement, donneront bientôt à cette partie de la ville un caractère particulier. C'est dans l'enclos cité plus haut qu'on a commencé à récolter, il y a environ cinq ans, sur un arbrisseau intertropical, cultivé en espalier, des fruits de grosseur telle, que chacun d'eux pesait quatre onces ; c'est le *psidium pyriferum* (Lin.) gouyavier. Depuis long-temps le *mespilus japonica* y donne ses fruits précoces, et c'est de ses noyaux que proviennent tous ceux qui sont maintenant si répandus dans nos jardins. Nous ne nous arrêterons point aux magnifiques *magnolia grandiflora*, qui s'y font remarquer ; ainsi que dans celui de M. Filhe. Le laurier, les cannes à sucre, placées à l'exposition du midi, viennent abondamment : si dans les grands hivers on est forcé de les couper, leurs tiges repoussent du pied. L'a-

rum colocasia (1) résiste aux froids les plus rigoureux, si l'on garantit ses tubercules, substance alimentaire de bonne qualité, en les buttant, ainsi qu'on le fait pour les câpriers. Le *justicia adhatoda*, ou noyer des Indes, a semblé périr en 1829, sous un froid de cinq degrés ; mais l'année suivante, du pied de cet arbrisseau on a vu repousser de nombreuses tiges qui sont aujourd'hui remarquables par leur force de végétation. L'*hibiscus mutabilis* est dans le même cas. Quant au *jasminum triumphans*, on peut le dire acclimaté, ainsi que l'*houstonia coccinea*. Les

---

(1) Le fruit du *mespilus japonica*, nefflier du Japon ou bibacier, est déjà une véritable conquête de l'horticulture. Nul doute que d'ici à quelques années l'arbre ne fasse communément partie de nos vergers, et que nous ne soyons en état d'approvisionner de ses fruits les marchés de Toulon et de Marseille. Voyez, pour l'histoire de ce végétal, les A*nnales provençales d'agriculture* de 1833.

ognons de différens glayeuls repoussent annuellement, et parmi eux on distingue le *gladiolus tristis*, et une grande quantité d'*amaryllis* apportées des pays non loin de l'équateur, ainsi que les *pancratium*, les *oxalis*, et les *ornithogales*. Un des arbres les plus remarquables parmi nos exotiques, le *schinus molle* a résisté à un froid de cinq degrés, ainsi que le *zanthoxillum trifoliatum*, ou bois de poivrier, arbuste demi-grimpant qui, comme l'arbre précédent a l'odeur du poivre. Les *daphne collina* sont acclimatés ; le *metrosideros* a résisté aussi à l'hiver de 1829 ; l'*acacia farnesiana* prospère dans ce jardin et dans d'autres (1) .....

---

(1) On ne peut s'empêcher de faire remarquer ici que, depuis plus de quinze ans, le conseil général du département du Var, a émis le vœu de voir le gouvernement rétablir, à Hyères, un jardin d'acclimatation pour les végétaux exotiques. Un mémoire fort bien fait, ouvrage de M. Gilbert, ex-secrétaire de l'académie de médecine de Paris, a

Après avoir fait connaître les végétaux déjà acclimatés, ou qu'on peut regarder comme tels, on ne trouvera pas déplacé que j'en indique rapidement quelques autres qui ne peuvent manquer un jour de se naturaliser sur notre sol. De ce nombre sont le *laurus persæa*, qui a déjà supporté un froid de quatre degrés, sans qu'on pût s'apercevoir qu'il en eût souffert ; le *bambou*, planté il y a environ cinq ans, en avril et à l'abri d'un mur, a donné dans la même année des tiges de quinze à vingt pieds de long, et d'un diamétre de deux pouces. L'*andropogon squarosum*,

---

aplani toutes les difficultés, et a prouvé d'une manière irréfragable, qu'une fois établi le jardin pourrait se soutenir par le placement annuel de ses produits, et finirait par lutter avantageusement, au bout de quelques années, avec les grandes pépinières de Tarascon, d'Avignon et d'Annonay, les seules qui puissent s'occuper de la culture des arbres du Midi et cela avec bien des restrictions.

le *vetiver* de l'Inde, qui est moins délicat et qu'on a confié à la pleine terre, il y a environ neuf ans, donne des touffes remarquables par leur belle croissance. Un pied d'ananas, provenant d'une couronne mise en pot a passé deux hivers dehors sans succomber au froid de cette saison ; un abaissement subit dans la température, à la fin de mars, le tua, mais il est probable qu'un plant déjà fort eût résisté. Le *ficus elastica*, remarquable par son port et surtout par ses feuilles lisses et larges, est susceptible aujourd'hui d'être un objet d'expérience ; un pied de cet arbre, en pot et fort jeune, n'a pas souffert même dans ses feuilles d'un froid de plus de trois degrés. Le bananier (1) *musa*,

---

(1) A Nice, où l'on s'occupe davantage d'horticulture, on a vu quelques uns de ces beaux végétaux s'élever en pleine terre à l'abri d'un ou deux murs. A Hyères, où un seul individu, à qui je dois une grande partie de ces détails, le sieur Rantonnet, est seul à les cultiver, on n'a pas

paradisiaca et *sapientium*, fructifient en serre non chauffée. Les ananas sont dans le même cas, et ils n'ont besoin, pour le développement des fruits, que de la chaleur artificielle de la tannée, dont on remplit les bâches.

Enfin, passons à l'arbre qui fait la réputation du sol et du climat d'Hyères, et qu'il me soit permis d'entrer à ce propos dans quelques détails qui complètent l'article intéressant que je suis sur le point de terminer.

On ne sait trop, en vérité, dans quel ouvrage M. Gensollen, auteur d'une brochure intitulée : *Essai historique, topographique et médical sur la ville d'Hyères*, imprimée en 1820, a trouvé qu'un sieur Arène introduisit l'oranger dans ce pays seulement en 1640, tandis qu'il nous serait si facile de citer un

---

encore tenté l'essai, qui ne pourra réussir que si l'on sacrifie un sujet déjà haut et vigoureux.

grand nombre de vieux géographes ou d'historiens qui ont écrit avant l'époque indiquée, et qui tous sont d'accord pour parler avec enthousiasme des palmiers, orangers, citronniers et poivriers qui font d'Hyères une espèce d'Eden, exagération poétique qui porte le cachet du temps et de ses écrivains, mais qui n'en indique pas moins une date beaucoup antérieure à celle précitée. Qu'on veuille bien se rappeler la description du voyage et du séjour de Charles IX en 1566 (1); la grosseur, évidemment exagérée, des arbres qu'il vit à Hyères, ces fontaines où coulait l'eau de fleurs d'orangers, qui devait être aussi abondante que de nos jours, sinon plus, et l'allégation de M. Gensollen tombera d'elle-même.

Assigner, dans les temps anciens, une année précise pour l'introduction de ces ar-

---

(1) Par Abel Jouan.

bres venus d'Asie, est une tâche tout aussi impossible qu'il était ridicule de l'indiquer, comme aussi rapprochée de l'époque actuelle. Ainsi, sans m'arrêter davantage à ces détails oiseux, j'entrerai en matière par quelques notes sur la culture des orangers (1) et le produit qu'elle offre.

Je le répète, je n'entends parler que des genres et des variétés d'orangers cultivés en assez grande quantité pour fournir des fruits au commerce ; quant aux autres, il en existe seulement quelques pieds, soit dans le jardin Filhe, soit dans le jardin Beauregard ;

---

(1) M. Gensollen indique, comme cultivées à Hyères, vingt variétés d'orangers et trente-une de citronniers. Des recherches nouvelles, faites avec soin, nous donnent un chiffre beaucoup moindre pour les premiers ; et l'on peut dire que les citronniers sont tellement négligés comme arbres de rapport, qu'il serait presque inutile de mentionner les dix ou douze variétés éparses et comme perdues au milieu de nos jardins.

et en effet, on peut bien en compter, ainsi que l'a fait M. Gensollen dans sa notice, au moins de vingt à vingt-cinq espèces, de même qu'on peut admettre trente variétés de citronniers, limettiers, etc.

Je citerai donc 1° le *citrus aurantium lusitanicum* (1), le plus répandu et celui qui donne les meilleurs fruits.

2° C. A. *vulgare*, oranger franc, qui est regardé, ainsi que le dit fort bien M. Risso, comme le type de tous les autres orangers à fruits doux.

---

(1) Sans m'engager dans une dissertation nécessairement incomplète et inutile par ce seul fait, sur les pays dont nous viennent le bigaradier, le citronnier et l'oranger à fruit doux, je dirai et j'apprendrai à ceux qui ont écrit sur ces matières, si savamment traitées par MM. Galesio et Risso, que le nom générique de l'oranger, *norandji*, n'est ni persan ni arabe, mais purement sanscrit, et que les plus anciens dictionnaires de cette langue antique en font foi. Je n'ai pas sous les yeux les ouvrages nécessaires pour m'as-

3° C. A. *sinense*, qui donne l'orange chinoise.

4° C. A. *hierochunticum*, orange à pulpe rouge.

5° C. A. *rugosum*, oranger à fruit rugueux, variété qui offre le plus de chances

---

surer si ce mot a passé dans le persan, par la filière du Zend et du Pelhvi, mais je suis certain que les Portugais l'ont emprunté aux Hindous. Au reste, la plupart des auteurs qui ont assigné à cet arbre une autre patrie que l'Inde, se contredisent ou s'appuient sur des fables. Théophraste, trois cent trente ans avant Jésus-Christ, en parle sous le nom de pomme de Nubie; Celius le fait venir des montagnes de la Mauritanie, probablement par respect pour la fable d'Atlas. Flavien Josephe et Dioscorides le font voyager de la Perse en Palestine. Pline, le premier lui applique le nom de *citrus*; il semble, comme Théophraste qu'il répète, n'avoir décrit que le bigaradier. A quoi bon tant de pages écrites pour ou contre : l'oranger ne peut-il être originaire et croître dans plusieurs contrées différentes, ainsi que beaucoup d'autres arbres.

d'heureuse acclimatation hors de la zône dite des orangers.

6° C. A. *tardum*, tardif, à fruits très déprimés, et avec indice de superfétation.

7° C. A. *carnosum*, à fruit charnu, écorce ferme, épaisse, adhérente à la pulpe, laquelle se divise en dix ou douze loges. Son suc est doux mais peu abondant. Les confiseurs le préfèrent à cause de l'épaisseur de son écorce.

Dans nos contrées, l'oranger proprement dit n'atteint guères que sept, huit et quelquefois neuf mètres de hauteur ; on le tient même bas, tout exprès, dans les jardins plus exposés au froid.

Avant de passer au bigaradier, qui constitue un genre bien tranché, comme chacun le sait, j'ajouterai que le bel arbre sur lequel je viens de donner quelques notions indispensables, se greffe sur un sauvageon dont les boutures subissent cette opération la seconde année de leur séjour en terre, et qu'à partir de cette époque, il faut attendre quinze ou seize ans, ce qu'on peut appeler en ce pays la récolte complète. On doit évaluer alors à deux cent ou deux cent cinquante mille francs le produit des arbres répandus sur une surface de 91 hectares 9 ares 80 centiares, où ils se trouvent cependant entremêlés pour la plupart aux pêchers et aux abricotiers, dont le revenu est moins considérable, mais aussi moins précaire (1).

---

(1) Un tel résultat paraît, au premier coup d'œil, si lucratif, que beaucoup de personnes se laissent éblouir par lui, et qu'elles oublient les grands froids de 1564, 1709, 1765, 1789, 1814 et 1820 (le plus désastreux de ces hivers), qui firent périr ces arbres presqu'en entier. Elles ne font pas attention à ce que, dans certaines années, dès que le thermomètre marque deux degrés au dessous de congélation, la récolte se trouve perdue si elle est encore pendante; et enfin, elles ignorent ou semblent ignorer que le produit, qu'on pouvait évaluer autrefois à plus de 350 mille francs, diminue d'années en années par l'introduction des oranges étrangères qui,

Je passerai rapidement sur les bigaradiers et citronniers, parce que, comme je l'ai déjà dit, ils ne sont pas, à proprement parler, un objet de grande horticulture. Ainsi sont cultivés, sans que le commerce des fruits en retire grand avantage, le bigaradier ordinaire, *citrus bigaradia* ; le bigaradier à fruit corniculé, C. B. *corniculata* ; l'oranger bouquetier, C. B. *florifera* ; le citronnier ordinaire, *citrus media* ; le citron long, *citrus oblonga* ; le citron du Portugal, *citrus Lusitanica*, *citrus mellarosa* ; le limon cédrat ou poncire de San-Remo, *limon citratus* ; le citron pomme d'Adam, *pomum adami* ; le bergamotier, *citrus bergamium* ; enfin l'arbre connu à Hyères sous le nom ridicule d'hermaphro-

---

en 1822, ont vu baisser de moitié les droits qui pesaient sur elles. On jugera, par le tableau suivant, de la valeur imposée aux jardins d'orangers et de leur classification (*).

(*) ÉTENDUE ET CLASSIFICATION DES JARDINS D'ORANGERS.

CLASSE.	CONTENANCE.		ÉVALUATION de l'hectare PAR CLASSE.	REVENU IMPOSABLE.	
	PAR CLASSE.	par nature DE PROPRIÉTÉ.		PAR CLASSE.	par nature DE PROPRIÉTÉ.
	hec. arcs cent.	h. a. c.	fr.	fr. c.	
1	9 78 74		750	7,340 55	
2	18 53 00		500	9,265 00	
3	54 41 55	91 09 80	530	11,557 11	32,222 71
4	24 92 57		200	4,984 74	
5	3 44 14		80	275 31	

dite, mais mieux qualifié ailleurs par celui de *bizarrerie*, C. B. *bizarria*, se trouve dans presque tous les jardins. Son fruit participe de la nature de plusieurs espèces d'oranges, de cédrats ou de citrons, sans que ces variétés cessent d'être bien distinctes. On peut lire, dans les ouvrages de Galesio (1) et dans celui de M. Risso, des particularités curieuses sur la découverte et la propagation de cet arbre singulier. J'y renvoie le lecteur.

Les marchands, qui d'ordinaire achètent la récolte sur pied, cueillent les oranges avant qu'elles soient mûres, en novembre, décembre et janvier, et les expédient sur Paris, Lyon et Strasbourg, par caisses de deux cent quarante à deux cent cinquante, désignées, selon la grosseur

---

(1) Une lecture plus attentive de l'ouvrage de M. Galesio (traité du *citrus*), m'a convaincu que cet auteur avait connu l'origine, sinon sanscrite au moins hindoue du mot *orange*.

des fruits, comme caisses d'extra-belles, passe-belles, belles et moyennes ; et enfin quelques unes contiennent jusqu'à trois censt fruits de moindre dimension, désignés sous le nom de mignonettes. Chaque orange, enveloppée d'une feuille de papier fin, placée avec soin dans la caisse, mûrit en route, et arrive à sa destination, mangeable, et surtout parfaitement colorée, ce qui est le point important. Au commerce des oranges, il faut joindre celui des fruits d'été, fraises, abricots, pêches, prunes, qu'on expédie chaque jour de la saison et surtout comme primeurs, sur Toulon, Marseille et Aix. Les marchands de fruits m'ont assuré que les fraises seules étaient un objet de plus de cinquante mille francs de rapport. On estime à cent vingt mille francs le produit des autres récoltes, celui des légumes, artichaux et choux-fleurs surtout, peut s'évaluer aussi à une quarantaine de mille francs.

Ces beaux résultats, de ce qu'on peut appeler le jardinage d'Hyères, sont dus en partie à la qualité du terrain, à la quantité de fumiers qu'on y jette. et surtout à des irrigations (1) bien entendues, qu'on pourrait étendre et perfectionner encore.

---

(1) Les eaux qui servent à arroser une partie du terroir d'Hyères, ne tombent pas de la montagne du Château, comme l'a dit Millin, et ainsi que l'ont répété ceux qui l'ont copié; elles sont conduites par un canal (*) construit en 1458, par les soins de Jean Natte, habitant d'Hyères, que les actes du temps qualifient justement du nom de *vir peritus et ingeniosus*. Ce canal, réparé plus tard aux frais de Rodolphe de Limans, n'est qu'un embranchement du Gapeau, petite rivière qui prend sa source près de Signes, coule du nord-ouest au sud-est, et se jette dans la mer un peu au dessous de l'établissement des Salins, après avoir servi à l'arrosement de toutes les vallées qu'il parcourt.

(*) Un mémoire inséré dans le recueil des Transactions de la société d'émulation de Draguignan, avance, sans preuves bien positives, à notre gré, qu'un aqueduc romain conduisait aussi des eaux d'arrosage du hameau des Aiguiers, terroir de Solliès, jusqu'à Hyères.

INDUSTRIE ET COMMERCE.

Si, comme on vient de le voir, l'industrie agricole n'est point trop arriérée, à la réserve de grands établissemens, dont je vais me hâter de parler, l'industrie manufacturière et commerciale n'a point atteint, à Hyères, tout le degré de prospérité dont elle a joui autrefois (1), et pourrait lui sou-

---

(1) Voici ce qu'on lit dans un registre manuscrit de la communauté d'Hyères, daté de l'année 1698, et sous le titre de *Remontrance aux commissaires de l'affouagement, contenant les raisons que la communauté a pour être diminuée des feux* :

« Et en effet, il n'y a plus aucune fabrique ni
« manufacture dans cette ville, bien que autre-
« fois il y eut quantité de tanneurs, de chape-
« liers, de passementiers, de savonniers et autres
« semblables mestiers, qui avoient leurs fabri-
« ques et manufactures bien établies et qui ac-
« tivoient un commerce très considérable ; tout
« cela ayant déguerpi et quitté le pays, il ne nous
« reste que des chirurgiens qui sont toujours fort

haiter aujourd'hui, dans l'intérêt de la population et surtout dans celui de l'accroissement de la classe ouvrière. Cette classe en effet est loin d'être assez nombreuse pour suffire aux besoins de l'agriculture et à ceux des nouveaux établissemens industriels, arrêtés courts dans leurs développemens.

L'établissement des Salins est sans contredit celui qui occupe le plus grand nombre de bras, et celui dont le revenu est le mieux assuré.

D'après le cadastre de 1830, son étendue comprend 2,957,407 mètres carrés.

Les procédés de fabrication sont ici fort

« occupés, avec quelques apothicaires, quelques
« méchants savetiers et quelques méchants tis-
« seurs de toile qui ne savent faire que des toiles
« unies et fort grossières, en façon que lorsqu'on
« veut faire des toiles de médiocre finesse ou
« tant soit peu ouvragées, comme serviettes, on
« est obligé d'aller à Toulon, à Soliers ou à
« Cuers. »

simplifiés, grâce à une température assez constante et à l'action énergique du soleil qui activent l'évaporation de l'eau de mer répandue dans une certaine quantité de bassins, et y demeurant jusqu'à ce qu'elle soit parvenue au degré nécessaire pour être convertie en sel dans d'autres bassins appelés tables, dont le fond a été soigneusement battu et préparé. Le terme moyen de la récolte, s'élève annuellement à 350,000 minots, qui correspondent à 17,500,000 kilog. Elle a lieu en août et septembre, et dans ce moment occupe de deux cents à cinq cents personnes. Dans le courant de l'année, une cinquantaine d'ouvriers suffit aux divers travaux de mesurage, transport et réparations.

Si l'on ne peut préciser le chiffre du dividende qui revient à chaque actionnaire, au moins devra-t-on s'en faire quelque idée, quand on saura que le receveur principal des douanes perçoit une somme de 300 à 350,000 francs par an, sur les sels livrés à la consommation. Un nouvel établissement vient de se former à côté de celui dont il est question, mais il est trop récent pour que ses produits puissent être évalués. Il promet, quoique assis sur des bases moins considérables, d'offrir des résultats proportionnels aussi brillans. La fabrication peu dispendieuse et fort lucrative du sel dans les deux établissemens réunis, s'étendra sur un espace de 315 hect. 61 ares, 50 cent. Les bâtimens suédois, norwégiens et russes et les fabriques de soude du littoral, entrent pour la plus grande partie dans les voies d'écoulement. Admirablement situées sur la pointe extrême des îles Portcros et Porquerolles, trois fabriques de soude factice s'alimentent des sels qu'on peut peut leur livrer à très bon marché, et dévorent tous les bois (1) du littoral, qui commencent à se dégarnir tellement, que je doute

---

(1) Ces bois comprennent une espace de 14,274

que d'ici à quelques années, ils puissent suffire à la consommation. Les deux fabriques de Portcros, qui jadis n'en formaient qu'une seule, ont cessé d'exister. Celle de **Porquerolles**, dirigée habilement par MM. Rigaud et Delpuget, a toujours présenté l'apparence d'une situation plus prospère. On estime à plus de 100,000 fr. par an la quantité de soude jetée dans le commerce et dirigée sur Marseille.

Trois distilleries absorbent tous les vins défectueux ou qui ne se vendent pas dans le courant de l'année ; elles s'emparent aussi des rafles ou résidus des récoltes nouvelles et les utilisent : les fabricans estiment qu'il

---

hectares 72 ares 97 centiares. Ils sont presque toujours la proie d'incendies partielles, ou tombent sous des coupes mal aménagées; ce qui rend leur produit irrégulier, et souvent nul.

faut dix hectolitres de vin (1) pour obtenir un hectolitre d'alcool pur, ou un hectolitre 89 litres d'eau-de-vie à 53 degrés centesimaux.

Au nombre des établissemens industriels les plus utiles du canton, on devrait mettre aussi en première ligne la fabrique de soie de MM. Deloutte frères qui offrait un débouché prompt et facile pour les cocons prove-

---

(1) Les rafles sont représentés par le vin, c'est-à-dire qu'une boute (mesure du pays qui équivaut à 576 litres) compte pour une boute de rafles. La différence entre cette matière et le vin, est qu'il faut se hâter de l'employer aussitôt après la sortie du pressoir, parce que, d'après des expériences réitérées, on s'est aperçu qu'alors la partie alcoolique n'était point du tout ou se trouvait moins évaporée. Au lieu, par exemple, de 1,152 hectolitres, il n'en faut que 979 pour obtenir, en opérant avec les nouveaux appareils qui donnent l'esprit de droiture, un résultat de 5 hectolitres d'esprit à 84 degrés centesimaux, ce qui revient en alcool pur à un total de 4 hectolitres 20 litres.

nant des belles magnanières de nos plus grands propriétaires fonciers ; mais il ne faudrait pas qu'ils eussent à lutter chaque jour contre leurs propres ouvriers, ouvriers que ces fabricans ont été obligés d'attirer du dehors, et qui se font valoir en conséquence ; car on n'a pas encore trouvé, à Hyères, des individus assez intelligens et assez laborieux pour pouvoir se passer de ceux qu'on fait venir à grand frais d'Avignon, Nimes, Arles, etc. La quantité de cocons récoltés dans le pays s'élève à 5200 kilogrammes, qui, manufacturés, peuvent se représenter par une somme de (1) 25,000 francs.

Des moulins à huiles, des recenses, une fabrique de bouchons, quelques tuileries et

---

(1) Ce qui équivaut à 400 kilog. de soie. La fabrique pourrait filer annuellement 1200 kilog., elle ne trouve donc dans le pays que le tiers de la matière première, et elle est obligée, pour le reste, d'avoir recours aux cantons voisins.

fabriques de poteries grossières, voilà à quoi se réduit l'industrie manufacturière (1) ; d'où l'on voit qu'il lui reste beaucoup à faire dans un pays où elle peut être favorisée par un

---

(1) ÉTAT DU NOMBRE DES PATENTÉS.

Voituriers 12. Boulangers 24. Charrons 5. Appartemens meublés 7. Fabricans d'huile 17. Marchands de chaux 4. Marchands de comestibles 40. Marchands d'étoffes 6. Marchands de vin 10. Cabaretiers 11. Marchands de fruits 5. Maréchaux-ferrans 12. Perruquiers 15. Tailleurs 4. Colporteurs 3. Menuisiers 21. Bouchers 8. Revendeurs de viande 3. Médecins 4. Horlogers 2. Bois 1. Grains 2. Armurier 1. Peaux 1. Pharmaciens 3. Peintres 2. Bouchonnier 1. Maçons 17. Tourneurs 5. Scieur de long. 1. Serruriers 4. Poissonniers 2. Cordonniers 12. Vanniers 3. Tisserands 5. Tailleur de pierre 1. Fourniers 12. Tonneliers 5. Chapeliers 2. Aubergistes 4. Fabricans de soude 2. Chiffonniers 3. Quincailliers 2. Revendeurs 5. Chaudronnier 1. Cordier 1. Bourreliers 4. Fabricans de poterie 3. Marchand de plâtre 1. Cafetiers 3. Débitans de tabac 2. Liquoristes 3. Ferblantiers 3. Marchand de cocon 1. Huissier 1. — TOTAL des patentés : 335.

cours d'eau aussi considérable que le canal de dérivation du Gapeau.

ÉTAT DES PROPRIÉTÉS BATIES.

MESURES EN SUPERFICIE.

Le nombre des maisons de la commune était, en l'année 1698, de 638 maisons ; il est aujourd'hui de 1668.

Grandes routes, chemins vicinaux, rues, promenades publiques, cimetières, superficie des églises, des presbytères et de tous autres bâtimens d'utilité publique, 164 hectares 95 ares 9 centiares.

Rivières, lacs, ruisseaux, 192 hectares 34 ares 48 centiares.

Superficie des propriétés bâties imposables et des cours, 34 hectares 44 ares 48 cent.

Maisons, boutiques, magasins et autres bâtimens consacrés à l'habitation, au commerce et à l'industrie, 2064.

Revenu par nature..... 46,919 fr.
Moulins à eau et à vent, 20.
Revenu par nature..... 6,440 fr.
Fabriques, usines, manufactures, 30.
Revenu par nature..... 9,117 fr.
Revenu total du territoire d'Hyères : 409,904,16 francs.

Je crois devoir donner ici l'extrait du rôle des contributions directes (1).

ÉDIFICES ET MONUMENS.

Il n'existe, à Hyères, ainsi que je l'ai déjà dit, aucuns monumens anciens, aucuns sou-

(1)	fr.	c.
Contributions foncières	99,369	85
Idem portes et fenêtres....	9,401	70
Idem personnelle et mobil.	15,722	84
Idem patentes............	9,562	85
TOTAL............	134,057	22
Frais d'avertissement.......	187	80

venirs des arts romains ou grecs, tels que portes, sarcophages, tombeaux ; tout consiste en deux constructions du moyen-âge, l'une est l'Eglise des Cordeliers, qu'on peut classer avec quelques raisons parmi les rares modèles en France de l'architecture byzantine ; l'autre est l'Hôtel de la Mairie, autrefois connue sous le nom de la chapelle Saint-Blaise, bâtie par les Templiers.

Jusqu'en l'année 1823, rien n'indiquait aux voyageurs la modeste demeure où était né l'évêque de Clermont : un étranger, un Anglais demanda et obtint la permission de l'indiquer à la curiosité publique ; et quelques lignes tracées à la pointe du ciseau sur une plaque de marbre gauchement encastrée dans l'une des chambres intérieures, furent longtemps le seul témoignage que le nom de Massillon était encore en vénération dans sa ville natale. Plus tard on obtint du gouvernement un buste du grand homme, buste que la munificence libérale d'un autre étranger, M.

Georges Stulz, permit de placer sur une colonne en marbre au milieu de la place Royale, tout auprès de l'église des Cordeliers.

Puis cet étranger lui-même, reçut à son tour un témoignage de reconnaissance de la part des habitans : par une haute faveur, le conseil municipal de la ville, de son vivant et en son honneur, fit élever l'obélisque-fontaine qui décore la place des Recolets.

POPULATION.

Dans le grand travail de statistique générale dont la publication avait été autorisée par l'empereur Napoléon, en 1805, le chiffre de la population d'Hyères, donné par M. Fauchet, préfet du Var, était de 6,528 individus. Plus tard, en 1816, il avait été porté à 7,897. Aujourd'hui on compte dans la commune d'Hyères 9,966 individus.

MOUVEMENS DE LA POPULATION.

MARIAGES.

En 1837............ 87
En 1838............ 87
En 1839............ 74
En 1840............ 85
En 1841............ 82

Total....... 415

NAISSANCES.

En 1837............ 314
En 1838............ 314
En 1839............ 318
En 1840............ 291
En 1841............ 342

Total....... 1,579

DÉCÈS.

En 1837............ 270
En 1838............ 280
En 1839............ 310
En 1840............ 305
En 1841............ 372

Total....... 1,637

DURÉE MOYENNE DE LA VIE.

M. Henri Bigeon, jeune homme d'une haute espérance qui s'était déjà fait connaître par des relevés exacts et des calculs statistiques piquans, quand une mort cruelle l'arracha à ses amis et aux sciences, s'était occupé d'un travail sur la durée moyenne de la vie dans l'arrondissement de Toulon.

Il a donc établi, d'une manière incontestable, que cette durée serait, à Hyères, de 28 ans pour les hommes et de 32 pour les femmes ; 2° que pour amener un mariage annuel, il faut, dans la même localité, 124 personnes, et enfin que les naissances correspondantes à 10 mariages, y sont de 44.

REVENUS ET DÉPENSES DE LA COMMUNE.

Les revenus ordinaires et extraordinaires de la commune peuvent s'évaluer à une somme de quarante-cinq mille francs, et les dépenses à une somme égale répartie de la manière suivante :

DÉPENSES ORDINAIRES.

Frais d'administration, d'impression, gages des agens, tels que commissaire de police, receveur, commis, greffier, sergens de ville, gardes-champêtres, gardes-forestiers, cantonniers, paveurs et fossoyeurs. 11,500 fr.

Charges et entretiens des biens communaux, chemins vicinaux et ruraux, promenades, aqueducs, ponts et fontaines, pavés, horloges, réparations annuelles aux maisons communales, éclairage de la ville, 11,900 fr.

Secours aux établissemens de charité, fonds accordés aux hospices, bureaux de bienfaisance, prélèvement pour les enfans trouvés, pensions pour les aliénés..... 11,300 fr.
Instruction publique......... 6,800 fr.
Culte...................... 2,100 fr.
Fêtes publ. et dépenses imprévues 700 fr.

FRAIS EXTRAORDINAIRES.

Dépenses variables qui se montent annuellement à une somme de 2 à 3000 francs et qui comprennent une distribution de secours à la classe ouvrière, pendant la morte-saison, réparations des chemins, quart de bourse à l'école normale.

Indemnité de logemens à des institutrices.

Ameublement de l'hôtel-de-ville.

Frais d'établissement de bibliothèque, etc.

Tel est, en masse, l'application des fonds communaux dont chacun peut voir et contrôler l'application.

ÉTABLISSEMENS DE CHARITÉ.

Il existe, à Hyères, un bureau de bienfaisance et un hospice. Le bureau de bienfaisance jouit de peu de revenus fonciers; mais il reçoit de la commune une allocation de deux mille francs.

L'hospice civil d'Hyères perçoit annuellement environ douze mille francs. Le tiers de cette somme provient des biens et des créances propres à l'hospice ; les deux autres tiers sont fournis par la commune sur les fonds de l'octroi.

INSTRUCTION PUBLIQUE.

Près de mille enfans, distribués entre treize écoles autorisées, reçoivent, à Hyères, le bienfait de l'éducation primaire. Le conseil communal affecte à l'instruction une somme de six mille huit cents francs. Aussi cette instrustion est-elle gratuite pour plus de sept cents quarante enfans qui fréquentent la salle d'asile et les écoles, depuis l'âge de trois ans jusqu'à celui de quinze ou seize. Il existe, en outre, une école gratuite de dessin, où sont appelés à suivre le cours, à titre de récompense et d'encouragement, trente-cinq enfans choisis parmi les plus studieux et ceux qui montrent le plus de disposition, ainsi qu'un cours de musique instrumentale.

Ainsi ma tâche est achevée ; il ne me reste plus qu'un devoir à remplir ; c'est celui de remercier et de faire connaître ceux qui ont bien voulu m'aider dans mon travail en me procurant les documens qu'ils avaient à leur disposition.

Outre les manuscrits de la bibliothèque d'Aix, où j'ai puisé, il y a déjà treize ou quatorze ans, la plupart des notions historiques dont la vérité fait seul le mérite de mon ouvrage, je dois encore beaucoup à M. Victor Estalle, qui a entrepris et terminé une histoire d'Hyères, pouvant former plus de deux volumes in-8°; à M. Mabille, ancien magistrat, dont l'ouvrage est aussi entre mes mains ; à M. Auffrain père, qui avait laissé un travail de même nature, lequel m'a été communiqué par le fils ; à M. Pareto, dont l'obligeance est au dessus de tout éloge. Mais si je témoigne ouvertement ma gratitude aux personnes que je viens de citer, je dirai avec la même franchise qu'il en est quelques autres qui, dirigés par je ne sais quel esprit étroit de coterie, m'ont celé des pièces peut-être précieuses et qui eussent donné à mon livre un plus haut degré d'intérêt. Tel qu'il est je le présente avec confiance au public comme aux habitans d'Hyères, espérant qu'on y reconnaîtra, tout au moins, une œuvre utile et consciencieuse.

DE L'INFLUENCE
DU
CLIMAT D'HYÈRES
SUR LA CONSERVATION
DE LA SANTÉ
ET LA GUÉRISON DES MALADIES,
par M. le Docteur Bayle.

S'il est un point sur lequel les croyances populaires s'accordent avec les données les plus positives de la médecine, c'est celui de l'immense influence que les climats chauds, tempérés, non humides exercent sur la conservation de la santé et la guérison des maladies. De tout temps, chez les anciens comme chez les modernes, on a l'habitude d'envoyer les goutteux, les rhumatisans, les personnes dont la poitrine est délicate, les phtisiques, passer le semestre d'hiver dans certaines contrées du midi, qui réunissent à une chaleur douce et sèche l'inappréciable avantage d'être peu sujettes aux vicissitudes brusques de température. Les villes de Pise, de Nice, l'île de Madère, et en France, la ville d'Hyères sont les principaux lieux que choisissent tous les ans les émigrans des régions froides de la France, de l'Angleterre, de la Hollande, etc. La réputation de ces villes est bien méritée, car il n'est pas d'année qu'on ne voie revenir, de ces lieux favorisés par la nature, des malades qui n'avaient trouvé dans la médecine aucun soulagement à leurs maux et qu'un séjour de quelques mois dans ces heureux climats a rendus à la santé et à la vie.

Parmi ces lieux d'un air si pur et si salutaire, il en est un qui égale tous les autres par ses effets bienfaisans et que nous devons préférer, ne fût-ce que parce qu'il est en France, c'est la ville d'Hyères ; heureuse cité, à qui la providence, si sévère pour d'autres régions, a tout accordé : température douce, chaude et calme ; air pur et sec, embaumé par d'immenses jardins plantés d'orangers, de citronniers, de grenadiers que la terre produit comme ailleurs les sapins et les chênes ; végétation riche et exubérante, verdure perpétuelle, sites et paysages pittoresques et délicieux, qui rappellent les plus belles descriptions que les poëtes nous ont laissées de certaines villes de l'Italie et de la Grèce. Je n'en dirai pas davantage sur ce sujet ; les lecteurs de cette notice médicale connaissent déjà mieux la ville d'Hyères que moi, après avoir lu la topographie si complète, si savante et si exacte que son éloquent député, M. Denis, lui a consacrée.

Je dois me borner, dans les quelques pages que l'auteur de ce livre veut bien m'accorder, à donner un petit nombre de conseils aux nombreux voyageurs qui vont passer l'hiver à Hyères, à leur indiquer les principales maladies qui réclament le séjour dans cette ville, et les précautions qu'elles auront à prendre pour en tirer plus de soulagement et de profit. Mais avant d'entrer dans le fond même de mon sujet, je dois dire quelques mots sur l'influence de l'air et des diverses températures. Ces notions préliminaires feront mieux apprécier ce que j'ai à dire sur le climat d'Hyères, comme moyen de traitement et de guérison.

L'homme ne vit pas seulement des alimens et des boissons qu'il ingère, l'air qu'il respire lui est plus nécessaire encore, car il ne peut s'en passer un seul instant de sa vie; cet élément perpétuel de son existence pénètre à chaque instant dans sa poitrine, se combine avec son sang qu'il colore et purifie, excite et anime toutes ses fonctions; la compression qu'il exerce à la surface de son corps, est le principal agent de la circulation de ses humeurs. Mais cet air si indispensable, ce *pabulum vitæ*, comme l'appelaient les anciens, entretient plus ou moins bien la vie et la santé, suivant les qualités dont il est doué. Ces qualités sont très variables ; la chaleur dont il est pénétré, l'humidité qu'il contient, l'électricité dont il est le seul propagateur, une foule d'exhalaisons et de matières étrangères peuvent le modifier de mille et mille manières ; de là des influences également très diverses sur la santé. L'air le plus sain, le plus salutaire pour la conservation de l'homme, c'est sans contredit celui qui est sec, chaud, et qui éprouve le moins de vicissitudes de température. Cet air excite et anime les fonctions, augmente l'évaporation de la peau, et n'est pas moins utile à l'énergie des facultés intellectuelles qu'aux actes purement physiques de l'organisation.

L'air humide, au contraire, surtout lorsqu'il est en même temps froid et stagnant, est fort dangereux pour la santé et engendre une foule de maladies. Il diminue la transpiration, et augmente la faculté absorbante de la peau et la secrétion des urines; il affaiblit et énerve la force musculaire. L'humidité dont il est imprégné, se communiquant plus facilement au corps, le fait paraître beaucoup plus froid qu'un air sec qui marquerait la même température au thermomètre; mais ce qui le rend surtout dangereux ce sont les fréquentes vicissitudes auxquelles il expose, son impression étant trop pénétrante, on s'en garantit par des appartemens très chauffés; lorsqu'on sort de ceux-ci sans être plus chaudement vêtu, et qu'on passe ainsi d'une température chaude et sèche à une température froide et humide, on éprouve une sensation vive de froid qui n'est pas toujours proportionnée au degré marqué par le thermomètre. De là, la suppression de la transpiration et par suite les coryza, les attaques de rhumatisme et de goutte, les rhumes, catharres et autres affections pulmonaires qui sont si communes en hiver dans des régions du nord de la France, et en particulier à Paris.

Ces quelques mots suffisent pour faire pressentir d'avance l'utilité du climat d'Hyères, pendant l'hiver. Ce climat est à la fois sec, chaud et beaucoup moins sujet aux vicissitudes brusques de température qu'aucune autre partie de la France. Il doit donc être avantageux aux personnes dont les maladies ont été provoquées ou entretenues par des conditions opposées de l'atmosphère, c'est-à-dire, un air humide, froid et sujet à de fréquentes variations.

Les heureux effets du climat d'Hyères, que le raisonnement indique d'avance, se trouvent heureusement confirmés par une longue expérience, et nous croirions perdre notre temps, à prouver par de nombreux détails, ce qui est dans les convictions des médecins et du public. Nous nous bornerons à parler d'un petit nombre de maladies communes contre lesquelles ce climat est plus particulièrement utile.

Poitrines délicates, disposition à la toux, aux rhumes, aux catharres pulmonaires, aux fièvres catarrhales.

Parmi les parties du corps, auxquelles un air humide et froid est particulièrement nuisible, les poumons occupent sans contredit le premier rang, car rien ne peut les garantir de sa funeste influence, à moins qu'on ne veuille se séquestrer de la société et vivre solitaire dans sa chambre au milieu d'une atmosphère artificielle ; mais quelles sont les personnes qui voudraient ou qui pourraient se condamner, à moins d'une absolue nécessité, à une pareille réclusion ? On sort donc pendant l'hiver comme dans les autres saisons, et à chaque inspiration d'un air chargé d'humidité et d'une basse température on est exposé à s'enrhumer, surtout si l'on passe brusquement, comme cela arrive sans cesse, de la température chaude et sèche des appartemens à la température humide et froide de l'air extérieur. Il résulte de ces vicissitudes inévitables des toux et des rhumes continuels, surtout chez les personnes dont la poitrine est faible et délicate ou très irritable. Les grandes villes du nord, et surtout Paris, sont pleins de ce genre d'affections ; il y a même des hivers où plus d'un quart de la population est atteint de rhume, mais à des degrés très divers ; chez les hommes robustes, c'est ordinairement une indisposition passagère qui ne les empêche pas de vaquer à leurs occupations habituelles. Il n'en est pas de même de ceux dont la poitrine est délicate, irritable, impressionnable, ou qui ont éprouvé une plus forte influence de l'air extérieur ; leur rhume est accompagné d'une toux vive et douleureuse, de fièvre, de difficulté de respirer, et de tous les symptômes qui constituent les maladies que les médecins nomment *catharre pulmonaire*, *bronchite*, *fièvre catharrale*. Ce qu'il y a de plus fâcheux pour ces malades, c'est qu'à peine sont-ils rétablis qu'ils s'enrhument de nouveau, sitôt qu'ils veulent sortir et reprendre leurs anciennes habitudes ; ils passent aussi leur hiver dans des rechutes continuelles. Nous dirons sans hésiter à ces personnes, si sujettes à tousser et à s'enrhumer : *allez passer l'hiver à Hyères* et vous serez tout étonnés de voir se dissiper, comme par enchantement, votre fâcheuse disposition. Quelques jours seront à peine écoulés, au milieu de l'air chaud et embaumé de cette vallée, que la toux, l'oppression et les autres symptômes qui accompagnaient votre rhume, disparaîtront avec une grande facilité, et vous serez surpris de pouvoir sans danger supporter des variations de température qui vous eussent infailliblement occasionné des rechutes dans des climats humides et froids. Votre guérison sera aussi solide que prompte, pourvu que vous consentiez à prendre quelques précautions que nous indiquerons plus loin.

Beaucoup de malades, qui sont dans l'état dont nous venons de parler, ne veulent point se décider à aller passer l'hiver à Hyères, par la raison que c'est sans danger et qu'elles redoutent moins leur toux habituelle, que l'ennui et les fatigues d'un long voyage. Ces personnes se trompent gravement; leur disposition actuelle n'est pas dangereuse, sans doute, dans le moment, leurs poumons n'ont encore éprouvé aucune atteinte sérieuse; mais avec le temps, le mal qui n'existe pas encore arrivera, la membrane muqueuse pulmonaire, sans cesse irritée, affaiblira l'organe de la respiration, et par suite l'économie tout entière, et pour peu que ces malades soient disposés à la phthisie pulmonaire, leurs rhumes continuels finiront par développer cette redoutable maladie, dont ils auraient été à jamais préservés par quelques hivers passés à Hyères.

Crachement de sang.

Le crachement de sang à la suite d'accès de toux, que les médecins nomment *hémoptysie*, est un accident sérieux, moins encore en lui-même, que par les craintes qu'il doit inspirer pour l'avenir. L'expérience prouve, en effet, que ce symptôme est bien souvent l'indice d'une phthisie pulmonaire imminente et toujours le caractère d'une poitrine faible et délicate. Il est beaucoup moins grave lorsqu'il est seulement l'effet d'un trop grand exercice de la respiration et de la voix ; tel est le crachement de sang qui se manifeste assez souvent chez les personnes qui parlent ou chantent beaucoup en public, tels que les professeurs, les avocats, les acteurs, les chanteurs, etc. Mais ces cas sont bien plus rares que les autres et exigent d'ailleurs le même traitement.

Cette maladie est une de celles où le climat d'Hyères est le plus utile. Tous les ans en automne nous voyons partir de Paris, pour le midi, un grand nombre de personnes ayant éprouvé des attaques plus ou moins répétées d'hémoptysie avec de l'oppression et souvent de la toux. Ces malades se trouvent bien très promptement d'un climat chaud et sec ; la difficulté de respirer qui les tourmentait habituellement se dissipe au bout de peu de temps, leur poitrine prend de la force, elles peuvent parler plus long-temps sans fatigues ; beaucoup d'entre eux se rétablissent si complétement qu'ils peuvent faire de grandes promenades et même gravir des montagnes sans être essoufflés. Leur coloration et leur embonpoint reviennent d'une manière étonnante. Ces personnes, après un ou deux hivers passés dans le midi, retardent indéfiniment ou même préviennent à jamais une phthisie pulmonaire dont elles auraient fini par être les victimes.

Enrouement habituel, perte de la voix, inflammation chronique du larynx.

Les personnes qui par leur profession font de grands efforts de respiration et de voix, et qui exercent beaucoup leurs organes vocaux et pulmonaires, sont très sujettes dans les pays humides et froids à contracter des enrouemens, des inflanmations chroniques du larynx et quelquefois des aphonies complètes ou pertes de la voix. Si ces malades, après les premières atteintes, se décidaient à garder long-temps le silence, le plus souvent ils se rétabliraient complètement ; mais en général, ils éprouvent à peine une amélioration, que cédant aux exigences de leur profession, ils recommencent bientôt à prêcher, à plaider, à professer, à déclamer, à chanter, etc., ils ne tardent pas à retomber, et après plusieurs améliorations et rechutes alternatives, ils finissent par contracter un enrouement habituel ou même une inflammation chronique du larynx avec perte de la voix, qu'aucun moyen local en général ne parvient à dissiper. Il ne reste plus à ces malades d'autre ressource que les climats du midi, mais cette ressource est souveraine. Il est bien peu de sujets qui n'éprouvent promptement une grande amélioration de la respiration d'un air chaud et sec, et la plupart, après avoir passé un hiver à Hyères, retournent dans leur pays avec leur voix naturelle, ou du moins après avoir éprouvé une amélioration très marquée, qu'ils avaient vainement cherchée dans les moyens dont la médecine dispose.

Phthisie pulmonaire.

Il n'est aucune maladie contre laquelle on conseille plus souvent le climat d'Hyères que la phthisie pulmonaire, maladie cruelle qui moissonne tous les ans une partie de la population, et qui, elle seule, fait presque autant de ravages dans les climats humides et froids que la plupart des autres maladies réunies. Les médecins donnent-ils ce conseil en désespoir de cause, comme beaucoup de personnes le pensent, et pour se débarrasser des malades que l'art est impuissant à guérir, ou bien l'expérience a-t-elle réellement constaté l'efficacité curative des climats chauds et en particulier du climat d'Hyères ? Avant d'examiner cette question, nous devons en traiter une autre qui la domine, celle de savoir si la phthisie pulmonaire peut être guérie ou si elle est incurable.

Les anciens et même les modernes, jusqu'à la fin du dernier siècle, citent dans leurs ouvrages un grand nombre de cas de guérison de cette maladie, obtenus par l'emploi de moyens très variés ; mais ces auteurs confondaient avec la véritable phthisie, qui dépend du développement dans les poumons de petits corps d'un blanc grisâtre appelés *tubercules*, avec plusieurs autres maladies des mêmes organes, lesquelles sont très susceptibles de guérison. Dès le moment où cette découverte, due principalement aux travaux de Bayle, a été faite, les guérisons ont cessé et les médecins n'ont pas tardé à tomber dans cette désolante certitude que la phthisie pulmonaire était toujours incurable. Heureusement pour l'humanité, cette conviction était erronée, du moins dans ce qu'elle avait de général et d'absolu. Il n'est que trop vrai sans doute que cette redoutable maladie, parvenue à un certain degré, conduit au tombeau la presque totalité des personnes qu'elle atteint ; mais les travaux de Laennec, confirmés par ceux de beaucoup d'autres médecins, ont prouvé d'une manière certaine que la phthisie pulmonaire pouvait guérir par les seuls efforts de la nature, même à une époque avancée de son cours. Lorsque cette heureuse terminaison a lieu, les excavations que renferment les poumons par suite de la fonte et de l'expectoration des tubercules dont nous avons parlé plus haut, se rétrécissent et se resserrent peu à peu et finissent par se cicatriser entièrement.

Mais le nombre des phthisiques qui guérissent dans la première période est bien autrement considérable, et ce nombre augmentera tous les jours davantage, à mesure qu'on s'occupera de bonne heure à combattre les causes qui concourent à développer et à faire naître cette cruelle affection. Les principales de ces causes sont une constitution faible, lymphatique, scrophuleuse, l'hérédité, une température froide et humide, et en général toutes les influences capables d'affaiblir le corps en général et les poumons en particulier. Ces diverses circonstances donnent lieu à la maladie d'une manière lente et progressive, d'où il résulte qu'on a d'autant plus de chances de succès qu'on les attaqué plutôt. Lorsque les poumons ne sont pas encore atteints et que les malades ne présentent qu'une fâcheuse prédisposition à contracter la phthisie, on peut concevoir l'espoir presque certain d'en préserver le plus grand nombre de ceux qui voudront ou qui pourront se soumettre à un traitement convenable. Lorsque les premiers germes du mal se sont déjà développés dans les organes de la respiration, ce même traitement peut encore en arrêter les progrès et sauver un grand nombre de sujets. Mais, nous le répétons, ce n'est qu'à l'origine de la maladie, et à son premier degré, que cet espoir est fondé ; plus tard, tous les moyens échouent et les cas où la nature bienfaisante parvient à triompher elle-même du mal sont malheureusement bien rares.

Quel est donc, nous demandera-t-on, ce traitement auquel nous accordons tant d'efficacité contre la prédisposition à la phthisie pulmonaire et son premier degré? Ce traitement consiste essentiellement dans le passage d'un climat froid et humide à un climat chaud et sec, dans la respiration d'un air doux et pur, dans la nécessité pour les personnes à poitrine menacée d'abandonner pendant l'hiver nos contrées du nord pour aller passer cette saison dans le midi, et à Hyères en particulier.

Les preuves de l'importance du conseil que nous donnons ici sont trop multipliées pour qu'il nous soit possible de les énumérer. Nous nous bornerons à une seule qui est des plus concluantes. Le docteur Renton, médecin de Madère, a publié un tableau des phthisiques qui ont passé l'hiver dans cette île pendant huit années.

Voici le résultat obtenu pour les phthisiques au premier degré : nombre de cas, 35.

Individus guéris ou soulagés à leur départ

de l'île, et dont on a eu ultérieurement de bonnes nouvelles.............. 26
Individus soulagés mais perdus de vue   5
Individus morts depuis...........   4
                                   ——
                                   35

Le tableau des malades parvenus au second ou au troisième degré offre un résultat bien différent, car sur un total de 47 malades, tous ont succombé, à l'exception de trois dont on n'a plus entendu parler après leur départ de l'île.

Cette différence dans les effets obtenus du séjour dans les pays chauds, suivant l'époque de la maladie, doit faire sentir, mieux que tous les raisonnemens, combien il importe de combattre le mal dès son origine. On ne saurait donc trop se presser, lorsque les premiers symptômes se manifestent, d'aller passer l'hiver à Hyères ; c'est le seul moyen d'arrêter dans ses progrès une maladie qui plus tard n'offrirait plus aucune ressource.

Dans la seconde, et à plus forte raison dans la troisième période, on ne peut rien espérer d'un pareil séjour. A cette époque, les malades sont très faibles, une fièvre presque continuelle les dévore. Les fatigues inséparables d'un long voyage, le chagrin de quitter sa famille concourent encore à aggraver leur état, et le plus souvent les voyages entrepris dans des circonstances aussi fâcheuses, ont pour effet d'accélérer le terme fatal au lieu de le reculer. Nous conseillons vivement à ces malades de rester dans leur famille; si la nature ou l'art peuvent quelque chose pour leur soulagement ou leur guérison, c'est dans leurs foyers qu'on l'obtiendra, plutôt que dans tout autre endroit.

Maladies rhumatismales.

Parmi la multitude de maladies qui affligent l'espèce humaine, il n'en est pas de plus commune, dans les pays froids et humides, que les affections rhumatismales, surtout celles qui sont vagues et chroniques. On peut assurer, sans crainte d'exagération, que dans beaucoup de localités plus d'un quart de la population en éprouve quelques atteintes légères ou prononcées en automne et dans le cours de l'hiver. Il est vrai que souvent ces atteintes constituent plutôt des indispositions que des maladies, qu'ordinairement elles n'empêchent point de vaquer à ses occupations habituelles ; mais il n'en est pas toujours ainsi. Ces affections, à peine ressenties ou nulles en été, reviennent dès les premiers froids et tourmentent les malades jusqu'au retour de la belle saison ; beaucoup d'entre eux sont même souvent obligés de suspendre leurs affaires et de se soumettre à un traitement ; et comme ces affections sont des espèces de protées, qu'elles peuvent affecter la plupart des organes et revêtir les formes les plus variées, les rhumatisans sont bien souvent exposés à ce que la véritable nature de leur maladie ne soit point reconnue, et à ce qu'ils aient à supporter, en sus de leurs maux habituels, des traitemens longs, fatiguans et infructueux.

La diminution des fonctions de la peau, qu'une température froide et humide ne manque jamais de produire dans les climats du nord pendant l'automne et l'hiver, est la principale et peut-être l'unique cause de ces retours périodiques des affections rhumatismales dans ces saisons. Le seul moyen de les éviter et par conséquent de guérir les rhumatismes vagues, si communs et si opiniâtres, c'est de se soustraire aux causes qui les produisent et les entretiennent, c'est d'abandonner les climats qui les ont fait naître et d'aller passer l'automne et l'hiver dans un pays chaud et sec. Hyères, comme nous l'avons dit, remplit parfaitement ces conditions; nous ne saurions donc trop conseiller à ces malades de consacrer quelques uns de leurs hivers à l'habitation de cette ville.

Nous pouvons assurer qu'ils y trouveront tous un soulagement considérable à leurs souffrances habituelles, et que beaucoup d'entre eux même seront radicalement guéris, pourvu qu'ils veuillent s'astreindre ensuite à quelques précautions hygiéniques indispensables.

Maladies goutteuses.

Ce que nous venons de dire des maladies rhumatismales s'applique en partie aux maladies goutteuses qui leur ressemblent sous tant de rapports. Quoique la goutte dépende essentiellement d'un état général de la constitution, qu'engendre surtout un régime trop nourrissant, trop succulent, principalement composé d'alimens tirés du règne animal ; cependant la transpiration exerce une grande influence sur cette maladie. Les habitans du midi y sont beaucoup moins exposés que ceux du nord ; les personnes riches et bien nourries qui se livrent à des exercices du corps habituels et qui par suite provoquent les fonctions de la peau en sont rarement atteintes, tandis que cette affection attaque surtout celles qui sont sédentaires. En outre, les accès de goutte sont beaucoup plus communs en automne et en hiver que pendant l'été. Toutes ces raisons prouvent combien il importe aux goutteux d'entretenir une transpiration habituelle, et de perdre, par la surface du corps, une partie de ces humeurs superflues dont la conservation engendre tant de maux et de souffrances. Envisagés, sous ce rapport, les climats du nord leur sont très nuisibles et ceux du midi très salutaires ; c'est ce que prouve l'expérience de tous les jours. Nous engagerons donc les goutteux, comme les rhumatisans, à passer leurs hivers à Hyères, leurs attaques seront moins fréquentes et plus légères ; ceux qui n'éprouvent que des douleurs vagues, habituelles ou passagères, retireront surtout un grand soulagement de cet agréable séjour. Nous ne saurions, il est vrai, leur promettre une guérison radicale; un pareil résultat n'est malheureusement pas commun, et exige un choix convenable et un heureux concours du régime, de l'exercice, du traitement interne et de l'habitation; mais c'est surtout au milieu d'un climat doux et sec que les malades auront le plus de chances de retirer du fruit du traitement des affections goutteuses.

Précautions à prendre pendant le séjour à Hyères.

Notre but, en rédigeant cette notice, n'a pas été de donner aux malades, qui se rendront à Hyères, les moyens de se traiter eux-mêmes et de se passer de médecin, cette pensée peu honorable pour moi serait très dangereuse pour eux. Aussi me suis-je bien gardé de leur faire connaître les symptômes des diverses maladies que j'ai indiquées, et le traitement que chacune d'elles réclame. Je leur conseille au contraire, en arrivant à Hyères, de s'adresser de suite à l'un des médecins de cette ville, et surtout à celui à qui un long séjour dans le pays et l'habitude de soigner la plupart des étrangers qui vont y passer l'hiver, ont donné une expérience particulière et formé une sorte de spécialité. Je veux parler de M. le docteur Allègre, médecin sage, instruit et consciencieux, dont le zèle et le dévouement pour ses clients est vivement apprécié par tous ceux qui ont eu occasion de le consulter à Hyères.

Je crois cependant devoir donner quelques conseils aux malades négligens qui auraient attendu quelque temps avant d'aller consulter M. Allègre, et qui, dans leur ignorance du climat d'Hyères, pourraient faire de graves imprudences pendant les premiers jours, de leur séjour et compromettre leur santé au lieu de la rétablir.

Beaucoup de personnes se font du climat d'Hyères une idée tout à fait fausse et imaginaire ; elles se figurent que la température de cette charmante ville est d'un calme, d'une douceur et d'une égalité parfaites, c'est là une grave erreur ; aucun pays du monde ne jouit d'un pareil privilège et l'on n'en trouve la réalité que dans les romans. Hyères présente, non seulement dans le cours de l'hiver mais encore dans la même journée, des variations atmosphériques et thermométriques très sensibles. Les nuits et les matinées de l'hiver y sont souvent froides et le thermomètre descend parfois à 6 et 5 degrés et même plus bas au dessus de zéro. Mais à mesure que le soleil paraît et s'avance sur l'horizon, la température se réchauffe graduellement et s'élève jusqu'à 12, 15 et même 20 degrés qui se soutiennent pendant une grande partie de la journée. Après le coucher du soleil, l'air se refroidit peu à peu et les soirées finissent par être aussi froides que les matinées. En outre, il souffle parfois à Hyères, pendant l'hiver, un vent froid et très violent qu'on nomme le *mistral* et qui est fort dangereux pour toutes les personnes qu'une délicatesse ou une maladie de poitrine ont appelés dans cette ville.

D'après ces circonstances, tout le monde devinera les conseils que nous avons à donner et en sentira l'importance ; ils sont aussi simples que faciles à suivre. Les malades devront éviter soigneusement de sortir le matin, le soir et la nuit, et rester dans leur appartement qui sera chauffé, suivant le besoin, de manière à y conserver à peu près la même température que dans le reste de la journée. Ils devront rester également renfermés chez eux tous les jours où le mistral se fait sentir. Ils feront bien encore de ne pas trop aller se promener au bord de la mer, car il n'est pas rare qu'il y règne un peu de vent et que l'air y soit vif, lorsque celui de la ville est fort doux et très-calme.

BAYLE, D. M. P.

Professeur agrégé de la faculté de médecine de Paris.

NOUVEL APPENDICE.

Page 140, ligne 6.

Qui le croirait ! dans ce séjour qui servit de retraite à tant d'hommes éminents aux premiers siècles du christianisme, fut célébré, en 1558, *le ramazan, etc.*

Aux détails que nous avons donnés sur l'occupation des îles d'Hyères par Kaïr-ed-din, surnommé Barberousse, nous sommes heureux de pouvoir joindre ceux qu'on rencontre dans l'ouvrage si intéressant publié par MM. Rang et Ferdinand Denis, intitulé : *Fondation de la régence d'Alger*. Cette citation d'un livre écrit par un auteur arabe comble une importante lacune, et nous fait voir combien il serait utile à notre histoire de puiser plus souvent aux sources orientales.

« De là, il alla mouiller dans une belle rade formée par diverses îles non habitées, qu'on nomme Hières ; derrière ces îles est une petite ville fortifiée appelée Toulon. Pendant que Kaïr-ed-din était au mouillage, on vit passer un bâtiment qui sortait de la rade de Toulon ; le Bey d'Alger fit courir après lui une de ses galiotes qui s'en empara ; il était chargé de fromages de très bonne qualité, et qui devinrent une ressource pour la nourriture des équipages. Les habitants de Toulon, instruits de la prise de ce navire, armèrent quatre galères qu'ils avaient en réserve pour courir après la galiote, sans se douter qu'elle faisait partie d'une flotte commandée par Kaïr-ed-din en personne. Un des vaisseaux musulmans se trouvait mouillé un peu à l'écart, les quatre galères vinrent l'assaillir et l'enlevèrent. Le Bey d'Alger en apprenant cette fatale nouvelle témoigna ses regrets et se résigna aux ordres du destin ; mais la providence qui le protégeait ne tarda pas à lui rendre ce vaisseau, dont la perte l'affligeait, et cela par un évènement singulier, qui mérite à coup sûr de trouver place parmi les anedoctes merveilleuses, rassemblées dans l'ouvrage intitulé ; *La Consolation inattendue dans les malheurs.* Voici comment la chose se passa :

« Les galères conduisirent à Toulon la prise qu'ils avaient faite, puis on laissa les esclaves musulmans dans leur navire, renfermés à fond de cale et liés à quelque distance les uns des autres au moyen d'anneaux de fer. On mit sur ce vaisseau des gardes pour les surveiller, et un équipage pour les conduire à une ville de la côte où Sa Majesté le roi de France se trouvait. Grâce à un heureux hasard dirigé sans doute par la main de Dieu, les chrétiens laissèrent en liberté un petit mousse musulman qu'ils chargèrent du soin de servir les esclaves. Cet enfant, avec un outil qu'il déroba, vint à bout de délier un des esclaves, celui-ci rendit le même service à son voisin, et en peu de temps tous se virent non seulement dégagés de leurs fers, mais en état de risquer un coup de main. Pour cela ils attendirent tranquillement la nuit, et ce fut alors seulement qu'ils parurent sur le pont. Les sentinelles, en les voyant dans l'obscurité, les prirent naturellement pour leurs camarades qui venaient relever la garde, et ils ne se mirent point en défense. Tout à coup les musulmans sautent sur leurs armes; pas un soldat ne peut résister, et ils ne conservent la vie qu'aux matelots et aux rameurs qui demandent quartier. Puis, mettant sur le champ à la voile, ils viennent trouver Kaïr-ed-din qui passe dans un instant de la plus grande affliction à la joie la plus vive ; il faut rappeler à cette occasion ces beaux vers arabes :

«Lorsqu'une heureuse étoile préside à ta destinée dors tranquille ; les précipices s'aplaniront devant toi pendant ton sommeil.

« Si tu veux prendre le phénix, ton bonheur sera le filet qui le saisira, et il se changera en dromadaire infatigable si tu veux poursuivre le sagittaire dans le firmament.

« Parmi les îles où la flotte mulsumane était mouillée, il y en avait une plus éloignée que les autres, elle était cultivée et soixante et dix chrétiens l'habitaient. Ils se mirent dans leurs bateaux et vinrent trouver Kaïr-ed-din, auquel ils offrirent en présens soixante-dix gobelets d'argent, quelques jarres de miel, du beurre, des poules, des cailles, et différents fruits. Le Bey d'Alger leur rendit les gobelets d'argent, mais il accepta d'un air gracieux les autres objets ; puis il leur demanda s'il n'y aurait point possibilité de prendre Toulon. Ces paysans lui répondirent avec un accent de sincérité qui le frappa : « Seigneur, l'entreprise n'est point aisée, attendu les fortifications qui défendent cette ville ; d'ailleurs, comme on se défie sans doute de tes projets, on n'aura pas manqué d'y rassembler beaucoup de monde. » Ces raisons parurent plausibles à Kaïr-ed-din, et il renonça à son idée, en disant à ses soldats qui le pressaient de faire une tentative : « Si nous allions, camarades, mettre le siège devant Toulon, sans parvenir à nous en rendre maître, cet échec obscurcirait bien vite notre gloire aux yeux des chrétiens ; et la terreur qu'inspirent nos armes s'affaiblirait infailliblement ; remettons à un moment plus propice cette entreprise, et attendons que Dieu nous en facilite les moyens. » Ensuite Kaïr-ed-din donna ordre de lever l'ancre, et il fit voile pour les côtes d'Italie, mais le vent contraire l'obligea de revenir au mouillage deux jours après l'avoir quitté.

« André Doria, à son départ de Charchel, avait fait route pour Gênes, et il avait conduit sa flotte dans le golfe de la Spécia, d'où il écrivit au sénat pour lui demander trois mille soldats en remplacement de ceux qu'il avait perdus durant son expédition, cent quintaux de poudre et le biscuit dont il avait besoin. A l'exception des soldats qu'on ne pouvait recruter qu'avec le temps, on lui expédia aussitôt sa lettre reçue les munitions de guerre et de bouche qu'il demandait, et on les chargea sur deux navires. Par un effet de la protection du ciel qui veille sur l'Islamisme, le même vent d'est qui avait obligé Kaïr-ed-din à relâcher aux îles d'Hières, y amena les deux bâtimens sortis de Gênes pour ravitailler la flotte de Doria.

« Kaïr-ed-din découvrit le premier, dans le lointain, un de ces navires qui louvoyait, il envoya une galiote pour le reconnaître de plus près ; elle vint annoncer que ce bâtiment avait une conserve.

Alors le Bey d'Alger expédia des forces suffisantes pour s'en emparer; aussi dans la même journée les amena-t-on tous les deux ; il put remercier Dieu de cette faveur signalée. Tandis que la flotte musulmane était encore dans ce même mouillage, on aperçut en pleine mer un gros vaisseau dont la poupe dorée et les pavois annonçaient un armement considérable. Kaïr-ed-din donna ordre à plusieurs de ses bâtimens d'aller l'attaquer, mais de loin, toutefois et sans chercher à l'aborder. Il fit surtout cette recommandation à Sinan-Reïs dont il connaissait l'intrépidité. Lorsque les bâtimens musulmans furent à portée du navire, ils commencèrent à l'entourer et à faire feu sur lui de toutes parts. Une pareille façon de combattre n'était pas assez expéditive pour l'ardeur de

Sinan-Reïs; bientôt il oublia la recommandation de Kaïr-ed-din, et il approcha pour tenter l'abordage; mais heureusement qu'une balle de fusil vint lui crever un œil, et le mit hors d'état de combattre.

« Kaïr-ed-din apprenant cet accident s'écria : « Il est arrivé ce que je craignais, cet homme a un courage de lion, et son courage lui fait affronter les dangers d'une façon par trop téméraire. » Cependant les bâtimens mulsumans continuèrent leurs attaques avec tant de succès, que le vaisseau ennemi se vit bientôt près de couler à fond, en raison de la quantité de boulets qu'il avait reçus. Plusieurs des gens de l'équipage, effrayés du péril qui les menaçait, se jetèrent à la nage pour venir demander quartier. Le commandant infidèle voyant le découragement général qui s'était emparé des combattans, et, convaincu de l'impossibilité de résister davantage à des forces supérieures, amena son pavillon et se rendit. Kaïr-ed-din fit conduire ce vaisseau dans la rade des îsles d'Hières, et après avoir ordonné qu'on le déchargeât et qu'on enlevât ses agrès, il y fit mettre le feu. »

Page 204, à la note.

En 1642 *Louis XIII transféra à Toulon le siége de la sénéchaussée.*

MÉMOIRES

Pour soubstenir l'édit de la translation du siege d'Yeres à Tholon accordée par nos seigneurs du conseil aux officiers de la dite ville d'Yeres par édit du mois de mars dernier.

Le conseil de sa majesté desirant empescher les murtres, assassins, seditions qui arivent tous les jours au dit Tholon avoit resolue dy establir un corps de justice; et parce que ceste proposition ruinoit entierement quatre sieges celuy d'Aix, Brignoles, Draguignan et d'Yeres, sur les plaintes qui en furent faites par les officiers d'Yeres ou la dite ville de Tholon avoit accoustume de ressortir. La dite translation du siege fut ordonnée pour le bien du service du roy et du public par les raisons suivantes.

La ville d'Yeres qui a l'un des plus grands et des plus fertiles terroirs de la province est toutefois la plus incomodée et a paié nouvellement en fonds de terre plus de quatre cents mille livres quelle avoit empruntés en divers temps pour la nécessité de ces affaires.

Ceste incomodité est causée principalement parceque les habitans ne s'occupent point à la culture de leurs fonds et s'amusent seulement à la chicane et à exercer des offices dans la seneschaussée, estant la dite ville plus riche et plus abondante en toutes choses avant l'establissement du dit siege.

Ceux qui ont gouverné la province de temps à autre et mesme feu monsieur du Vair, desirant y donner un meilleur ordre auroient donné advis et fait ordonner diverse fois de transferer la seneschaussée du dit Yeres à Tholon, pour en fortifiant la justice au dit Tholon qui est une ville tres importante à l'estat et qui a besoin d'un nombre d'officiers pour contenir les habitans et les estrangers dans leurs devoirs donner plus de moyens aux habitans du dit Yeres de faire valoir leurs fonds et en aquitter les charges.

A present qu'il a plu à sa majesté d'ordonner la dite translation, les habitans d'Yeres en font plainte, soubs pretexte que leur ville en sera desolée, les habitans reduis à l'impuissance d'aquiter leurs charges foncieres, soigner les salins desquels sa majeste tire des grands reveneus, et à donner secours aux isles en cas d'abort des coursères ou des ennemis.

Mais leurs plaintes n'ont point de fondement puisque la dite translation ne sauroit esloigner guères plus de cinc ou six familles des principaux officiers parce que les autres petits n'auront garde de quitter leurs maisons et leurs fonds pour changer de demure. Au contrere en vandant leurs offices tireront des deniers clairs pour parvenir avec plus d'aisance à la conduite de leurs mesnage.

Les charges foncieres ne sont communement aquitées que du reveneu des fonds et cette translation nes les diminuant pas, au contrere donnant plus de moyen aux habitans de les soigner, il est certain que les charges en seront plus facilement et plus promptement supportées.

Les salins sont travaillés la plupart par les habitans des lieux circumvoysins, à cause de la feneantise de ceux d'Yeres, et les proprieteres qui en retirent le principal reveneu n'auront garde de les laisser perir pour n'en prendre le reveneu.

Le secours des isles ne despend pas d'Yeres qui na ny barque ny vesseau, esloignee de la mer une grande lieue, mais de Tholon qui conserve toutes les forces de la province.

En dernier lieu Tholon est au mitan et la capitale ville du ressort et seroit une tres grande comodité aux habitans des lieux circumvoysins en portant leurs fruits au dit Tholon pouvoir vaquer à leurs procès, et au contrere estant la ville d'Yeres au bout du ressort, malsaine en façon que une partie des procureurs n'y vienent que les jours de plaid et par après s'en retournent à leurs maisons et les officiers sont obligés de quiter l'excedant de leurs charges durant l'esté qui est tout affait insuportable au dit Yeres et subvenir par quartiers, l'ayant fait aynsi ordonner par arrest du parlement, les parties y souffrent une très grande incomodité.

Et de cette façon les empeschemens donnés par les habitans d'Yeres estant sans interest la translation necessere pour faire valoir avec plus d'esclat l'authorité et le service de sa majesté dans Tholon et sa dit-majesté en retirant un notable secours pour employer aux fortifications de la dite ville de Tholon. Nos seigneurs du conseil sont très humblement supliés de maintenir l'edit qui a esté sclé est dresé sur ce subject et resilier toutes les offres qui pourront estre faites au contraire.

(Extrait du vol. I. — Affaires et mouvemens de Provence jusqu'en 1646.)

(Mouvemens de Provence depuis 1645 jusqu'en 1655. vol II.)

DOLÉANCES DE LA VILLE D'HYÈRES AU ROI.

Vostre ville d'Yeres, sire, n'a pas esté moingre persecutée que les autres pour avoir esté fidelle à vostre majesté, elle a souffert beaucoup d'injures, et par les arrest du parlement et par ceux de la chambre des comptes qui l'ont obligée de recourir à vostre majesté pour avoir du secours dans ses malheurs, et de former instance en vostre conseil au préjudice de laquelle le sieur de Puget qui par la considération de son fils conseiller en ce parlement trouve l'impunité en toutes ses entreprises, a voulu par voye de faict s'acquerir l'autorité qui est disputée ; et ayant excité une horrible sedition par la lye du peuple qu'il gouverne, il fit piller deux maisons, excæder trois ou quatre habitans, l'un desquels est décédé de ses blessures. Le parlement feit semblant de vouloir faire justice, et envoya un commissaire pour en informer, qui d'abord se saisit d'un des principaux factieux qu'il faist traduire aux prisons d'Aix, mais la suitte a faict voir que son desseing n'a esté que de favoriser ses partisans et de destruire ses adversaires. Ce prisonnier et ses complices que leur conscience avoit rendu fugitifs, sont revenus sans punition, et continuent leurs cabales dans la ville, cependant que l'on suscite des accusations calomnieuses contre les plus apparens de vos serviteurs, et qu'on les detient dans Aix pour souffrir des procès extraordinaires. Les preuves sont connues par les informations qui ont esté faites de l'authorité de vostre conseil et mises entre les mains de M. Boucherat.

VIGUERIE D'HYÈRES. (1649)

La ville d'Yeres, soixante-huit feux et demy.
Bormes, douze feux.
Pierrefeu, huit feux.
Colobrières, six feux.
Forcalquaires, trois feux.
Sainct-Anastasi, un feu.
Solliers, vingt un feu.
Cuers, seize feux et demy.
Beaugencier, un feu un quart.
Le Puget, dix feux.
Carnoulles, neuf feux.
Roque-baron, un feu.

LETTRE DU CARDINAL BICHY A MONSEIGNEUR,
POUR S'OPPOSER AU RÉTABLISSEMENT DU
SIÉGE DE LA SENECHAUSSÉE A HYÈRES.

Monsieur ,

Les plaintes que m'ont envoyé faire MM. de la ville de Toulon sur ce qu'ils ont appris qu'on poursuivait à la cour l'establissement d'un *siége à Yeres* m'obligent de vous faire scavoir par ces lignes que lorsque l'on traitta l'accommodement j'avois l'honneur d'estre employé, l'instance qu'en fit le parlement de Provence fut absolument rejettée par M. le comte d'Alais et moy, sur ce que nous considérasmes que cela serait une trop rude et peu équitable récompense à la dite ville de Toulon de la fidélité qu'elle venait de tesmoigner pour le service du roy. Ce point donc n'estant aucunement contenu dans les articles du dit accommodement, je m'estonne qu'on veuille le faire glisser avec les autres expéditions des quelles on demeura d'accord, et je m'asseure aussi que vous ne jugerez pas expédient de le laisser passer tant pour les raisons susdites que parce qu'en faisant une chose de si mauvaise conséquence le proffit n'en reviendroit qu'à messieurs du parlement à qui il n'est pas deu. J'ose vous prier d'y prendre garde, et d'aggréer qu'en ce'te occasion je vous réitère les assurances de la passion très grande avec laquelle je me professe.

Monsieur, votre très-humble, etc.

Signé : Cardinal BICHY.

Carpentras, le 1er de juin 1649.

BLESSÉS DE L'ARMÉE NAVALE MIS A HYÈRES EN 1646.

Les blessés de l'armée navale qu'on mist à Yeres et à Thoulon es années 1646-1647, ont fait une playe mortelle à la province; car sous prétexte de leur dépense qui ne revenait pas à quarante mil livres, il a fait lever par son ordonnance (le comte d'Alais) quatre cens cinquante mil livres dont il a disposé, et ainsi le pays a fait comme les oyseaux qui guérissent le mal en le prenant.

Après cette impression (l'impression du manifeste) on a eu advis de Tholon qu'à l'instant que M. le comte d'Alais y fut arrivé pour y descrier la justice des armes que les véritables serviteurs du roy et de leur patrie, opposent à ses violences, et pour estouffer par de faux bruits et de calomnies, les bons sentimens que cette ville prenait pour le bien public : il fit publier que le parlement avoit fait arrest de la transferance de leur siège à Yeres, bien qu'il n'en ait jamais eu la pensée. Que le roy par lestres patentes, avoit restably son régiment; qu'il avait déclaré le parlement et la ville d'Aix rebelles, et confisqué leurs charges et leurs biens. Mais que tout le peuple apprenne une fois pour toutes de ne se laisser plus abuser aux artifices dont on se sert depuis dix ans pour nous piper et nous perdre : car on vient d'apprendre par les despesches d'un courrier envoyé de la cour et qui a été suivi trois heures après par le sieur d'Aymar arrivé en poste, qu'après les lettres de cachets qui avoient esté expédiées sur les fausses impressions que trois courriers de M. le comte d'Alais avoient données, que nous avions ouvert les portes à l'Espagnol: le roy informé de la vérité de nos actions, et de la justice de nos armes pour la défense publique, fit résoudre en son conseil le 27 du mois de juin dernier, que le traicté fait par M. le cardinal Bichy, seroit ponctuellement exécuté, et pour cet effet M. d'Estampes conseiller d'estat fut comandé de partir en diligence avec les ordres du roy qu'il apporte, ces courriers l'ayant laissé près de Lyon.

(Extrait du manifeste de la ville d'Aix. Vol. II. Mouv. de Prov.)

TOUCHANT UNE APPELLATION RELEVÉE PAR LES
CONSULS D'YÈRES EN PROVENCE SUR LA
DÉPUTATION EN COUR DU SIEUR DE
VALANEZ.

Le parlement de Provence estoit saisy de l'appellation déclarée par le sieur d'Aiglun en son nom et de ses adherants de la députation en cour du sieur de Valanez et de l'appellation relevée par les consuls d'Yeres de la procédure faite par le sieur Gautier au nom emprunté d'Emeric, Siguier et Rainoard, et à la poursuite véritable du dict sieur d'Aiglun.

Le dict sieur d'Aiglun s'estoit bien desparti de l'appellation relevée à son nom de la dicte députation, mais comme il faisoit poursuivre sur l'appellation de la procédure du dict sieur Gautier, mesme par l'effect de certain règlement des affaires de la communauté, les consuls luy firent signiffier leur cédule évocatoire en la personne du procureur de la cause, lequel n'ayant voulu faire responce pertinente, la mesme cédule luy fut signiffiée à sa personne le vingt-six^{me} janvier mil six cent quarante-trois, sur laquelle ayant faict responce qu'il poursuivait la dicte instance seulement pour le bien de la com^{té}., les dicts consuls qui sont les seuls administrateurs de la comté. luy firent signiffier un acte nouveau le mesme jour 26me janvier portant sommation de desister de la dicte poursuiste ce que n'ayant voulu faire, ils ont esté constraints de le faire assigner au conseil, ou la cause a esté retenue par arrest contradictoire du 15 septembre 1643, et toutesfois le dict parlement a faict arrest sur le dict reglement pendant la d. instance le dernier juin précedent.

L'évocation estoit fondée, sur ce que le s^r d'Aiglun et le s^r d'Esparron estoient les véritables parties bien qu'ils eussent faict intervenir les d. Siguier, Emeric et Rainoard, la procedure du d. s^r Gautier de laquelle estoit appel justifioit ceste vérité, parce que le d. s^r d'Aiglun avoit toujours paru et faict toutes les réquisitions et poursuites par devant luy, il ne l'avoit pas contredict aussy par les actes a luy signiffiez de la pa t des d. consuls, mais pris pretexte seulement qu'il en faisoit la poursuite pour le bien de la comté. Il a été justifié aussi que les d. s^r d'Aiglun et d'Esparron estoient les seules parties au faict du d. reglement par diverses procedures faictes au d. parlement sur le subjet d'iceluy.

Le pretexte qu'ils ont pris d'avoir faict ceste poursuite, n'a peu empescher l'évocation parce que la côm^{té} n'a peu estre représentée que par les consuls, et comme les poursuites des d. s^r d'Aiglun et d'Esparron, ont esté faictes a leurs noms et a leurs despens contre le corps de la com^{té} l'évocation n'a peu estre par eux refusée puisqu'ils estoient parties en l'instance dont l'évocation estoit demandée par les d. consuls.

(Extrait du vol. I. Affaires et mouvemens de Provence jusqu'en 1646.)

PLEINTE DES GENS D'YÈRES EN PROVENCE CONTRE LE SIEUR DE VALANEZ.

Plairra à Monseigneur le chancellier jetter les yeux sur ce mémoire.

Le s^r de Valanez estant venu en cour ensuitte d'une députation de la ville d'Yeres en Provence contre la volonté des habitans plus intheressez et au prejudice d'un appel d'icelle rellevé et exploieté au parlement aurait par une deliberation secrette et faite dans la maison d'un particulier son cousin germain rapporté par une taxe de trente livres par jour.

Ensuite de laquelle taxe et depuis qu'il est en cour il a tiré de cette pauvre communauté et dont les biens sont en distribution la somme de vingt mil treize livres douze sols et par dessus cella deschargé des tailles et fait ennoblir environ quinze arpents de terre.

Quoique le siège d'Yères qui estoit le pretexte de sa deputation soit establi puis une année en la ville de Thollon il est neangmoins encores icy à la sollicitation de neuf proces qu'il y a exités au nom de la communauté contre tous les gentils-hommes et la plupart des apparents de la dite ville, y ayant vingt sept assignations données, tous procès de vengeance contre ceux qui ont choqué sa députation et dont il ne peut revenir aucun bien au publicq.

On a mis les armes, l'authorité et la bource publique entre les mains du peuple qui n'ayant point d'intérest à telles despences à cause que les tailles y sont réelles est bien aise de perpetuer cette députation et consommé d'ailleurs avec tant de profusion le bien de cette communauté tant en deputation que festins continuels qu'on treuve dans une année une depense de plus de cinquante mil livres.

Mais ce qui est de pis, c'est que le mal est sans remède, car si que'qun se formalise de ses desordres on le menace d'abord de le tuer, si l'on recourt a la justice elle est impuissante, car sy l'on s'adresse aux juges naturels on les menace de l'authorité du conseil, sy c'est au parlement ou il y a plusieurs informations on l'interdit d'abord, s'y a l'intendant on appelle de ses ordonnances quant ce ne serait que d'une simple assignation le tout à la faveur du s^r de Valanez.

Tellement que jamais peuple ne fust plus insolent, on ne parle que de tuer et de massacrer.

Les seditions y sont aussy famillières que les festins personne ny est en asseurance le parlement y ayant envoyé deux conseillers on les a attaqués et assiegés dans une maison religieuse qu'ils avoient choisy pour refuge; on a forcé les gardes, enfoncé les portes et reduit yceux en l'extrémité de périr. En façon que la plupart des gens de condition ont abandonné la ville, il y a plus de soixante des meilheures familles qui souspirent après cette oppression et tirannie et qui n'attendent que l'evenement de ses proces pour scavoir s'ils la doivent abandonner et dezerter au grand interest du bien de l'estat puisque c'est la plus belle coste et la meilheure rade de l a mer Mediterranée.

L'honneur de vous appartenir et dont le dit sieur de Valancz se vente a retenu leur plainte jusques à present, qu'après avoir recherché inutilement toutes les voyes de paix ils ont recours à votre grandeur pour la supplier tres humblement d'avoir compassion de leurs miseres, avec cette protestation qu'il ny a rien dans la memoire dont il ny ait des pruves literalles au proces et pour l'estat desplorable de la ville les gens du roy dans la province, le gouverneur, l'intendant ou le parlement en rendront tousiours fidelle tesmoignage.

Bras de fer l'advocat de quelques particuliers de la ville d'Yeres, ennemis du repos de la communauté ne pouvant deffendre aux instances pendantes au conseil s'est attaché seulement à la personne du sieur de Valanez, duquel il a parlé avec tant de licence, qu'il a esté constraint d'en demander reparation.

Responce.

Il n'a jamais affecté de se dire protecteur de la communauté n'estant pas d'humeur ny de condition a tirer avantage de si peu de chose. La licence de l'advocat est extre en cest endroit le voulant faire passer pour homme qui prend plaisir à faire curée du bien d'auttruy Sa naissance, son humeur, et toutes ses actions sont esloignées non seulement de l'effect, mais de la pensée mesme.

Il dict, qu'ayant affecté de se dire protecteur de la communauté, sa protection a produit le mesme effet que les sacriflices des fauls dieux aux infidelles, qui consôment plus leurs troupeaux que le ravage de cent loups.

Le deffaut du succez n'est point en la conduite, les considérations sont cogneues par messieurs du conseil, et tous les employs qui luy ont esté donnez en divers temps, et a divers rencontres sont autant de tesmoins de sa bonne conduite, de sa candeur et de sa franchise.

Que ses soings n'ont rien produit, et qu'il a jusques icy trompé tous ceux qui ont attendu quelque bon effect de sa conduite.

Les propositions qu'il a portées de l'adveu de la communauté ensuite des déliberations des 15 et 16 juin 1643, n'estoient point pour introduire des nouveautez, mais bien pour les empescher, et telles propositions estoient pour le seul avantage de la communauté.

Qu'il a faict des propositions au conseil pour introduire des nouveautés qui ressentent la contagion dont il s'est laissé gaster a la suite du conseil.

Il a esté prié par délibération du 10e dec. 1642 de faire le voyage, et s'en estant excusé, il s'est laissé vaincre après six mois aux importunités des corsals et habitans attendu l'importance de l'afiaire et la deliberation du 1er mars 1643 confirmée par celles des 14 et 16 juin, 25 juillet, 29 octobre et 15 nov. 1643. Les moindres composées de soixante habitans, les autres de plus de cent, qui sont les plus célébres et plus nombreuses assemblées qu'on puisse convoquer.

Que le d. sr de Valanez est venu en cour pour y soubstenir les interest de la communauté, sans pouvoir ny députation.

Il est fauls qu'il aye fait aucune convention pour les frais de son voyage. Il est parti sur la foy des consuls d'estre relevé de sa despence, laquelle ils ont depuis reglee a la d. somme trente livres, qui ne peut l'empescher d'y adjouster du sien. La communauté luy a fourny, quinze mil livres a son despart dont les douze devoient estre employees à faire des avances sur les propositions dont le d. s'estoit chargé, tout le surplus n'est que menterie.

Qu'il a convenu de la despence de son voyage a trente livres par jour, sôme excessive et extraordinaire.

Que soubs pretexte de ce voyage, il a consommé plus de cinquante mil livres.

La quitance lui a esté donnée a compte des frais de son voyage, et la somme y contenue justifie l'interest qu'il a de conserver la cômunauté.

Qu'il a retiré quittance de quatorze cent livres de tailles par luy deubs, bien qu'il n'en aye fait aucun payement.

Il est faulx qu'il aye faict ennoblir partie de ses biens, il a seulement poursuivy la descharge de l'excez de son allivrement, par les voyes ordineres et accoustumées, de mesme qu'ont faict les autres habitans qui ont creu d'estre grevez a leur taxe.

Que son avidité s'est accrue en sorte qu'il a faict ennoblir trois livres de son bien par voyes illicites.

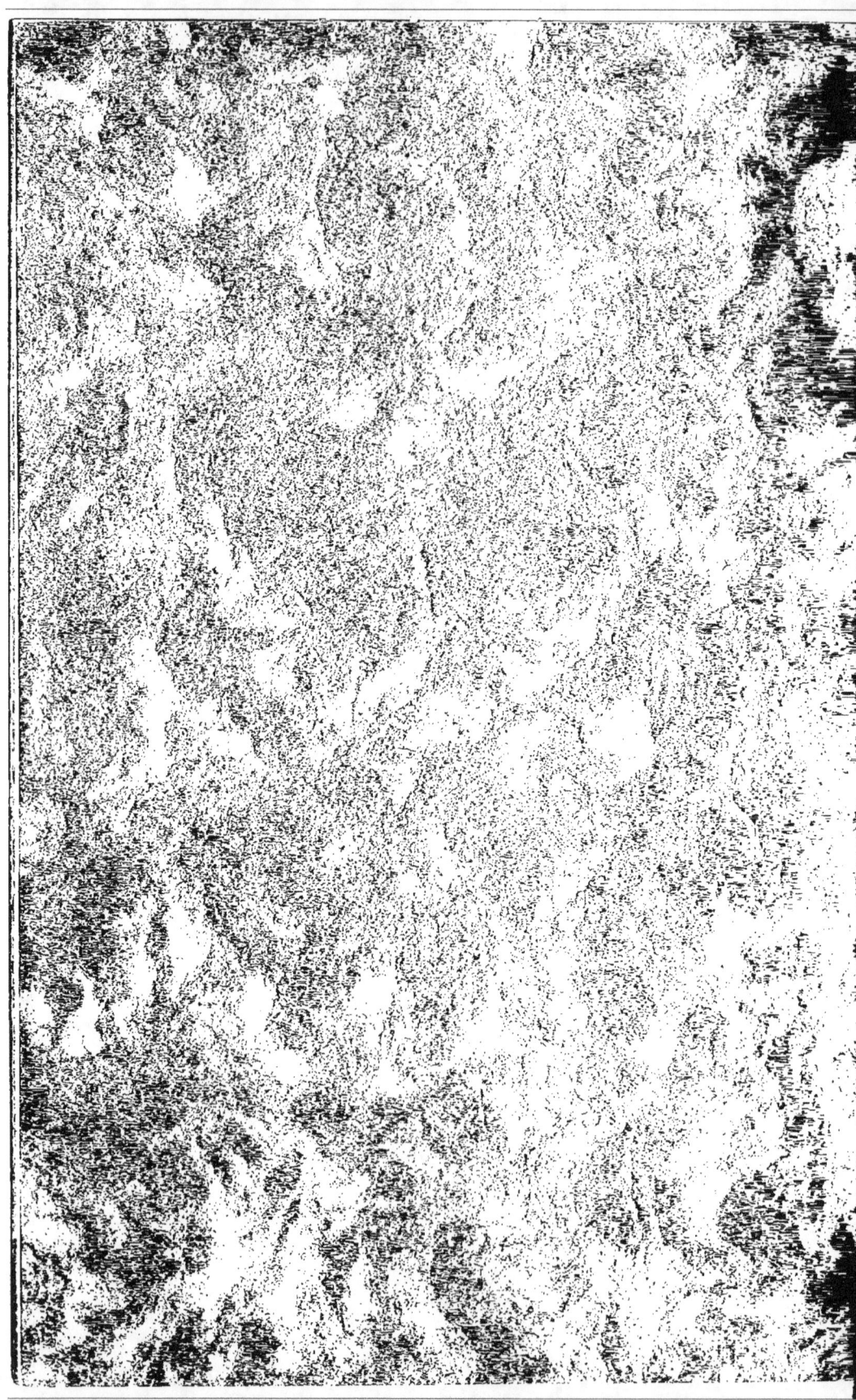

www.ingramcontent.com/pod-product-compliance
Lightning Source LLC
Chambersburg PA
CBHW060237230426
43664CB00011B/1676